吉林师范大学

U0592973

心理与教育研究中的SPSS运用

孙崇勇　李淑莲　徐华丽　主编

Application of SPSS in Psychological and Educational Research

经济管理出版社
ECONOMY & MANAGEMENT PUBLISHING HOUSE

图书在版编目（CIP）数据

心理与教育研究中的 SPSS 运用/孙崇勇，李淑莲，徐华丽主编 . —北京：经济管理出版社，2021.2

ISBN 978 - 7 - 5096 - 7817 - 6

Ⅰ. ①心…　Ⅱ. ①孙… ②李… ③徐…　Ⅲ. ①心理统计—统计分析—软件包 ②教育统计—统计分析—软件包　Ⅳ. ①B841.2 - 39 ②G40 - 051

中国版本图书馆 CIP 数据核字（2021）第 038186 号

组稿编辑：申桂萍
责任编辑：申桂萍　杜奕彤
责任印制：黄章平
责任校对：王淑卿

出版发行：经济管理出版社
　　　　　（北京市海淀区北蜂窝 8 号中雅大厦 A 座 11 层　100038）
网　　址：www. E - mp. com. cn
电　　话：(010) 51915602
印　　刷：唐山昊达印刷有限公司
经　　销：新华书店
开　　本：720mm×1000mm/16
印　　张：15.5
字　　数：304 千字
版　　次：2021 年 2 月第 1 版　　2021 年 2 月第 1 次印刷
书　　号：ISBN 978 - 7 - 5096 - 7817 - 6
定　　价：49.00 元

前　言

　　近年来，市面上出版的 SPSS 同类教材比较多。当然，每本教材都有自己的特色。目前，在心理与教育领域，需要学习 SPSS 的主要是本科生与硕士生，有些心理学硕士生还是跨专业考进来，本科阶段没有接触过心理学专业课程。就这部分学生而言，他们还不具备高深的专业知识与扎实的统计功底，暂时还不需要掌握复杂的或高级的统计功能。他们迫切需要适合初学者学习的教材，即通俗易懂、简单易学，能帮助他们在最短的时间内掌握 SPSS 的基础知识与基本操作技能，以节省其宝贵的时间。本教材介绍的统计知识与技能均为应用取向，不需要高深的专业知识与数理统计背景，同时也尽量避免复杂的统计公式，读者只需要具备基本的统计知识即可。希望本教材的出版能在一定程度上满足这部分读者的需要。

　　本教材一共包括十章，主要内容如下：

　　第一章 SPSS 简介，主要介绍 SPSS 软件的各种版本与基本界面；SPSS 26.0数据窗口、变量窗口与结果输出窗口；数据文件的建立、保存与打开；主要菜单、工具以及常用的统计方法；等等。

　　第二章数据的编辑与整理，主要介绍 SPSS 数据的录入；其他格式数据文件的读取；数据文件的合并与分组；变量的定义与操作；加权变量、变量的计算与重新赋值；增加与删除个案；数据的排序与缺失值处理；等等。

　　第三章描述性统计分析，主要包括基本的描述统计量的含义，以及平均数、中位数、众数、方差、标准差、频数、标准化 Z 分数等的求法。

　　第四章均值比较与 T 检验，主要介绍 T 检验的基本原理、Means 过程、单一样本 T 检验、两独立样本 T 检验与两配对样本 T 检验。

　　第五章方差分析，主要介绍方差分析的基本原理、单因素方差分析、多因素方差分析及简单效应检验、协方差分析与重复测量的方差分析等。

　　第六章相关分析，主要介绍相关分析的基本原理、二元定距变量的相关分析、二元定序变量的相关分析、偏相关分析与距离相关分析等。

第七章回归分析，主要介绍回归分析的基本原理、一元线性回归分析、多元线性回归分析、曲线估计、逻辑回归分析以及回归分析在中介效应检验中的运用等。

第八章因子分析，主要介绍因子分析的基本原理及其在 SPSS 中的实现过程，还通过实例介绍了因子分析在共同方法偏差检验中的运用。

第九章信度与效度分析，主要介绍信度与效度的基本含义，以及同质性信度、分半信度、重测信度、效标效度等的求法。

第十章非参数检验，主要介绍非参数检验的基本原理、总体分布的卡方检验、二项分布检验、单样本非参数检验、两独立样本非参数检验、多独立样本非参数检验、两配对样本非参数检验、多配对样本非参数检验等。

本教材具有如下特色：

（1）SPSS 版本高。本教材配套使用的 SPSS 26.0 中文版是目前最高版本，该版界面友好、功能强大、汉化程度高、英文词汇较少，便于学生学习与上机操作。

（2）教材定位特色。本教材定位于 SPSS 在心理与教育研究中的运用，案例都来自心理与教育研究中的具体问题，具有可模仿与验证性。

（3）逻辑结构特色。针对每一统计功能，本教材都是先介绍其统计原理作为知识铺垫，然后给出具体实例，并介绍该功能在 SPSS 中的实现过程，最后对所得到的结果进行较为详细的解释。这样的逻辑结构便于学生掌握实际的操作步骤，对统计功能的原理与方法有一定的了解，既知其然，又知其所以然。

（4）增加了当前心理学教学与研究的热点问题。包括假设检验的效应量、统计检验力的计算分析、多因素方差分析中的简单效应检验、Process 插件使用及其中介效应检验、共同方法偏差的统计检验与控制方法、效标关联效度分析等。

（5）配套资源齐全。每一章均提供了上机操作题，并通过百度网盘分享了每章案例与上机操作题中的所有数据，供学生课后复习、巩固与训练之用。此外，每章结尾处还提供了推荐阅读参考书目，以便学生了解相关的背景知识及其延伸性知识。

本教材由孙崇勇统筹设计全书内容与目录。各章具体分工如下：第一章、第五章、第七章、第八章、第十章由孙崇勇编写，第四章、第六章、第九章由李淑莲编写，第二章、第三章由徐华丽编写。最后由孙崇勇负责修订与统稿。

本教材的出版首先感谢吉林师范大学教材出版基金给予的资助，同时感谢经济管理出版社相关工作人员的辛勤劳动，使本教材早日付梓并增光添色。为了使一些重要的知识保持系统性、逻辑性及前后的连贯性，案例的应用具有可验证性，我们在本教材的编写过程中借鉴与参考了国为外一些学者的研究成果，并引用了一些较为经典的案例，在此也向这些作者表示诚挚的谢意。

　　本教材每章中的案例与上机操作题中的所有数据均可以到下列百度网盘网址下载：https：//pan.baidu.com/s/14wcUFm_m9D6FbNoPGjx8lg（提取码：JJGL），也可以微信扫描下面的二维码下载。由于作者水平有限，书中难免有不足与疏漏之处，甚至可能会存在一些错误，欢迎读者及 SPSS 课程的教学科研人员提出宝贵的意见，E‐mail：cysun@jlnu.edu.cn。

编　者

2020 年 7 月于吉林师范大学

目　录

第一章 SPSS 简介

本章主要介绍 SPSS 软件的各种版本与基本界面；SPSS 26.0 数据窗口、变量窗口与结果输出窗口；SPSS 数据文件的建立、保存与打开；SPSS 软件的主要菜单、工具以及常用的统计方法；等等。

第一节 SPSS 概述

SPSS 最早由美国政治学博士研究生 Norman Nie 和他的同学为了分析数据而创建。美国 SPSS 公司于 1968 年正式推出该软件，迄今已有 50 多年的历史。SPSS 是 Statistical Programme for Social Science 或 Statistical Package for Social Science 的简称，即社会科学统计程序或社会科学统计包。随着 SPSS 产品服务领域的扩大和服务深度的增加，SPSS 公司于 2000 年正式将 SPSS 英文全称更改为 Statistical Product and Service Solutions，即统计产品与服务解决方案，这标志着 SPSS 的战略方向做出了重大调整。当今国际著名的三大社会科学统计软件，除了 SPSS，还有 SAS 和 STATA。

一、SPSS、SAS 与 STATA

SAS 是 Statistical Analysis System 的简称，即统计分析系统。1976 年，SAS 软件研究所成立，开始进行 SAS 系统的维护、开发、销售和培训工作。SAS 系统内部包含相对独立的模块，具有强大的数据管理和同时处理大批数据文件的功能。然而，SAS 不太适合初学者学习使用，相比而言，它更适合高级用户使用。因为 SAS 系统需要输入比较复杂的计算机程序，这些程序需要用计算机语言书写，学习者需要记忆烦琐、枯燥的语句和命令；而且它对格式的要求特别高，有时错一个标点或多一个、少一个空格都不行。所以，SAS 的学习过程是艰苦的，最初的阶段常常会使人灰心丧气。目前，SAS 主要用于医学、生物等其他自然科学领域。

STATA 是一套向使用者提供数据分析、数据管理以及完整绘制专业图表的整合性统计软件。它提供了许多功能，包含线性混合模型、均衡重复反复及多项式普罗比模式。STATA 最为重要的特色在于它的绘图功能。与 SPSS 不同的是，STATA 没有图形编辑器，只需要提供一些命令或鼠标点击的交互界面就能绘图。与 SAS 相比，STATA 绘图命令的句法更为简单，功能却更加强大。用 STATA 绘制的统计图形相当精美，图形质量也很好，可以达到出版的要求。另外，这些图形能很好地发挥补充统计分析的功能，例如，许多命令可以简化回归判别过程中散点图的制作。

目前，SPSS 在全世界科研活动中的应用十分广泛，特别是应用于心理与教育科研领域。与其他统计软件相比，SPSS 用户不用记忆烦琐、枯燥的语句和命令，只要具有一般的计算机和统计学知识，就能运用鼠标进行操作，得到所需要的统计分析结果。SPSS 致力于简便易行，其口号是"真正统计，确实简单"，事实证明，它已经取得了成功。相比较而言，SPSS 更适合初学者学习使用。

SPSS 最早的版本为 SPSS for DOS，通常称为 SPSS/PC +，主要用于早先的 DOS 操作系统，现在已很少使用。SPSS for Windows 系列版本界面友好，功能强大，使用者越来越多。SPSS for Windows 系列版本包括 SPSS 7.0、SPSS 7.5、SPSS 8.0、SPSS 9.0、SPSS 10.0、SPSS 11.0、SPSS 12.0、SPSS 13.0、SPSS 14.0、SPSS 15.0、SPSS 16.0、SPSS 17.0、SPSS 18.0、SPSS 19.0、SPSS 20.0、SPSS 21.0、SPSS 22.0、SPSS 23.0、SPSS 24.0、SPSS 25.0。目前最新的版本为 SPSS 26.0。经过多年的完善和发展，SPSS 在国际上已被誉为统计分析的标准软件，在各个领域都得到了广泛的应用。

SPSS 26.0 版本包括三个子版本，即 IBM SPSS Statistics 26.0 For Win64、IBM SPSS Statistics 26.0 For Win32 和 IBM SPSS Statistics 26.0 For Mac。其中，IBM SPSS Statistics 26.0 For Win64、IBM SPSS Statistics 26.0 For Win32 分别支持 Windows 64 位与 32 位操纵系统，IBM SPSS Statistics 26.0 For Mac 支持苹果电脑 Mac OSX 操作系统。不过，三个子版本的操作方式与界面基本相同，本书以 IBM SPSS Statistics 26.0 For Win64 为例。

二、SPSS 26.0 的新增功能

SPSS 26.0 在保留以往版本优良特性的基础上又增加了一些新的功能模块，使其功能更加强大，在操作上更加突出个性化，更好地适应了不同用户群体的数据分析要求。

SPSS 26.0 的新增功能主要有：

（1）相对以往版本，SPSS 软件中的统计词汇与国内现在使用的统计词汇更加一致。

（2）相对以往版本，SPSS 软件的操作界面、结果输出的汉化程度更高，英文词汇更少。

（3）可以指定控件类型的文本区域宽度，包括文件控件、数字控件和安全文本控件三大控件。

（4）支持字段选择器、数据集选择器、日期控件、安全文本控件、颜色选取器、表控件和选项卡等控件。

（5）可以根据其他控件的状态启用或禁用控件。

（6）可以指定目标列表的最小或最大字段数，以及多选列表框的最小或最大所选项数。

（7）可以指定组合框控件是否可编辑。若控件可编辑，会在运行时输入定制值。

除了以上所列举的，还有几项新功能，用户不常用，我们就不一一列举了。

三、SPSS 26.0 的硬件要求

SPSS 26.0 对计算机运行环境的要求并不高，一般的硬件配置即可。它对计算机硬件的基本要求如下：

（1）CPU 至少需要达到 1GHz（千兆赫兹）或更高频率运行的 Intel 或 AMD 处理器。

（2）SPSS 26.0 安装后所占磁盘空间大约为 1.5G。注意，若安装一种以上的帮助语言，则每多一种语言，需要增加 150MB 的磁盘空间。建议用户安装在非系统盘，以免占用太多系统盘空间，影响系统运行的速度。

（3）内存至少达到 512MB 以上。如果用户需要运行大量数据，则需要配置更大的内存。

（4）DVD 光盘驱动器，用于安装 SPSS 26.0 软件。当然，现在很多用户通过网络或优盘安装该软件，则无须配置此项硬件。

（5）显示器 XGA 需达到 1024×768 或更高的分辨率。

（6）运行 TCP/IP 网络协议的网络适配器。主要用于访问 IBM SPSS 公司的网站以获得相应的技术支持和软件升级。

此外，SPSS 26.0 对操作系统的最低要求为：Microsoft Windows XP（32 位版本）、Windows Vista（32 位和 64 位版本）或 Windows7（32 位和 64 位版本）。

第二节　SPSS 26.0 窗口与菜单功能

一、SPSS 26.0 的启动与退出

安装成功后双击桌面上的 SPSS Statistics 26.0 图标，或者在"开始"菜单中依次选择"程序"/IBM SPSS Statistics 26 命令，就能启动 SPSS 26.0。启动后会出现如图 1-1 所示的启动界面，该界面给出了 SPSS 的版本等信息。

图 1-1　SPSS 26.0 的启动界面

在菜单栏中选择"文件"/"退出"命令，或者单击数据编辑窗口右上角的"关闭"按钮，都可以退出 SPSS。

二、数据编辑窗口

SPSS 的数据编辑窗口从上到下主要包括标题栏、菜单栏、常用工具栏、编辑栏、变量名称栏、内容区、窗口切换标签等（见图 1-2）。

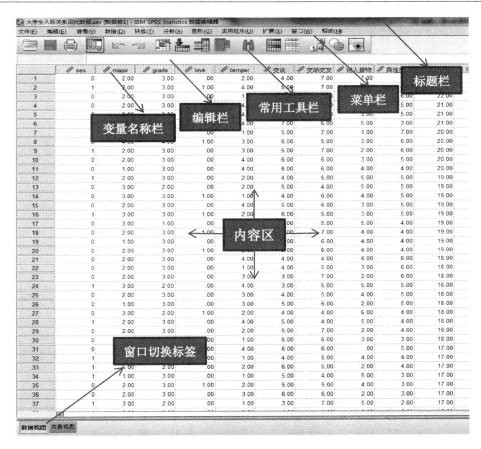

图 1 - 2　SPSS 的数据编辑窗口

1. 标题栏

标题栏主要呈现 SPSS 数据文件的标题，和 Office 软件中的 Word、PowerPoint 类似。

2. 菜单栏

菜单栏主要呈现 SPSS 主要用到的一些菜单，包括文件、编辑、查看、数据、转换、分析、图形、实用程序、扩展、窗口、帮助。

3. 常用工具栏

常用工具栏主要呈现 SPSS 经常用到的一些工具，从左到右农次包括打开数据文档、保存数据文档、打印、重新调用最近使用的对话框、撤销用户操作、重做用户操作、转到个案、转到变量、变量、运行描述统计、查找、拆分文件、选择个案、值标签、使用变量集、定制工具栏。这些常用工具在菜单栏中都能找到，只要单击就可以快速启动其功能，相当于快捷工具栏。

4. 编辑栏

编辑栏呈现在数据窗口进行编辑的位置与内容。

5. 变量名称栏

变量名称栏主要呈现 SPSS 数据文件中所有变量的名称。

6. 内容区

内容区呈现 SPSS 数据文件中所有变量的值，可以进行编辑。变量值一般以数字表示，也可以用字符表示，但只有数字才能参与计算，字符不能参与计算。

7. 窗口切换标签

窗口切换标签主要是在数据视图（即数据窗口）与变量视图（即变量窗口）两者之间互相切换。

三、数据变量窗口

SPSS 的数据变量窗口从上到下主要包括标题栏、菜单栏、常用工具栏、变量属性栏、内容区（见图 1-3）。

	名称	类型	宽度	小数位数	标签	值	缺失	列	对齐	测量	角色
1	sex	数字	8	0	性别	无	无	8	右	标度	输入
2	major	数字	8	2	专业	{1.00, 数学}...	无	8	右	标度	输入
3	grade	数字	8	2	年级	{1.00, 大一}...	无	8	右	标度	输入
4	love	数字	8	2	有无异性朋友	{00, 无}...	无	8	右	标度	输入
5	temper	数字	8	2	气质	{1.00, 多血...	无	8	右	标度	输入
6	交谈	数字	8	2		无	无	8	右	标度	输入
7	交际交友	数字	8	2		无	无	8	右	标度	输入
8	待人接物	数字	8	2		无	无	8	右	标度	输入
9	异性交往	数字	8	2		无	无	8	右	标度	输入
10	总分	数字	8	2		无	无	8	右	标度	输入
11											
12											

图 1-3 SPSS 的数据变量窗口

数据变量窗口的标题栏、菜单栏、常用工具栏、窗口切换标签和数据编辑窗口都是一样的。

变量属性栏主要呈现 SPSS 数据文件中变量的各种属性或特征，从左到右依次包括变量名称、变量类型、变量值宽度、变量值小数位数、变量标签、变量值标签、缺失值、变量所占的列宽、对齐方式、测量方式与角色。

1. 变量名称

变量名称用中文与英文表示皆可。有时变量名称比较长，用中文不足以表达该变量名称的含义时，就可以用英文表示，后面变量标签再加以注明即可。变量名称不可以用纯数字表示，也不能用数字开头。

2. 变量类型

SPSS 数据文件的变量共有三种基本类型：数值型、字符型、日期型，其中数值型变量又具体包含五种，总计八种类型。

（1）数值型有五种：标准数值型（Numeric），带逗点的数值型变量（Comma），圆点数值型变量（Dot），科学记数法型变量（Scientific Notation），带美元符号的数值型变量（Dollar）。默认总长度为 8，小数位数为 2。

（2）Date（日期型变量）：按指定格式输入和显示，不能直接参与运算。

（3）String（字符型变量）：默认总长度为 8 个字符（4 个汉字），不能参与运算。

（4）还有一种是自定义型（Custom Currency），用户可利用"编辑"（Edit）菜单的"选项"（Options）功能来定义。

这八种变量类型的输入、显示方式具体如表 1－1 所示。

表 1－1　SPSS 变量类型介绍

SPSS 变量类型	输入方式	显示方式	范例	
			输入	表示
Numeric	标准格式	标准格式数值变量，圆点表示小数点的数值	38.42	38.42
Comma	带逗点的数值	逗点作三位数分割符	1,343.438	1,343,438
Dot	带圆点的数值	圆点作小数点	3.434	3.434
Scientific Notation	科学记数法	科学记数法	457.8E4	4,578,000
Date	日期格式非常多	显示格式非常多	20200520	20200520
Dollar	可带 $ 或不带 $ 输入或科学记数法	有效数值前带 $ 以逗点为分割符	$ 12343	$ 12343
String	一串字符串	一串字符串	believe	believe
Custom Currency	自定义型			

3. 变量值宽度

SPSS 变量值宽度默认为 8 个字符，每个汉字占据 2 个字符，每个字母（包括中英文）占据 1 个字符，空格也占据字符。当然，用户可以根据需要调整变量值宽度。设置方法：点击方框中 8 后面的空白处，就会出现上下箭头的活动按钮，点击按钮就可进行设置，也可以直接输入。

4. 变量值小数位数

SPSS 变量值小数位数默认为 2 位，用户可以根据需要进行设置。设置方法：点击方框中 2 后面的空白处，就会出现上下箭头的活动按钮，点击按钮就可进行设置，也可以直接输入。

5. 变量标签

变量标签是对变量名和变量值的辅助说明，包括变量名标签和变量值标签两类。变量名标签是对变量名称的进一步解释和说明。变量名标签可由不超过 256 个字符的数字、汉字、字母和特殊符号构成，可以包含空格。用户可以自行设置变量名标签和变量名的显示方式，也可以用变量名标签代替变量名显示。变量名标签是一个可选择的变量属性，用户也可以不定义变量名标签。

定义变量名标签的方法：点击某变量的变量名标签的空白处，就会出现一个闪烁的竖条，进入编辑状态，用户直接输入标签内容即可。

6. 变量值标签

变量值标签是对变量取值的进一步解释和说明。变量值标签也是一个可选择的变量属性，用户根据需要，也可以不定义变量值标签。一般来说，人口统计学变量、自变量或其他分类变量等都需要定义，以进行分组的差异比较。因变量包括问卷各题项、总分等变量不需要定义。定义变量值标签后，进行分组差异比较时，结果输出窗口就可以呈现各个组的名称，否则就只能呈现各个组的值。变量值标签的最大长度为 120 个字符，它只对数值型变量、日期型变量和短字符型变量有效。

变量值标签定义的步骤如下：

（1）单击变量值标签方框（默认是无）后面的空白处，出现包含四个圆心点的活动按钮。

（2）单击圆心点活动按钮，出现变量值标签对话框（见图 1-4）。

（3）在变量"值"框中输入变量值，如"0"，在变量值"标签"框中输入对该值含义解释的标签，如"女"。

（4）单击左面的第一个按钮"添加"，一个值标签就被加入到第三个框中，即变量值标签清单中。

（5）再依照此步骤，定义变量值"1"的标签"男"。在对性别变量值标签定义时，一般用奇数 1 表示男性，用偶数 0 或 2 表示女性。

（6）确认定义的变量值标签正确无误，点击"确定"按钮，返回到变量窗口。至此，变量值标签定义完毕。

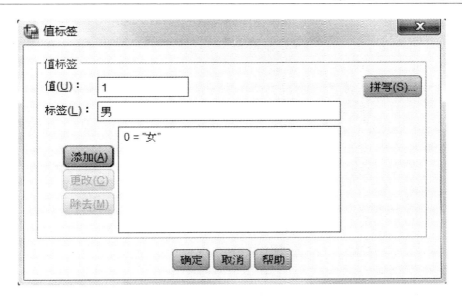

图 1 - 4　定义变量值标签的对话框

变量值标签定义完成后，用户还可以根据实际情况进行修改和删除。修改或删除时可按照上述步骤（1）和步骤（2）打开对话框，然后单击左边的"更改"或"除去"按钮，进行相应的编辑。

7. 缺失值

缺失值（Missing Value）是指在实际的科研工作中，有时会因为某种原因使记录的数据失真，或没有测到，或没有记录的情况。如体检时，只填了身高、体重，但没有填年龄；或身高填了 2.58m，都算缺失值。当发现变量有缺失值时，在问卷输入阶段可酌情处理。

8. 变量所占的列宽

变量所占的列宽（Columns）是指在数据窗口中显示该变量时所占的宽度，一般格式的宽度≥变量总长度和变量名总长度，默认为 8 个字符宽。单击单元格的结尾处，会出现上下箭头的活动按钮，点击按钮就可以增加或减少列宽度值。

9. 对齐方式

对齐方式（Align）是指变量值在方框中横向对齐的方式。SPSS 系统一共提供了三种对齐方式：左对齐、右对齐与居中对齐。一般来说，数值型变量默认的对齐方式为左对齐；字符型变量默认的对齐方式为右对齐。当然，也可以设置为居中对齐的方式。设置方法：点击变量对齐方框后面的空白处，就会出现三种对齐方式，用户根据需要选择即可。

10. 测量方式

变量的测量方式（Measure）是指 SPSS 变量数据是如何测度的。测量方式共分为三种：

（1）标度变量。标度变量（Scale）是一种连续变量，对等间隔测度的变量或是表示比值的变量选择此项，如身高、体重等。

（2）有序变量。其值表示顺序的变量选择有序变量（Ordinal），如职称、职务、比赛名次等。有序变量可以是数值型，也可以是字符型。

（3）名义变量。名义变量（Nominal）是无序的、取值无法度量的变量，也称为标称变量。名义变量是分类变量的一种，可以是数值型，也可以是字符型。例如，变量值是对所喜欢的颜色的回答，表示宗教信仰、党派等变量就属于这种类型。

11. 角色

角色属性是较新的 SPSS 版本中新增的，以前的老版本没有。角色属性主要来源于数据挖掘方法体系的要求，某些对话框支持用于预先选择分析变量的预定义角色。当打开其中一个对话框，满足角色要求的变量将自动显示在目标列表中。可用角色主要包括以下几个：

（1）输入：变量将用作输入，例如预测变量、自变量等。

（2）目标：变量将用作输出或目标，例如因变量等。

（3）两者：变量将同时用作输入和输出。

（4）无：变量没有角色分配，将不纳入分析。

（5）分区：变量用于将数据划分为单独的训练、检验和验证样本。

（6）拆分：该项的存在主要是为了能够和 Clementine（即现在的 IBM SPSS Modeler）相互兼容。具有此角色的变量不会在 SPSS 中自动成为拆分文件变量。

在默认情况下，SPSS 将为所有变量分配输入角色。需要指出的是，角色分配只影响支持角色分配的对话框。而此类对话框在现有版本的 SPSS 中很少，因此一般用户可以直接无视这一属性。

四、结果输出窗口

结果输出窗口主要用于 SPSS 统计分析的结果或绘制的相关图标，如图 1 – 5 所示。

结果输出窗口分为左右两边。左边窗口是导航窗口，即显示输出结果的目录，单击目录前边的加、减号可以显示或隐藏相关的内容。右面是显示窗口，即显示所选内容的细节。左右两边的内容是一一对应的，单击左边目录中的标题，就会在右边显示相应的内容。如果统计分析的结果比较多，用户就可以根据左边目录中的标题快速寻找到详细的结果内容。

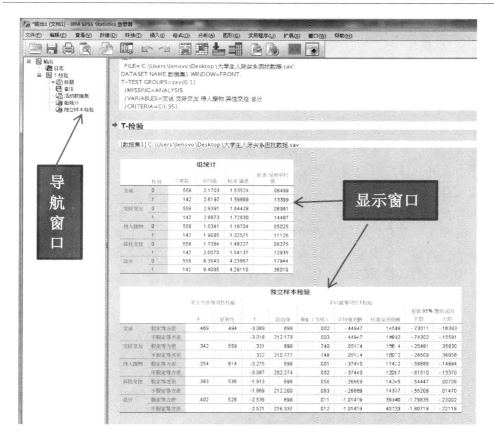

图 1-5　SPSS 的结果输出窗口

五、数据与变量窗口的菜单功能

数据与变量窗口的菜单主要包括文件（File）、编辑（Edit）、查看（View）、数据（Data）、转换（Transform）、分析（Analyze）、图形（Graphs）、实用程序（Utilities）、扩展（Extensions）、窗口（Window）、帮助（Help）。下面我们依次介绍这些菜单的主要功能。

1. 文件

文件菜单的功能和大家熟悉的 Word、PowerPoint 软件中文件菜单的部分功能比较相似，主要包括新建文件，文件的打开、保存、另存为，导入数据，读取数据库数据，ASII 码数据，显示数据文件信息，打印，退出等功能。

2. 编辑

编辑菜单的功能主要包括撤销/恢复、剪切、复制、粘贴、清除、查找、替换、定义系统参数，以及插入个案、插入变量、转到个案、转到变量等。

3. 查看

查看菜单具有浏览的功能，主要对窗口外观进行控制，包括完成文本或数据内容的状态栏、工具栏、字体、网格线、数值标签/变量值等功能的操作。

4. 数据

数据菜单具有数据文件录入、编辑与管理的功能，包括定义变量属性、定义日期和时间、定义多重响应集、标识重复个案、标识异常个案、个案排序、变量排序、合并文件、对观测量加权、拆分个案、选择个案、个案加权、进行与显示正交实验设计等。

5. 转换

转换菜单具有数据转换的功能，包括计算新变量、对个案中的值进行计算、重新编码为相同的变量或不同变量、自动重新编码、创建虚拟变量、个案排序、建立时间序列、替换缺失值等。

6. 分析

分析菜单具有统计分析的功能，完成一系列统计分析的选择和应用。主要包括描述统计、贝叶斯统计、均值比较、一般线性模型（方差分析）、相关分析、回归分析、对数线性分析、神经网络分析、聚类与判别、降维分析（又称数据简化或因子分析）、标度分析（又称信度分析）、非参数检验、时间序列预测、生存分析、多重响应、AMOS 对接等。分析菜单可以说是 SPSS 最为重要的菜单，SPSS 几乎所有的统计分析都从这里进入。

7. 图形

图形菜单具有画出统计图的功能，并建立和编辑统计图。具体包括图标构建、图形画板模板选择、威布尔图、比较子组、旧对话框等功能。其中，从旧对话框内进入，可以建立和编辑条形图、三维条形图、折线图、面积图、饼图、盘高—盘低图、箱图、误差条形图、人口金字塔图、散点图/点图、直方图等。

8. 实用程序

实用程序菜单包括变量列表、OMS 控制面板、OMS 标识、使用透视表计算、数据文件注释、文件信息、定义变量宏、定义变量集、使用变量集、创建文本输出、处理数据文件、运行脚本等。

9. 扩展

扩展菜单是 SPSS 26.0 新增的模块编程扩展功能，通过编程，在 SPSS 命令语法语言的基础上提供与其他编程语言结合的功能来实现更强大的功能。例如，通过扩展功能安装 Process 插件，进行中介效应检验。此部分功能我们将在第七章回归分析部分做详细介绍。

10. 窗　口

窗口菜单具有对窗口进行控制的功能，包括窗口的排列、选择和显示、将窗口最小化、激活窗口列表等。

11. 帮　助

帮助菜单具有文件的调用、查询和显示等功能，包括 SFSS 支持、SPSS 论坛、命令语法参考、兼容性报告工具、关于本软件的协议、诊断工具等。

本章上机操作题

1. 在计算机上练习安装 SPSS for Windows 软件，并在桌面建立启动图标。

2. 练习打开与退出 SPSS for Windows，并熟悉数据窗口、变量窗口及其各种菜单的功能。

3. 熟悉变量窗口的各种参数设置，重点练习变量值标签的定义。

推荐阅读参考书目

1. 简小珠，戴步云 . SPSS23.0 统计分析在心理学与教育学中的应用［M］. 北京：北京师范大学出版社，2017.

2. 张奇 . SPSS for Windows 在心理学与教育学中的应用［M］. 北京：北京大学出版社，2009.

3. 杨维忠，陈胜可，刘荣 . SPSS 统计分析从入门到精通 . 第 4 版［M］. 北京：清华大学出版社，2019.

第二章 数据的编辑与整理

本章主要介绍 SPSS 数据的录入；其他格式数据文件的读取；数据文件的合并与分组；变量的定义与操作；加权变量、变量的计算与重新赋值；增加与删除个案；数据的排序与缺失值处理；等等。

第一节 数据的录入

一、数据资料的形式

SPSS 数据是以矩阵的方式呈现，在 SPSS 的数据编辑窗口，每一横行为一个个案（Case），即一位被试所测量得到的数据结果，一位被试的结果不能占据两个横行。纵列按变量排列，纵横交错形成矩阵格式（见图 2－1）。

	sex	major	grade	love	temper	交谈	交际交友	待人接物	异性交往	总分	变量
1	0	2.00	3.00	.00	2.00	4.00	7.00	7.00	6.00	24.00	
2	1	2.00	3.00	1.00	4.00	5.00	7.00	7.00	4.00	23.00	
3	0	2.00	3.00	.00	1.00	5.00	4.00	7.00	6.00	22.00	
4	0	2.00	3.00	.00	4.00	5.00	5.00	6.00	5.00	21.00	
5	0	2.00	3.00	.00	4.00	6.00	7.00	3.00	5.00	21.00	
6	0	1.00	3.00	.00	4.00	7.00	6.00	5.00	3.00	21.00	
7	0	2.00	3.00	.00	1.00	5.00	7.00	1.00	7.00	20.00	
8	0	4.00	4.00	1.00	3.00	6.00	5.00	3.00	6.00	20.00	
9	1	2.00	3.00	.00	3.00	5.00	7.00	2.00	6.00	20.00	
10	0	2.00	3.00	.00	4.00	6.00	6.00	3.00	5.00	20.00	
11	0	1.00	3.00	.00	4.00	6.00	6.00	4.00	4.00	20.00	
12	1	2.00	3.00	.00	2.00	4.00	5.00	5.00	5.00	19.00	
13	0	3.00	2.00	.00	2.00	5.00	4.00	5.00	5.00	19.00	
14	0	3.00	3.00	1.00	1.00	4.00	6.00	4.00	5.00	19.00	
15	0	2.00	3.00	.00	4.00	5.00	6.00	3.00	5.00	19.00	
16	1	3.00	3.00	1.00	2.00	6.00	5.00	3.00	5.00	19.00	
17	0	3.00	1.00	.00	2.00	5.00	5.00	4.00	4.00	19.00	
18	0	2.00	3.00	1.00	3.00	4.00	7.00	3.00	4.00	19.00	
19	0	1.00	3.00	1.00	3.00	5.00	6.00	4.00	4.00	19.00	
20	0	2.00	3.00	1.00	2.00	5.00	6.00	4.00	4.00	19.00	

图 2－1 SPSS 数据资料的形式

行列交叉处称为单元格，单元格中给出观测在相应特性上的取值。单击鼠标左键可激活单元格，被激活的单元格以反色显示；按方向键上下、左右移动也可以激活单元格。单元格被激活后，用户即可向其中输入新数据或修改已有的数据。

二、编码

在科学研究中，我们所获得的研究资料有时不是数字形式，而是以文字形式呈现的。但在 SPSS 系统中，文字形式是不能直接参与运算的，这就需要对研究资料进行编码。编码（Recode）就是根据一定的规则将研究资料转换为可进行统计分析的数码资料的过程。

（一）编码的程序

按照一般的程序，我们是先编码，再录入数据。当然，如果编码比较简单，或者用户对研究资料比较熟悉，也可以在录入数据的时候即编即录，即一边形成编码，一边录入数据。

（二）编码的关键

编码的关键就是确定变量。变量就是用来反映文意概念的量化形式，在统计中往往指最小的分析单位。编码主要就是对变量进行编码。变量由两个部分构成：变量名和变量值。另外，还涉及两个相关概念，即变量标签与变量值标签，这个我们已经在第一章做过介绍。要注意区分何为变量名与变量标签，何为变量值与变量值标签（样例参见表 2 - 1）。在调查问卷中还要注意区分问题和变量。

表 2 - 1　变量名与变量标签、变量值与变量值标签举例

变量名	变量标签	变量值	变量值标签
Sex	性别	F（0）	Female（女）
		M（1）	Male（男）
Height	身高	1	≤1.49m
		2	1.50～1.59m
		3	1.60～1.70m
		4	1.70～1.79m
		5	≥1.80m

（三）编码举例

以下我们来看一下编码的几个实例。

1. 实例 1：10 名青少年身高体重测量结果

10 名青少年身高体重的测量结果中一共有五个变量，包括姓名、性别、年

龄、身高、体重（见表 2-2）。其中，姓名与性别变量以文字形式呈现，将其录入 SPSS 中是需要编码的。一般来说，姓名变量按照数字的先后序号编码即可，不要重复；性别变量按照男为"1"，女为"2"或"0"的方式编码即可。按照人们的习惯，男性一般为奇数，女性一般为偶数。年龄、身高、体重三个变量的结果本身就是数字形式，不用编码，直接录入即可（见表 2-3）。当然，如果需要对后面三个变量进行分组的话，比如按照测量学标准分为高分组、中间组、低分组，那就以前、后 27% 为界限，找到各个组分数取值的临界值，看看每个变量值位于哪个组。高分组、中间组、低分组分别编为"1""2""3"，或"3""2""1"均可。注意，别忘记在变量窗口定义变量值标签。

表 2-2 10 名青少年身高体重表（编码前）

姓名	性别	年龄（岁）	身高（cm）	体重（kg）
周汝今	男	13	156.0	47.5
马帅	男	13	155.0	37.8
丁一	男	14	152.9	49.2
古晨	男	15	166.0	52.0
江峰	男	14	164.5	44.0
孙悦	女	14	164.7	44.1
王小霞	女	13	158.0	52.3
胡萍	女	13	162.0	47.0
张红	女	14	160.5	53.0
曲萍	女	15	169.0	51.1

表 2-3 10 名青少年身高体重表（编码后）

姓名	性别	年龄（岁）	身高（cm）	体重（kg）
1	1	13	156.0	47.5
2	1	13	155.0	37.8
3	1	14	152.9	49.2
4	1	15	166.0	52.0
5	1	14	164.5	44.0
6	2	14	164.7	44.1
7	2	13	158.0	52.3

姓名	性别	年龄（岁）	身高（cm）	体重（kg）
8	2	13	162.0	47.0
9	2	14	160.5	53.0
10	2	15	169.0	51.1

2. 实例2：关于投票选举的抽样调查数据

一次投票选举抽样调查的结果中一共有五个变量，包括人员、年龄、性别、投票人、态度（见表2-4）。其中，人员与年龄变量本身就是数字形式，不用编码，直接录入即可。性别、投票与态度变量的结果是文字形式，录入数据的时候需要编码。性别变量的编码录入我们前面已做过介绍，此处不再说明。投票变量的值一共有两个，即张三和李四，我们就把张三编为"1"，李四编为"2"。态度变量的值一共有三个，即反对、中立和赞成，我们分别编为"1""2""3"，当然，也可以编为"3""2""1"（见表2-5）。

表2-4 关于投票选举抽样调查的数据阵列（编码前）

人员	年龄（岁）	性别	投票	态度
1	20	女	张三	中立
2	27	女	张三	反对
3	19	男	李四	反对
4	38	男	张三	赞成
5	38	男	李四	赞成
6	53	女	张三	赞成
7	24	男	李四	赞成
8	41	女	李四	反对
9	35	女	张三	中立
10	30	男	李四	赞成

表2-5 关于投票选举抽样调查的数据阵列（编码后）

人员	年龄（岁）	性别	投票	态度
1	20	2	1	2
2	27	2	1	1

续表

人员	年龄（岁）	性别	投票	态度
3	19	1	2	1
4	38	1	1	3
5	38	1	2	3
6	53	2	1	3
7	24	1	2	3
8	41	2	2	1
9	35	2	1	2
10	30	1	2	3

3. 实例3：问卷单选单问编码

对于问卷调查中单选且单问的问题编码，则一个问题就编为一个变量，如：

问题25：您认为打工的外地人对北京市的社会秩序是否有影响？（单选题）

①有很大影响　②有较大影响　③没有影响　④不好说

问题25只有一问且是单选，该题就编为a25或t25。因为变量的名称不能以纯数字开头，所以我们要在前面加个字母。一般变量的名称为字母＋数字，字母以a或t居多，后面的数字代表该题的序号。如果这个问题被试选择4，那么变量a25或t25的值就为4，录入数据时输入4即可。

4. 实例4：问卷一题多问编码

对于问卷调查中一题多问的问题编码，则一个问题有几问就要编几个变量，以便贮存该问的答案，即变量值，如：

问题9：您有几个儿子？几个女儿？

①儿子__2__人　　　　②女儿__3__人

问题9虽然只有一题但是有两问，这时我们就不能再编为一个变量，否则有的答案就不能贮存。对于这样的问题，有几问我们就编几个变量，有两问就要编两个变量。比如第一个变量我们可以编为a9a或t9a，第二个变量我们可以编为a9b或t9b。前面是字母，中间的9代表大题号，后边的字母代表小问的顺序。如果该被试有儿子2人，女儿3人，那么变量a9a或t9a的值就为2，变量a9b或t9b的值就为3，分别在SPSS的相应位置中输入2和3即可。

5. 实例5：多项选择题编码

对于多项选择题的编码，我们也不能只编为一个变量，因为被试可能有多种选择，我们要有足够的变量数来贮存可能的答案。一般来说，有几个选项，就要编几个变量。如：

问题 12：您家中是否有下列物品？（多选）

① 电话　　　　② 传真机　　　③ 电脑　　　　④ 空调

⑤ 电视　　　　⑥ 冰箱

问题 12 是一个多项题，被试家里一般不止一种家用电器。该题一共有 6 个选项，我们就要编 6 个变量，即 a12a 或 t12a、a12b 或 t12b、a12c 或 t12c、a12d 或 t12d、a12e 或 t12e、a12f 或 t12f。如果该被试家中有电脑、电视与冰箱三种电器，也就是说，他如果选 3、5、6，那么 a12c 或 t12c、a12e 或 t12e、a12f 或 t12f 三变量的值均为 1，而 a12a 或 t12a、a12b 或 t12b、a12d 或 t12d 三变量的值均为 0。注意，对于多项选择题而言，被试如果选择了，那这些变量值就为 1；如果没选，那这些变量值就为 0，到时只需分别统计值为 1 和 0 的频数与百分比。

三、数据的录入方式

根据录入数据的平台或所借助的工具，SPSS 数据的录入方式一般分为外部式录入与内部式录入。

（一）外部式录入

外部式录入就是采用外部软件先录成文本文件并保存（如后缀名为 *.dat；*.txt 的文件），然后再导入到 SPSS 中。下面我们以 TXT 文本文件为例具体介绍这种方法。

第一步，在记事本中按照固定格式录入数据（见图 2－2），然后把生成的 TXT 文本文件保存在电脑硬盘某个位置上。注意，要求每个样本的数据位数相等且上下、左右对齐。图 2－2 中有 5 个样本数据，每个样本数据都是 8 位数。这 8 位数包含 4 个变量，第 1、第 2 位数代表样本序号；第 3 位数是性别变量的值；第 4、第 5、第 6 位数合起来是身高变量的值，单位为 cm；第 7、第 8 位数合起来是体重变量的值，单位为 kg。

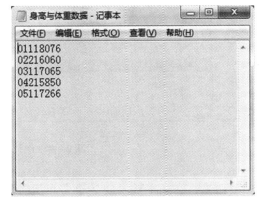

图 2－2　5 个样本的身高与体重数据

第二步，读取文本数据。按照"文件→导入数据→文本数据"的顺序展开对话框，找到相应的 TXT 文件，单击"打开"（见图 2－3）。

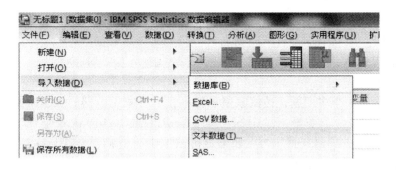

图 2 - 3　SPSS 读取外部文件路径

第三步，选择编码方式。在"打开数据"对话框中，编码方式默认为"Unicode（UTF - 8）"。因为文本向导不支持固定宽度 Unicode 文件，所以我们得选择本地编码，否则后面我们不能对数据进行变量分割（见图 2 - 4）。

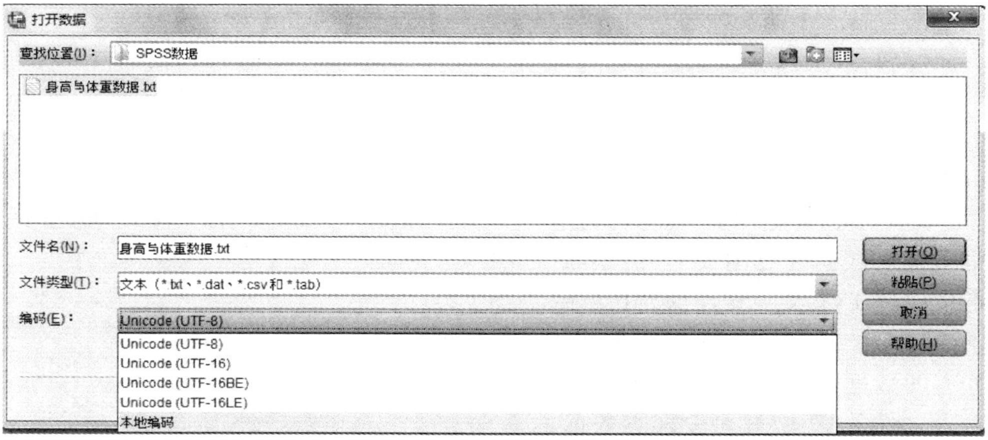

图 2 - 4　编码方式选择

第四步，在文本导入向导第 1/6 步时，点击"下一步"按钮（见图 2 - 5）。对话框中间，"您的文本文件与预定义的格式匹配吗？"的选项默认为"否"。

第五步，在文本导入向导第 2/6 步时，三个选项均为默认，即"变量如何排列？"默认为"固定宽度"；"文件开头是否包括变量名？"默认为"否"；"小数符号是什么？"默认为"句号"。然后，点击"下一步"按钮（见图 2 - 6）。

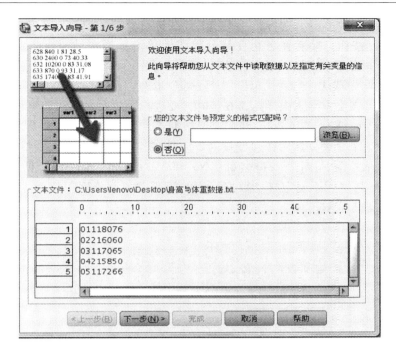

图 2 - 5 文本导入向导第 1/6 步

第六步，在文本导入向导第 3/6 步时，三个选项均为默认，即"第一个数据个案从哪个行号开始？"默认为"1"；"多少行表示一个个案？"默认为"1"；"要导入多少个案？"默认为"全部个案"。然后，点击"下一步"按钮（见图 2 - 7）。

图 2 - 6 文本导入向导第 2/6 步

图 2 - 7 文本导入向导第 3/6 步

· 21 ·

第七步，在文本导入向导第4/6步时，要进行变量分割。分割方法：先单击"插入分界"按钮；接着在各个变量分界线处单击鼠标左键，就会出现一道竖线。本例中共有四个变量，划出三条竖线即可（见图2-8）。"列号"与"当前变量宽度"均为默认。然后，单击"下一步"按钮。

第八步，在文本导入向导第5/6步时，要进行变量命名。系统默认四个变量名称分别为V1、V2、V3、V4，我们需要根据各个变量的含义重新命名。命名路径：先选中某个变量，然后在"变量名"下面的空白方框中输入变量名称即可。本例中我们依次输入四个变量名称：No、Sex、Height、Weight（见图2-9）。"数据格式"与"用于确定自动数据格式的值所占的百分比"均为默认。之后，单击"下一步"按钮。

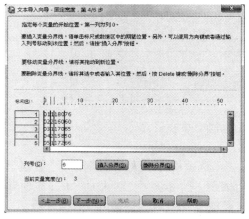

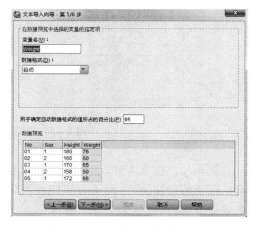

图 2-8　文本导入向导第4/6步　　　　图 2-9　文本导入向导第5/6步

第九步，到达文本导入向导第6/6步时（见图2-10），我们已经成功导入并定义了文本文件的格式。单击"完成"按钮，进入到SPSS窗口，我们可以进一步做变量标签和变量值标签定义等其他设置。

总的来说，外部式录入方式的最大优点是，数据之间没有间隔，录完一个数据自动后移，录入速度较快。该方式的缺点就是容易错位，输入数据时中间如果错一个后面就跟着错，就像多米诺骨牌那样。文本文件数据导入的步骤虽然分为九步，但用户熟悉以后操作起来还是挺简单的。我们对每个步骤都做了详细的讲解，目的也就是为了使用户能尽快地熟悉操作步骤，少走弯路。外部式录入方式适合变量少而样本量大的数据，因为录入起来速度快。用户可以根据变量数与样本量的多少选择是否使用这种数据录入方式。

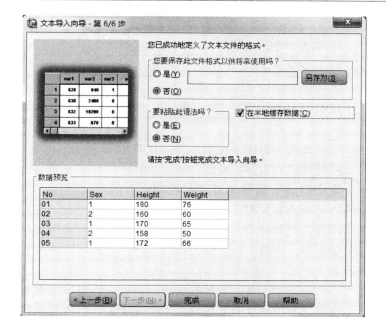

图 2 − 10　文本导入向导第 6/6 步

（二）内部式录入

内部式录入就是采用 SPSS 自带的数据编辑器（SPSS Data Editor）录入。在 SPSS 的数据编辑窗口，单击选中的单元格，该单元格即被激活。在激活的单元格中可以输入数据，输入后按回车或向下移动光标键，就可以输入同列下一个单元格的数据。按 Tab 键，激活右面一个单元格，就可以输入同行右侧单元格中的数据。

进行数据的内部式录入时，我们可以使用键盘对单元格进行激活和定位，方法如表 2 − 6 所示。

表 2 − 6　数据编辑窗口中的键盘与滚动条操作

键盘操作	光标移动（单元格定位）	方向	滚动条操作	窗口移动
↑	向上移到同列上一个单元格	纵向	上箭头	窗口上移一行
↓	向下移到同列上一个单元格		下箭头	窗口下移一行
Page Up 键	向上移动一屏		上箭头与移动块间	向上移动窗口大小一屏
Page Down 键	向下移动一屏		下箭头与移动块间	向下移动窗口大小一屏
➡ 或 Tab 键	向右移动一个单元格	横向	上下拖动滚动块	窗口不定量上下移动

续表

键盘操作	光标移动（单元格定位）	方向	滚动条操作	窗口移动
← 或 Shift + Tab 键	向左移动一个单元格		右箭头	窗口右移一列
Home 键	向左到同行行首单元格	横向	左箭头	窗口左移一列
End 键	向右到同行行首单元格		左右拖动滚动块	窗口不定量左右移动

总的来说，内部式录入的优点在于，因为有单元格的存在，所以录入数据时不太容易错位，即使错位，也容易发现，便于及时修改；该方式的缺点在于，录入数据后，需要点击键盘上的其他键进行移动，不能自动后移，导致录入速度慢。当然，任何一种录入方式都不是十全十美的，都有其优点，也有其缺点。用户可以根据具体情况，对各种录入方式做到扬长避短，发挥其优点，避免或克服其缺点。正如古话所说，熟能生巧，只要熟练了，就能找到诀窍，速度与正确率也就能同时提升上去。

最后，建议用户录完一个被试的数据后点击数据编辑窗口左上角的电脑图标保存一下，以防止突然断电或电脑死机等意外情况发生。因为录入数据的工作枯燥而辛苦，大家的时间也都很宝贵，不要让自己的辛苦白费。

第二节　数据的整理

原始数据虽然录进了 SPSS 数据系统，但并不意味着用户就可以直接进行统计分析。一些数据往往因为达不到用户使用的要求而不能直接使用，这时就需要对原始数据进行整理。数据的整理工作很多、很细，受篇幅所限，我们不能面面俱到，以下我们介绍几种常用的数据整理。

一、拆分数据文件

在 SPSS 数据统计分析中，我们经常需要先按某个变量进行分组，然后再求各个组的统计量。注意，这种分组是系统内定义的，在数据管理器中并不能明确体现，所以我们也可以把这种分组称之为分割。

例如，我们想分别了解男生和女生的人际关系困扰情况，就需要按照性别变量进行数据文件的拆分。

第一步，打开大学生人际关系困扰数据表，按照"数据→拆分文件"的路径打开对话框（见图 2 - 11）。

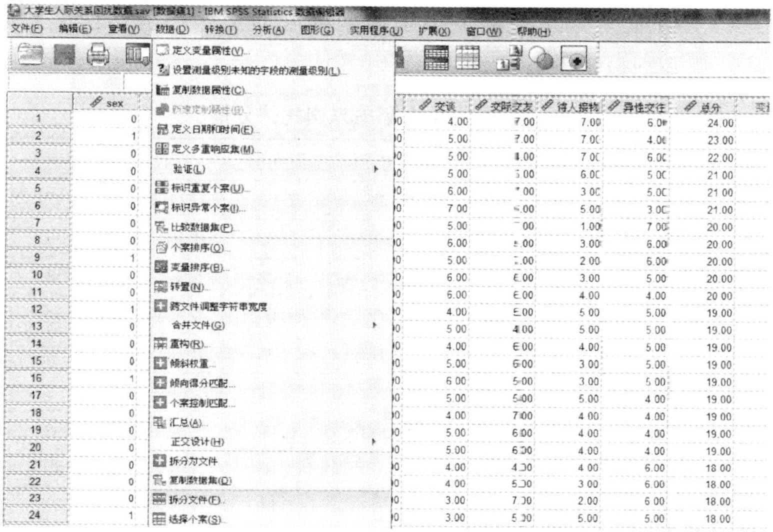

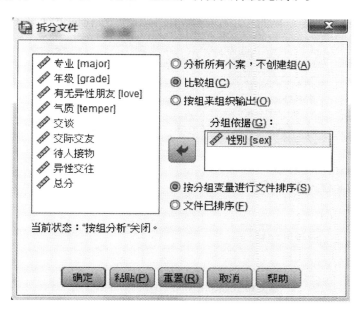

图 2 - 11　拆分文件路径

第二步，拆分文件对话框（见图 2 - 12）默认是"分析所有个案，不创建组"，我们选择第二项"比较组"；然后，把性别变量从左边添加到右边的"分组依据"空白框中。单击"确定"按钮，拆分文件就完成了。

图 2 - 12　拆分文件对话框操作

如表 2 - 7 所示，大学生人际关系困扰四维度与总的得分情况的描述统计是按性别变量分组分别报告的。

表 2 - 7　大学生人际关系困扰得分情况

性别		N	最小值	最大值	合计	均值	标准偏差
女生	交谈	558.00	0.00	7.00	1211.00	2.17	1.54
	交际交友	558.00	0.00	7.00	1640.00	2.94	1.64
	待人接物	558.00	0.00	7.00	856.00	1.53	1.19
	异性交往	558.00	0.00	7.00	970.00	1.74	1.48
	总分	558.00	1.00	24.00	4684.00	8.39	4.24
	有效个案数（成列）	558.00					
男生	交谈	142.00	0.00	6.00	372.00	2.62	1.60
	交际交友	142.00	0.00	7.00	410.00	2.89	1.73
	待人接物	142.00	0.00	7.00	271.00	1.91	1.33
	异性交往	142.00	0.00	6.00	285.00	2.01	1.54
	总分	142.00	2.00	23.00	1336.00	9.41	4.29
	有效个案数（成列）	142.00					

　　注意，文件一旦设置了拆分，此后的所有分析都将按照这种分组进行，除非取消拆分文件的命令。关于拆分文件命令的取消，就是把"性别"变量请回去，选择"分析所有个案，不创建组"，再单击"确定"按钮即可（见图 2 - 13）。

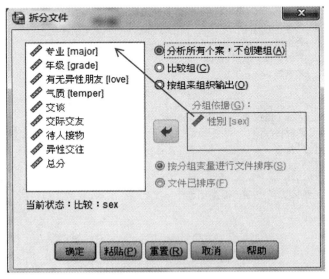

图 2 - 13　拆分文件的取消

二、合并数据文件

统计分析的首要任务是将数据输入到 SPSS 系统中。但是，当数据量较大时，经常需要将一份大的数据文件分成几个小部分，分别由多人输入。输入完毕后，将若干个小的数据文件合并成一个大的数据文件。数据合并的方式主要有两种，一是样本合并，又称为纵向合并；二是变量合并，又称为横向合并。

（一）数据文件的样本合并

数据文件的样本合并就是将一个 SPSS 数据文件的内容追加到另一个 SPSS 数据编辑窗口当前数据的后面，然后将合并后的数据重新显示在数据编辑窗口中。通过该方法，可以将两个或更多个数据文件合并在一起。数据合并后，样本数增加。注意，数据文件的样本合并一般要求源文件与合并文件的变量相同，比如不同被试做的同一种调查问卷或同样的实验数据等。当然，如果不是同样的测试或实验数据，样本的合并也没有多大意义。

下面，我们还以大学生人际关系困扰数据表为例（见 Data 1 - 1），介绍数据文件样本合并的具体步骤。

第一步，打开大学生人际困扰数据表，按照"数据→合并文件→添加个案"的路径打开对话框（见图 2 - 14）。

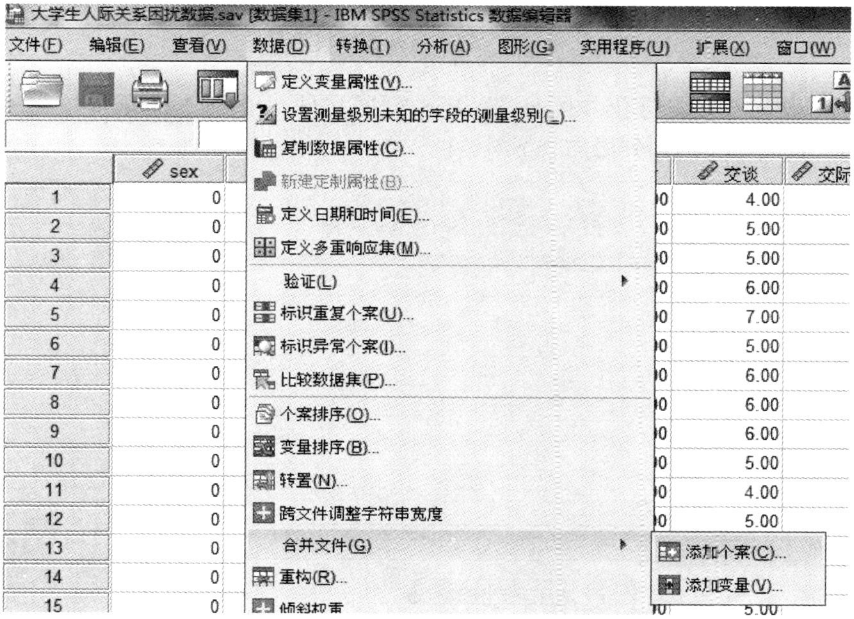

图 2 - 14 数据文件的样本合并路径

第二步，在添加个案的对话框中（见图 2 – 15），选择需要合并的文件。SPSS 系统提供了合并文件的两种渠道，一种是打开的数据文件，这类文件已呈现在"打开数据集"下面的框中，直接选中，单击"继续"按钮。然后，另一种是外部 SPSS 数据文件合并，要合并这类文件需要点击"浏览"按钮，然后点击"继续"按钮。注意，非 SPSS 数据文件必须在 SPSS 中打开，然后才能合并。

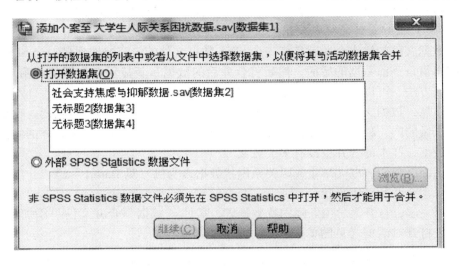

图 2 – 15　样本合并的文件选择

第三步，选中需要合并的外部 SPSS 数据文件，单击"打开"按钮（见图 2 – 16）；此时，又返回到添加个案对话框，单击"继续"按钮。

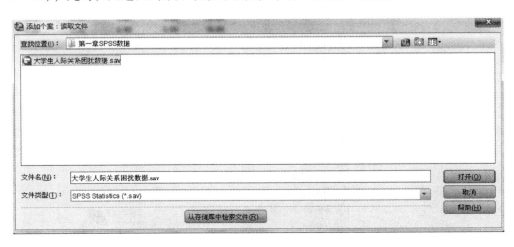

图 2 – 16　样本合并的文件读取

第四步，进行变量匹配，能匹配的变量都能进入新的活动数据集中，不能匹配的变量则停留在非成对变量中。单击"确定"按钮，就完成文件的合并（见图 2 - 17）。用户可以在 SPSS 数据窗口查看样本数，其应该有所增加。

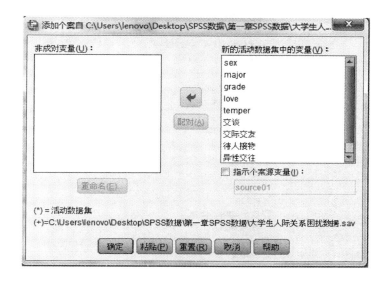

图 2 - 17　样本合并的变量匹配

（二）数据文件的变量合并

在统计分析的过程中，有时还需要在原有变量的基础上增加新的变量，这就需要进行数据文件的变量合并。例如，教学准实验中的前测、后测成绩不是在同一时间获得的，我们一般是在教学实验前录入被试的前测成绩，在教学实验结束后录入被试的后测成绩，这就需要进行数据文件的变量合并。注意，数据文件的变量合并，只能是对同一批测试获得的数据进行合并，否则不能合并。

例如，有研究者先测得双胞胎兄弟的体重数据（见 Data 2 - 2），期末考试后又获得他们的数学与化学成绩数据（见 Data 2 - 3）。请将两个数据文件的变量合并。

第一步，打开双胞胎体重数据表，按照"数据→合并文件→添加变量"的路径打开对话框。

第二步，与样本合并相类似，在添加变量的对话框中，选择需要合并的文件。SPSS 系统提供了合并文件的两种渠道，一种是打开的数据文件，这类文件已呈现在"打开数据集"下面的框中，直接选中，单击"继续"按钮；另一种是外部 SPSS 数据文件合并，要合并这类文件需要点击"浏览"安钮，然后点击

“继续”按钮（见图 2－19）。注意，非 SPSS 数据文件必须在 SPSS 中打开，然后才能合并。

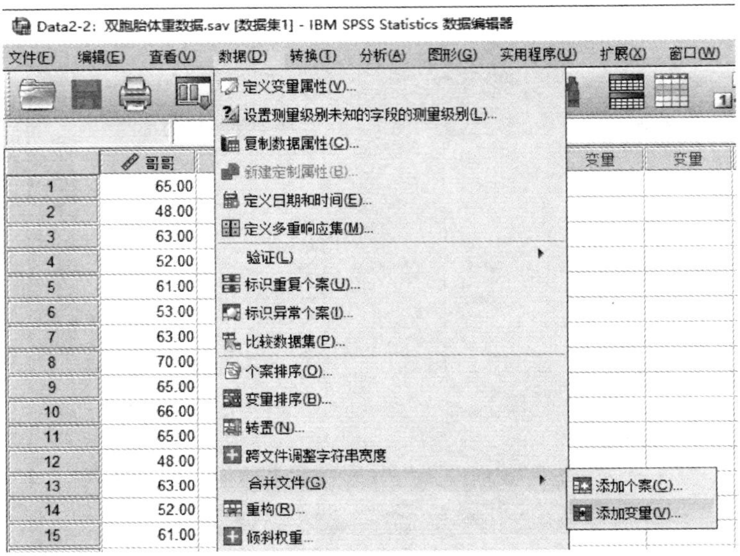

图 2－18　数据文件的变量合并路径

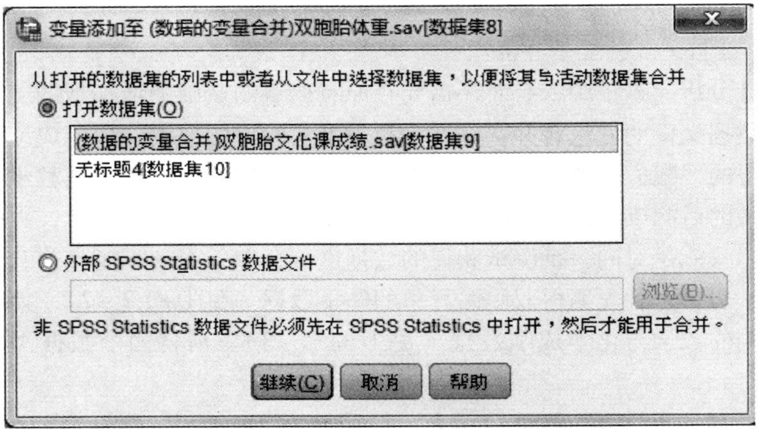

图 2－19　变量合并的文件选择

第三步，选择合并方法，我们一般选择“基于文件顺序的一对一合并”，这样便于做配对检验（见图 2－20）。最后单击“确定”按钮，就完成了文件数据的变量合并。

图 2-21 显示的是变量合并的结果，数据由原来的 2 个变量变为 6 个变量。数学 1 和化学 1 是双胞胎哥哥的成绩，数学 2 和化学 2 是双胞胎弟弟的成绩。

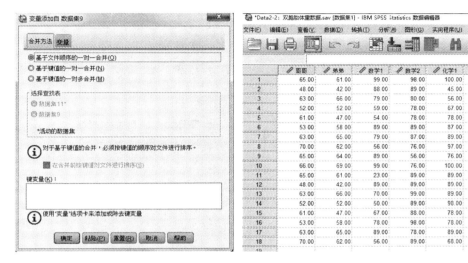

图 2-20　变量合并的方法选择　　　图 2-21　变量合并的结果

三、根据已有变量建立新变量

在数据统计中，我们经常需要通过转换数据来揭示变量之间的真实关系，如在问卷调查中，需要根据原有变量的值求出某个维度的得分或总分。这时，就需要通过对已经存在的变量进行处理，从而产生新的变量。

下面，我们还以大学生人际关系困扰数据为例（见 Data 1-1），介绍 SPSS 中根据已有变量建立新变量的操作步骤。假设我们知道被试交谈、交际交友、待人接物、异性交往四个维度的得分，需要求问卷总的得分情况。

第一步，打开大学生人际关系困扰数据表，按"转换→计算变量"的路径顺序打开计算变量对话框（见图 2-22）。

图 2-22　根据已有变量建立新变量路径

第二步，在计算变量对话框中，在"目标变量"下面的空白栏中输入新变量名称，如本例中输入"总分"（见图 2 – 23）；如有必要，还可进一步输入新变量标签，单击"类型和标签"按钮，在出现的对话框中可输入新变量标签，如本例中输入"人际关系困扰总分"（见图 2 – 24）。

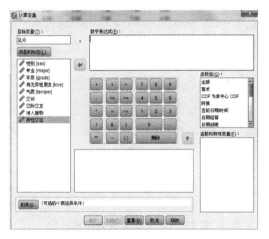

图 2 – 23　输入新变量名称　　　　图 2 – 24　输入新变量标签

第三步，在计算变量对话框右上角的"数字表达式"空白栏中输入合理的数字表达式。在本例中，我们已知人际关系困扰的四个维度（包括交谈、交际交友、待人接物、异性交往）的得分，需要求四个维度的总分，就在"数字表达式"中输入"交谈＋交际交友＋待人接物＋异性交往"（见图 2 – 25）。如果需要求四个维度总和的均分，则输入数字表达式"（交谈＋交际交友＋待人接物＋异性交往）/4"即可。注意，在输入数字表达式时，尽量使用计算变量对话框中间提供的计算器面板中的数字与符号。虽然在计算机键盘上也有这些数字与符号，但有的 SPSS 版本不支持。另外，数字表达式的格式要求也比较严格，如有的符号要用半角，不能用全角，空格既不能多，也不能少，在此提醒用户注意一下。

最后单击"确定"按钮，便完成了在已有变量基础上建立新变量的设置。如本例中，我们在 SPSS 数据编辑窗口就可以看到一个新变量"总分"了（见图 2 – 26）。

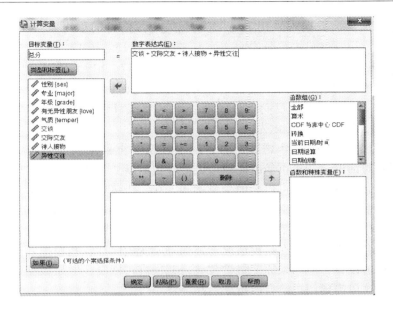

图 2 – 25　输入数字表达式

图 2 – 26　新变量的产生

四、变量的重新赋值

在数据分析过程中，我们有时需要重新对个案的某个变量的数值赋予新值。变量的重新赋值一般出于这种情况，即为了防止被试在测量过程中出现心理定式效应，或出于测谎的需要，一些问卷或量表常常有若干题项被设计成反向计分。在统计分析前，我们需要把这些反向计分的题项转化为正向计分，否则题项的方向不一致无法计算各维度的得分与总分。

下面我们以大学生焦虑数据（见 Data 2 – 4）为例，介绍 SPSS 中变量重新赋值的操作方法。该数据是采用 Zang 编制、吴文源修订的焦虑自评量表（SAS）测量获得的。根据该量表计分说明，第5、第9、第13、第17、第19题共5个项目（在 SPSS 数据中分别对应变量 b5、b9、b13、b17、b19）为反向计分题，在计算被试的焦虑指数之前需要把这5个项目转为正向计分。其中，正向评分题依次评为1、2、3、4，对应反向计分题评分4、3、2、1，也就是说，要把反向计分题的4、3、2、1分别转化为1、2、3、4。

第一步，打开大学生焦虑数据表，按"转换→重新编码为不同变量"的路径顺序展开对话框。变量重新编码赋值之后产生的新变量的名称既可以和原变量相同即替代原有变量，也可以与原变量不同，在二级菜单上分别显示为"重新编码为相同的变量"与"重新编码为不同变量"（见图2-27）。这里需要提醒用户注意的是，建议用户选择第二种，即"重新编码为不同变量"，因为在赋值设置过程中可能会发生错误。在这种情况下，如果原变量保存，我们把新变量删掉可重新进行赋值设置；但如果原变量被替代，就很难再恢复，原始数据也遭到了破坏。所以，这里需要用户给自己留条后路。

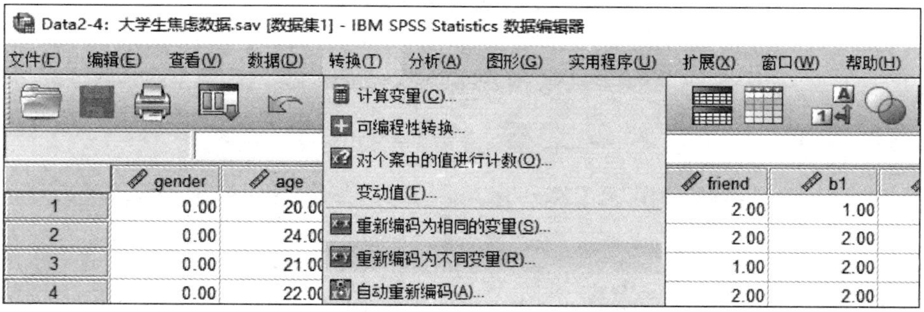

图 2-27　变量重新赋值的路径

第二步，在重新编码为不同变量的对话框中（见图2-28），把需要重新赋值的变量即 b5、b9、b13、b17、b19 添加到"数字变量→输出变量"空白栏中，我们会发现这些变量后面出现了一个问号，因为我们还没有对输出变量命名。在右边的"输出变量"空白栏中输入新变量名称，注意必须与原变量不同，如输入"b17new"，还可根据需要再输入变量标签，然后点击"变化量"按钮，刚刚呈现的问号就会变成输出变量的新名称。当所有输出变量被命名后，点击下面的"旧值和新值"按钮，需要定义原变量与新变量赋值的规则。

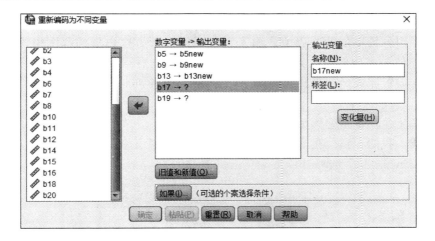

图 2-28　新变量命名

第三步，在旧值和新值的对话框中（见图 2-29）定义原变量与新变量赋值的规则，即在旧值的空白栏中输入原变量的值如 1，在新值的空白栏中输入新变量的值如 4，然后点击右下的"添加"按钮，就可以看到"旧→新"的空白栏中出现"1→4"。依此方法逐一设置 2→3、3→2、4→1。最后点击"继续"按钮，回到重新编码为不同变量的对话框。

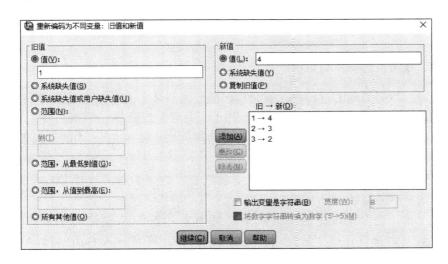

图 2-29　旧值和新值的对话框

定义原变量与新变量赋值的规则，除了原变量值即旧值与新变量值即新值一一对应之外，还可以选择原变量的某个范围与新变量值对应。例如，我们有时需要根据某个变量的得分分组，按照量表说明或测量学标准将数据分为若干个组，找到各个组分数取值的临界值，输入到"旧值"下方空白框的范围中，同时在右边"新值"空白框中按大小顺序输入某个值。然后点击"添加"按钮，等各个组全部设置完成后，点击"继续"按钮返回到主对话框。最后点击"确定"按钮即可。

第四步，在重新编码为不同变量的对话框中点击"确定"按钮，变量重新赋值完成。我们看到，在 SPSS 数据编辑窗口产生了五个新变量，即 b5 new、b9 new、b13 new、b17 new、b19 new（见图 2 – 30）。

	b14	b15	b16	b17	b18	b19	b20	b5new	b9new	b13new	b17new	b19new
1	1.00	2.00	1.00	3.00	3.00	4.00	1.00	4.00	3.00	2.00	1.00	1.00
2	1.00	1.00	2.00	2.00	3.00	3.00	2.00	2.00	2.00	1.00	3.00	2.00
3	1.00	1.00	2.00	4.00	2.00	2.00	1.00	3.00	3.00	4.00	1.00	2.00
4	1.00	2.00	3.00	3.00	2.00	4.00	1.00	4.00	3.00	2.00	1.00	1.00
5	1.00	1.00	1.00	2.00	1.00	2.00	2.00	3.00	4.00	1.00	3.00	1.00
6	1.00	1.00	1.00	2.00	2.00	3.00	1.00	2.00	2.00	2.00	3.00	2.00
7	2.00	1.00	2.00	2.00	2.00	2.00	1.00	4.00	2.00	1.00	2.00	1.00
8	1.00	1.00	1.00	3.00	2.00	4.00	2.00	3.00	3.00	2.00	2.00	2.00
9	1.00	1.00	2.00	3.00	2.00	3.00	1.00	3.00	2.00	2.00	2.00	2.00

图 2 – 30　变量重新赋值后的新变量

值得注意的是，变量重新赋值的操作只适用于数值型变量，不适合其他类型的变量。

五、观察值的排序与排秩

在进行数据处理的过程中，有时我们需要按照某个或某些变量值的顺序，重新排列观察值（也称为观测量）在数据文件中的先后顺序。下面，我们还以大学生人际关系困扰数据为例，介绍观察值的排序与排秩在 SPSS 中的实现步骤。

（一）观察值的排序

第一步，打开大学生人际关系困扰数据表，按"数据→个案排序"的路径打开个案排序的对话框（见图 2 – 31）。

第二步，在个案排序的对话框中（见图 2 – 32），从左侧的变量框中选择排序变量（如选择年级变量），再单击向左箭头，将其移入右面的排序依据框中。排序依据也可以选择两个或两个以上的变量。如果选择了不止一个排序变量，那么列于首位的称为第一排序变量，其后分别称为第二排序变量、第三排序变量……这样排序的结果是：先按第一排序变量的值排列观察值，在第一排序变量的值相等的观察值组，再按第二观测量的值排序，依此类推。如果排序变量是

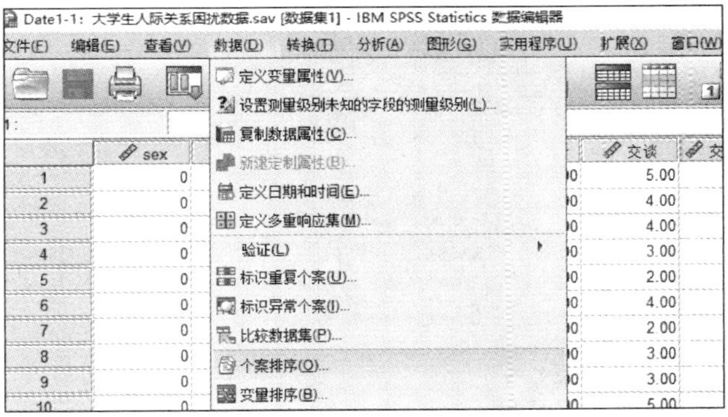

图 2 – 31 观察值排序的跨径

字符型的，则按拼写的字母 ASCII 码顺序排列。另外，排列顺序可以选择升序或降序，升序就是由小到大，降序就是由大到小。

第三步，在个案排序的对话框下方选择"保存包含排序后的数据的文件"（见图 2 – 33）。关于保存文件的名称，用户可以设置新的文件名，也可以使用原来的文件名，选择替代即可。最后点击"确定"按钮，即完成观察值的排序操作。

（二）观察值的排秩

在当前数据文件中产生秩变量的操作步骤如下：

图 2 – 32 个案排序对话框

第一步，打开大学生人际关系困扰数据表，按"转换→个案排秩"的路径打开观察值排秩对话框（见图 2 – 34）。

第二步，在观察值排秩对话框中（见图 2 – 35），在左侧的源变量框中至少选择一个变量如总分，添加到右侧的"变量"框中；同时选择一个或多个分组变量如年级添加到右侧的"依据"框中，系统将按"依据"框中的变量值如年级变量的值分组排秩。

第三步，在观察值排秩对话框中，点击右侧上方的"类型排秩"按钮，选择排秩的类型（见图 2 – 36）。系统共提供了八种排秩类型供用户选择：

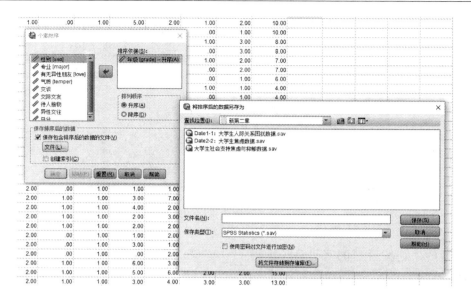

图 2－33　个案排序后的文件保存

图 2－34　观察值排秩的路径

（1）秩（Rank）选项。数据文件中，新变量的值就是秩，这是默认选项。该选项的结果是，新变量名为用以排秩的变量名前冠以 "R"。

（2）萨维奇得分（Savage Score）选项。该选项秩变量的值是依据指数分布所得原始分数。选择该选项后，新变量名为原变量名前冠以 "S"。

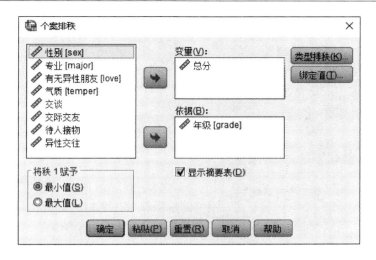

图 2 – 35 观察值排秩对话框

（3）分数排序（Fractional Rank）选项。该选项的秩值为原秩变量的秩除以非缺失值观测量的权重之和。

（4）百分比分数秩（Fractional Rank as%）选项。该选项的秩值为其秩除以所有有效值的观测量数目之和乘以100。

（5）个案权重总和（Sum of Case Weights）选项。该选项的秩值等于各观测量权重之和。另外，在同组中新变量值是常数。

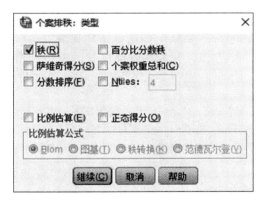

图 2 – 36 选择秩类型对话框

（6）分段排秩（Ntiles）选项。该选项的秩值将被重新编码赋值，分成若干个区间。用户可以在参数框中输入分段数，分段数必须是大于1的整数。某观测量的秩值是按该观测量占的百分位数的位置来决定的。例如，如果输入的数值为4，那么低于25%的观测量数值将被赋值为1，位于25%～50%的观测量数值将被赋值为2，位于50%～75%的观测量数值将被赋值为3，高于75%的观测量数值将被赋值为4。

（7）比例估算（Proportion Estimates）选项。该选项是一个特别秩的分布累计比估计。如用户选择"比例估算"类型后，还可以在"比例估算公式"（Proportion Estimation Formula）栏中进一步指定计算公式，包括Blom、图基、秩转

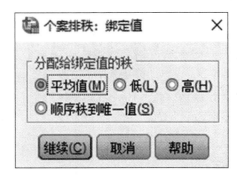

图 2 - 37 绑定值对话框

换、范德瓦尔登四种。选择之后，单击"继续"按钮返回到观察值排秩对话框。

（8）正态得分（Normal Scores）选项。该选项计算估计累计比相应的 Z 分数。

第四步，在观察值排秩对话框中，单击右侧的"绑定值"按钮，打开绑定值对话框（见图 2 - 37）。

绑定值对话框主要针对有相同秩时的选项设置。系统一共提供了四种选项：

（1）平均值（Mean）选项，即出现相同值的秩时取平均值。

（2）低（Low）选项，即出现相同值的秩时取最小值。

（3）高（High）选项，即出现相同值的秩时取最大值。

（4）顺序秩到唯一值（Sequential Ranks to Unique Values），即出现相同值的秩时取第一个出现的秩次值，其他观测量秩次按顺序排列。用户根据需要选择之后，单击"继续"按钮返回到观察值排秩对话框。

第五步，在观察值排秩对话框中，单击"确定"按钮，便可看到观察值排秩的结果。如图 2 - 38 所示，按年级变量给总分变量的观察值排秩，出现相同秩

	sex	major	grade	love	temper	交谈	交际交友	待人接物	异性交往	总分	R总分	变
1	0	3.00	1.00	.00	1.00	4.00	6.00		1.00	11.00	36.500	
2	0	3.00	1.00	.00	1.00	5.00	2.00	1.00	2.00	10.00	31.500	
3	0	3.00	1.00	.00	1.00	5.00	4.00	.00	1.00	10.00	31.500	
4	1	3.00	1.00	.00	1.00	1.00	1.00	3.00	3.00	8.00	26.000	
5	0	3.00	1.00	.00	1.00	1.00	4.00	.00	3.00	8.00	26.000	
6	0	3.00	1.00	.00	1.00	1.00	3.00	1.00	2.00	7.00	20.000	
7	0	3.00	1.00	.00	1.00	2.00	3.00	.00	2.00	7.00	20.000	
8	0	3.00	1.00	.00	1.00	1.00	4.00	.00	1.00	6.00	14.500	
9	0	3.00	1.00	.00	1.00	1.00	1.00	1.00	1.00	4.00	7.000	
10	0	3.00	1.00	.00	1.00	.00	3.00	1.00	.00	4.00	7.000	
11	0	3.00	1.00	.00	1.00	1.00	1.00	1.00	1.00	3.00	5.000	
12	0	4.00	1.00	.00	1.00	4.00	3.00	3.00	2.00	12.00	39.500	
13	0	3.00	2.00	.00	1.00	3.00	7.00	5.00	2.00	17.00	99.500	
14	1	3.00	2.00	.00	1.00	4.00	2.00	5.00	2.00	13.00	88.500	
15	1	3.00	2.00	.00	1.00	3.00	2.00	2.00	3.00	10.00	76.500	
16	0	3.00	2.00	.00	1.00	3.00	4.00	.00	1.00	8.00	57.000	
17	0	3.00	2.00	.00	1.00	2.00	2.00	2.00	1.00	7.00	47.000	
18	0	3.00	2.00	.00	1.00	2.00	1.00	.00	2.00	5.00	25.500	
19	0	3.00	2.00	.00	1.00	1.00	1.00	.00	.00	5.00	25.500	
20	0	3.00	2.00	.00	1.00	1.00	1.00	.00	1.00	3.00	4.500	
21	0	4.00	2.00	.00	1.00	1.00	7.00	3.00	3.00	14.00	92.000	
22	0	4.00	2.00	.00	1.00	4.00	2.00	1.00	3.00	10.00	76.500	
23	0	4.00	2.00	.00	1.00	3.00	2.00	2.00	.00	7.00	47.000	
24	0	4.00	2.00	.00	1.00	2.00	2.00	.00	2.00	6.00	36.500	
25	0	4.00	2.00	.00	1.00	1.00	2.00	1.00	1.00	5.00	25.500	

图 2 - 38 观察值排秩的结果

时选的是平均值，排秩类型选的是默认秩选项，最后新增一个 R 总分变量，就是观察值排秩的最终结果。

本章上机操作题

1. 根据表 2 - 8 试在 SPSS 中建立数据。

表 2 - 8　某班学生各年龄段男女生人数

年龄段	男生	女生	总计
20 ~ 21 岁	12	9	21
22 ~ 23 岁	8	6	14
总计	20	15	35

2. 打开练习数据表 Data 2 - 5，按照性别变量拆分该数据文件。

3. 打开练习数据表 Data 2 - 5，已知 a2、a5、a7、a8 四个题项为反向计分，请把它们分别转化为正向计分，要求变量名与原变量名不相同。

4. 打开练习数据表 Data 2 - 5，求出 a1 ~ a10 这 10 个题项得分的总和，并作为新变量保存在数据文件中，要求运用反向计分转化后的题项。

推荐阅读参考书目

1. 简小珠，戴步云. SPSS23.0 统计分析在心理学与教育学中的应用 ［M］. 北京：北京师范大学出版社，2017.

2. 卢文岱，朱红兵. SPSS 统计分析. 第 5 版 ［M］. 北京：电子工业出版社，2015.

3. 张奇. SPSS for Windows 在心理学与教育学中的应用 ［M］. 北京：北京大学出版社，2009.

4. 余建英，何旭宏. 数据统计分析与 SPSS 应用 ［M］. 北京：人民邮电出版社，2003.

第三章　描述性统计分析

描述统计是进行其他统计分析的基础和前提。通过描述统计分析，可以对要分析的数据的总体特征有比较准确的把握，从而可以选择其他更为深入的统计分析方法。本章主要介绍基本的描述统计量的含义及其在 SPSS 中的实现过程，包括平均数、中位数、众数、方差、标准差、频数、标准化 Z 分数等。

第一节　描述统计的基本概念与原理

描述统计的目的是对一组数据进行整理和概括，包括集中量数、差异量数和频数等基本的描述统计量。

一、集中量数

集中量数是用来描述数据集中趋势的统计量。它是一组数据的代表值，描述数据分布的中心。集中量数主要包括算术平均数、中数和众数。

1. 算术平均数

算术平均数一般简称为平均数、均数或均值（Mean），是一种应用最广泛的集中量数。其计算方法是用一列数据中所有数据的总和除以该列数据的总数。样本平均数用字母 M 或 $\overline{X}$ 表示，总体平均数用 μ 表示。

算术平均数是"真值"的最佳估计值，是应用最普遍的一种集中量数，代表性较好，而且较少受到抽样变动的影响。但算术平均数对数据的变化相当敏感，也正因为如此，它易受极端数据的影响。

2. 中数

中数（Median），又称中位数、中值或中点数，是按数值的大小顺序排列在一起的一组数据中居于中间位置的数。中数符号为 Md 或 Mdn。

中数是由数据的排列顺序和数量决定的，并不需要每一个数据都参与运算。中数反应不够灵敏，不适合代数计算。一般情况下，它不被普遍应用。但是，它很少受到极端值的影响。所以，当一组数据有极端数据或者有个别数据不确切、不清楚时，它又有特殊的应用价值。

3. 众数

众数（Mode）是指一组数据中出现次数最多的那个数值，用符号 Mo 表示。众数同样不是由每一个数据都参加运算求得的，较少受到极端值的影响，不能作进一步的代数运算，应用也不广泛。但是，当数据中出现极端值或出现不同质的情况时，可以用众数表示数据的一般趋势。

均数、中数、众数这三种集中量数都是描述一组数据集中趋势的统计量，只是从各自不同的角度描述了这一趋势。均数是一组数据的平衡点，均数两边的数据到它的距离之和相等。中数是一组数据的中心点，在它两边的数据的个数相等。众数是在一组数据中出现频次最高的数值。在心理学与教育学研究中，描述数据集中趋势的量数不止一个，我们应当尽量使用包含信息多的集中量数做进一步的分析。均数的获得需要所有的数据参与计算，所以，它比中数、众数包含的信息多，应用也最为广泛。

二、差异量数

在心理学与教育学研究中，要全面描述数据的特征不但要了解数据分布的中心，还需要了解数据围绕中心分布的离散情况，即差异量数。表示数据离散程度的差异量数主要有全距、百分位数、方差、标准差以及标准分数。

1. 全距

全距（Range），也称为"两极差"，是指一组数据中，最大值与最小值的差数（R = 最大值 – 最小值）。它是说明数据离散程度最简单的统计量，反映了数据波动的最大范围。全距仅仅利用了数据中的两个数据，即最大值和最小值。它不能详细地描述在最大值和最小值之间的离散情况。

2. 百分位数

百分位数（Percentiles）也称为百分位点（Percentile Point），它是指量尺上的一个点，此点以下，包括数据分布中全部数据个数的一定百分比。第 P 百分位数就是指在其值为 P 的数据以下，包括数据分布中全部数据的百分之 P，其符号为 Pp。例如，$P_{90} = 51$，表示90%的数都小于51，在51以下。

3. 方差与标准差

方差（Variance）也称变异数或均方，它是每个数据与该组数据平均数之差乘方后的均值，即离均差平方后的平均数。作为样本统计量，用符号 s^2 表示；作为总体参数，用符号 σ^2 表示。方差是度量数据离散程度的一个重要的统计量。方差具有可加性，在方差分析中使用广泛。标准差（Standard Deviation），是标准偏差的简称，即方差的平方根。样本标准差用 s 或 SD 表示，总体标准差用 σ 表示。

方差和标准差是表示一组数据离散程度的指标。其值越大，说明数据离散程度越大，数据较分散；其值越小，说明数据离散程度越小，数据分布比较集中。

4. 标准分数

标准分数（Standard Score）又叫作"z 分数"，是以标准差为单位描述某一个原始分数偏离样本均数距离的统计量。其计算公式为用原始数据减去该组数据的平均数，再用其差除以该组数据的标准差。

从标准分数的公式中可以看出，把原始分数转换成标准分数，就是把单位不相等的、缺乏明确参照点的分数转换成以标准差为单位、以平均数为参照点的分数。这样就可以明确各个分数在总体中的相对位置了，并且可以比较不同单位的分数在各自分布中的相对位置。

三、频数

频数（Frequency）是指同一个观测值在一组数据中出现的次数。求频数的意义，一则可以直观地了解某一取值的个数，二则可以较早发现数据输入过程中的错误，以便及时处理。另外，研究者在撰写研究报告时经常需要报告被试的人口统计学变量特征即人数与百分比，或在某个变量取值上的个案数与所占百分比，都可以通过求频数而获得。

频数表是表示频数分布的数据表格。SPSS 为用户提供了简单频数分布表、相对频数分布表以及相对累加频数分布表。简单频数分布表是根据每一个数值在一组数据中出现的实际次数编制成的统计表。相对频数分布表是将简单频数分布表中的实际次数转化为相对次数（该数据出现的次数除以数据总数量的比值）制成的统计表。它给我们呈现的是获得每个数据值的被试比例。相对累加频数表是指根据将相对次数依次相加所得到的相对累加频数制成的表格，它表明等于或小于某个数据值的被试比例。

第二节　描述统计在 SPSS 中的实现过程

一、均值、中数与众数的操作步骤

我们以大学生人际关系困扰数据（见 Data 1－1）为例，介绍均值、中数与众数在 SPSS 中的实现步骤。

第一步，打开大学生人际关系困扰数据表，按"分析→描述统计→频率"的路径打开对话框（见图 3-1）。

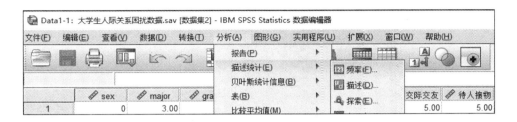

图 3-1　求均值、中数与众数的路径

第二步，在频率对话框中，把需要求均值、中数与众数的变量添加到"变量"空白框中（见图 3-2）。比如，我们把大学生人际关系困扰的四个维度与总分五个变量添加到"变量"空白框中。然后，点击右侧的"统计"按钮，打开新对话框。

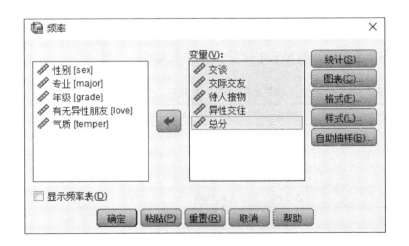

图 3-2　频率对话框

第三步，在统计对话框中（见图 3-3）选择平均值、中位数与众数，点击"继续"按钮返回到频率对话框。最后，点击"确定"按钮，完成操作。

图 3-3   统计对话框

表 3-1 呈现的就是大学生人际关系困扰四个维度与总分的平均值、中数与众数。另外，系统默认输出五个变量的有效个案数与缺失值。

表 3-1   大学生人际关系困扰四个维度与总分的平均值、中数与众数

变量		交谈	交际交友	待人接物	异性交往	总分
个案数	有效	700	700	700	700	700
	缺失	0	0	0	0	0
平均值		2.2614	2.9286	1.6100	1.7929	8.6000
中数		2.0000	3.0000	1.0000	2.0000	8.0000
众数		2.00	3.00	1.00	1.00	7.00

二、方差与标准差的操作步骤

我们仍以大学生人际关系困扰数据（见 Data 1-1）为例，介绍方差与标准差在 SPSS 中的实现步骤。

第一步，打开大学生人际关系困扰数据表，按"分析→描述统计→描述"的路径打开对话框（见图 3-4）。

图3-4 求方差与标准差的路径

第二步，在描述对话框中，把需要求方差与标准差的变量添加到"变量"空白框中（见图3-5）。比如，我们把"大学生人际关系困扰的四个维度与总分"五个变量添加到"变量"空白框中。然后，点击"选项"按钮，打开新对话框。

第三步，在选项对话框中（见图3-6），选择"方差"与"标准差"，点击"继续"按钮返回到频率对话框。最后，点击"确定"按钮，操作完成。

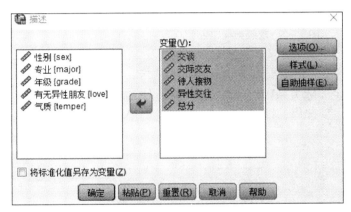

图3-5 描述对话框

图3-6 选项对话框

表3-2呈现的就是大学生人际关系困扰四个维度及总分的方差与标准差。系统同时默认输出五个变量的有效个案数。

表3-2 大学生人际关系困扰四个维度及总分的方差与标准差

	N	标准差	方差
交谈	700	1.55728	2.425
交际交友	700	1.66011	2.756
待人接物	700	1.22476	1.500
异性交往	700	1.49724	2.242
总分	700	4.26584	18.197
有效个案数（成列）	700		

三、频数的操作步骤

我们仍然以大学生人际关系困扰数据（见 Data 1 - 1）为例，介绍频数在
SPSS 中的实现步骤。

第一步，打开大学生人际关系困扰数据表，按"分析→描述统计→频率"
的路径打开对话框（见图 3 - 7）。

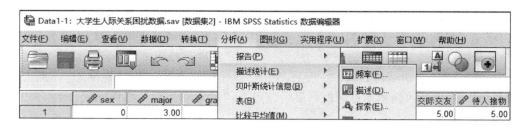

图 3 - 7　求频数的路径

第二步，在频率对话框中，把需要求频数的变量添加到"变量"空白框中
（见图 3 - 8）。我们把大学生人际关系困扰的"年级"变量添加到变量空白框中。
选中左下方"显示频率表"复选框，即在空白小方框中打"√"，单击"确定"
按钮，操作完成。

图 3 - 8　频率对话框

表 3 - 3 呈现的就是我们所求的年级变量的频数分布。该表报告了大学生四
个年级的频率即人数与百分比。其中，百分比分为三种类型，即一般百分比、有

效百分比与累计百分比。其中，一般百分比简称百分比，主要统计实际百分比，包含缺失值；有效百分比主要统计去除缺失值后的百分比；累计百分比主要统计从上到下累加的百分比。在没有缺失值的情况下，一般百分比与有效百分比的值是一样的；如果有缺失值，两者就会表现出一定的差异。

表3-3　大学生人际关系困扰年级变量的频数分布

		频率（人）	百分比（%）	有效百分比（%）	累计百分比（%）
有效	大一	42	6.0	6.0	6.0
	大二	103	14.7	14.7	20.7
	大三	515	73.6	73.6	94.3
	大四	40	5.7	5.7	100.0
	总计	700	100.0	100.0	

　　注意，在求频数的同时，还可以输出相应的图形。图形的优势在于它比表格更加直观形象。如需输出图形，则在频率对话框中单击"图表"按钮，打开图表对话框（见图3-9）。系统一共提供了三种图形，即条形图、饼图与直方图。在图表值中用户可以选择频率或是百分比。另外，在输出直方图的时候，用户可以选择"在直方图中显示正态曲线"。系统默认是不输出图形，即无，用户若需要哪种图形，只需选中它，然后单击"继续"按钮返回到频率对话框，最后单击"确定"按钮即可。

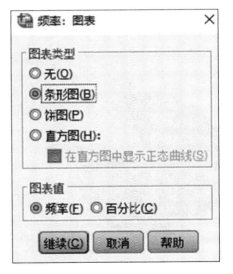

图3-9　图表对话框

　　条形图又称直条图，主要用离散方框的高低（纵条图）或长短（横条图）表示变量各个取值的多少，图3-10就是年级变量频率的条形图。

　　饼图，也称为圆形图，主要用圆形中各部分在整体中所占的比重大小来表示变量各个取值的多少，图3-11就是年级变量频率的饼图。

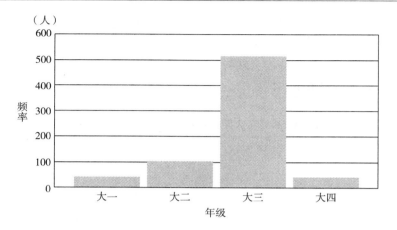

图 3-10　年级变量频率的条形图

直方图主要用较为连续的柱状高低（纵形图）或长短（横形图）表示变量各个取值的多少，图 3-12 就是年级变量频率的直方图。

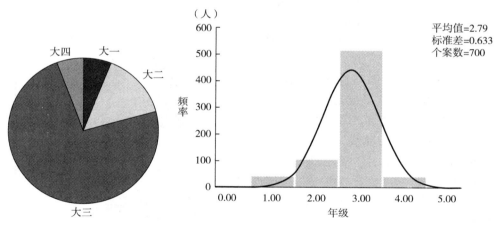

图 3-11　年级变量频率饼图　　　图 3-12　年级变量频率直方图

四、标准化 Z 分数及其线性转化

我们以 18 名学生的数学成绩（见 Data 3-1）为例，介绍在 SPSS 中如何求标准化 Z 分数。

第一步，打开 18 名学生的数学成绩数据表，按"分析→描述统计→描述"的路径打开对话框（见图 3-13）。

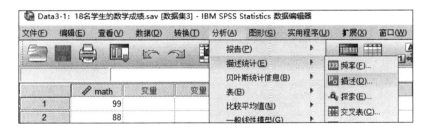

图 3 - 13 求标准化 Z 分数的路径

第二步，在描述对话框中（见图 3 - 14），把需要求标准化 Z 分数的变量如数学成绩添加到"变量"空白框中。然后，单击"确定"按钮，操作完成。

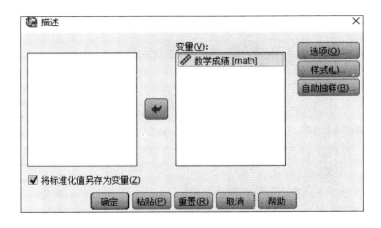

图 3 - 14 求标准化 Z 分数的描述对话框

图 3 - 15 显示的就是学生数学成绩的标准化 Z 分数。

我们看到，将原始数据转换成标准化 Z 分数后，常会出现负数和带小数点的值，实际使用起来很不方便。因此，在有些情况下，可以对 Z 分数进一步进行线性转换。最典型的一种 Z 分数线性转换就是 T 分数。计算公式：$T = 10Z + 50$。具体转化步骤参见第二章第二节根据已有变量建立新变量部分。

图 3 - 16 就呈现了学生数学成绩经转化后的 T 分数。我们看到，小数点设置为 0 后，T 分数都变成了正的整数，这样使用起来就方便一些。

图 3 – 15　学生数学成绩的 Z 分数

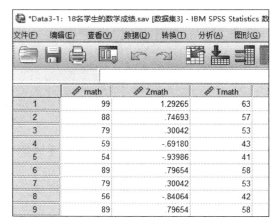

图 3 – 16　学生数学成绩的 T 分数

本章上机操作题

1. 打开大学生社会支持调查数据表（见 Data 3 – 2），求出主观支持、客观支持与对支持的利用度三维度的得分及其总分，并以新变量保存在 SPSS 数据文件中。其中，主观支持包括 a1、a3、a4、a10 四个题项，客观支持包括 a2、a8、a9 三个题项，对支持的利用度包括 a5、a6、a7 三个题项。

2. 基于大学生社会支持调查数据，用三线表报告被试的性别、年级、专业、生源地等人口统计学变量情况，包括人数与百分比，同时报告被试的平均年龄。

3. 基于大学生社会支持调查数据，用三线表报告大学生社会支持的描述统计情况，包括主观支持、客观支持与对支持的利用度三维度与总分的样本数、平均数与标准差。

推荐阅读参考书目

1. 简小珠，戴步云. SPSS23.0 统计分析在心理学与教育学中的应用［M］. 北京：北京师范大学出版社，2017.

2. 张厚粲，徐建平. 现代心理与教育统计学［M］. 北京：北京师范大学出版社，2009.

3. 余建英，何旭宏. 数据统计分析与 SPSS 应用［M］. 北京：人民邮电出版社，2003.

4. 邓铸，朱晓红. 心理统计学与 SPSS 应用［M］. 上海：华东师范大学出版社，2009.

第四章　均值比较与 T 检验

在正态或近似正态分布的计量资料中，经常在描述统计分析后，还需要进行组与组之间平均水平的比较。T 检验就是用于两组样本间比较的一种方法，对于两组以上的均数比较，则使用方差分析法（下一章介绍）。本章主要介绍 T 检验的基本原理；T 检验在 SPSS 中的实现过程，包括 Means 过程，即对样本进行分组后计算平均数与标准差等；单一样本 T 检验；两独立样本 T 检验与两配对样本 T 检验。

第一节　T 检验的基本原理

一、T 检验的种类

T 检验一般是用于检验两组观测值均值之间的差异是否显著的统计分析方法。根据数据的来源及其性质，T 检验一般分为三种类型，即单一样本 T 检验、两独立样本 T 检验与两配对样本 T 检验。

T 检验的结果有两种情况：一种是差异不显著，这表明两组观测值均值之间的差异是由随机误差造成的，两个样本属于同一个总体；另一种是差异显著，这表明两个均值之间的差异不仅仅是由随机误差造成，两个样本来自不同的总体或同一个样本的两次测量结果发生了质的变化。

二、各种 T 检验的基本原理

（一）单一样本 T 检验

单一样本 T 检验（One Sample T Test）主要用于检验一个样本的均值与总体均值或某个已知观察值之间的差异是否显著。如果总体均值已知，那么，样本均值与总体均值之间的差异显著性检验就属于单一样本的检验。单一样本 T 检验的统计量即 t 值的计算公式是：

$$t = \frac{\overline{X} - \mu_0}{SE_{\overline{X}}}$$

其中，$SE_{\overline{X}} = \dfrac{S}{\sqrt{n-1}}$

上述公式中，$\overline{X}$ 为样本平均数，μ_0 为总体均值，$SE_{\overline{X}}$ 为样本的标准误，S 为样本的标准差，n 为样本数。如果检验的结果差异最著，则说明样本与总体之间的差异不是由随机误差造成的，该样本不能代表总体；如果差异不显著，则表示该样本能够代表总体。

单一样本 T 检验的适用条件包括：①变量的观测值为连续的数值；②如果样本量较大，只要数据分布不过于偏态，一般都可以进行单一样本 T 检验。当然，如果样本量较小，则要求样本来自于正态分布的总体。

（二）两独立样本 T 检验

两独立样本 T 检验（Independent Samples T Test）主要用于检验来自两个相互独立的样本观测值之间的差异是否显著。所谓独立样本是指两个样本之间彼此独立，没有任何关联；两个独立样本各自接受相同的测量，研究者的主要目的是了解两个样本对应的总体均值之间是否有显著性差异。例如，实验组与控制组、男生组与女生组之间进行差异比较都可以用两独立样本 T 检验。

两独立样本 T 检验的前提是：其一，互相独立，即从一总体中抽取一批样本对从另一总体中抽取一批样本没有任何影响，两组样本的个案数目可以不同。例如，从北京大学和清华大学分别选取若干名大一学生，分析他们的大学入学考试成绩是否存在显著差异，这里北京大学和清华大学的样本就属于两独立样本，可以做该种检验。其二，两个样本各自的总体应该服从正态分布。这两个前提条件缺一不可，如缺少其中一个条件，都不能做两独立样本 T 检验。

由于两独立样本 T 检验要求两个样本均来自于正态分布的总体，因此，在进行检验之前，首先要进行方差齐性检验，即检验各个样本所在总体的方差是否相等。两个样本方差齐与不齐时所使用的 t 值的计算公式有所不同，t 值也自然不同。

（三）两配对样本 T 检验

两配对样本 T 检验（Paired Samples T Test）主要用于检验两个相关的样本观测值之间的差异是否显著。一般用于同一研究对象（或两配对对象）分别被给予两种不同处理的效果比较，以便推断两种效果有无差别，也可以用于同一研究对象（或两配对对象）处理前后的效果比较，以便推断某种处理是否有效。例如，检验一组被试前后两次测验成绩均值之间的差异，就可以采用两配对样本的 T 检验。

两配对样本 T 检验的前提要求包括：①两个样本应是配对的。首先，两个样本的观察数目相同；其次，两样本观察值的顺序不能随意改变。在应用领域中，主要的配对资料包括：年龄、性别、体重、病况等非处理因素相同或相似者。②两个样本各自的总体应服从正态分布。例如，为了检验某降低高血压药物的效果，收集到一批高血压患者服药前后的血压数据，检验患者在服药前后血压是否发生了显著变化，就可以用两配对样本 T 检验。

第二节　Means 过程及应用

Means 过程是 T 检验的前期准备工作，通过 Means 过程可以了解要检验的各个组的平均数、标准差等描述统计情况。

一、Means 过程的含义

所谓 Means 过程就是运用 SPSS 计算各种基本描述统计量的过程。与第三章中介绍的计算某一样本总体的均值相比，Means 过程其实就是按照用户指定的条件，对样本进行分组计算均数和标准差，如按性别、年级、专业、城乡、是否独生等计算各组的均数和标准差。

用户可以指定一个或多个变量作为分组变量。如果分组变量为多个，还应指定这些分组变量之间的层次关系。层次关系可以是同层次的或多层次的。同层次意味着将按照各分组变量的不同取值分别对个案进行分组；多层次表示将首先按第一分组变量分组，然后对各个分组下的个案按照第二组分组变量进行分组，以此类推。

二、Means 过程在 SPSS 中的实现步骤

我们以大学生人际关系困扰数据（见 Data 1 - 1）为例，介绍 Means 过程在 SPSS 中的实现步骤。

第一步，打开大学生人际关系困扰数据表，按"分析→比较平均值→平均值"的路径打开对话框（见图 4 - 1）。

第二步，把需求平均数和标准差的变量添加到"因变量列表"（Dependent List）框中；把需分组的变量添加到"自变量列表"（Independent List）框中（也可以选择两个或以上）。本例中，我们把大学生人际关系困扰的四个维度与总分五个变量添加到"因变量列表"框中，把"性别"变量添加到"自变量列表"框中（见图 4 - 2）。然后，点击"选项"按钮，打开选项对话框。

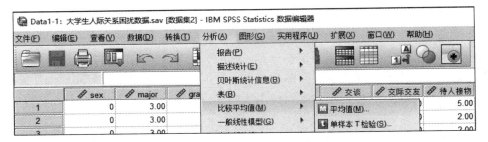

图 4 – 1　Means 过程的路径

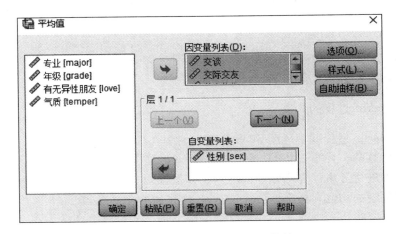

图 4 – 2　Means 过程的平均值对话框

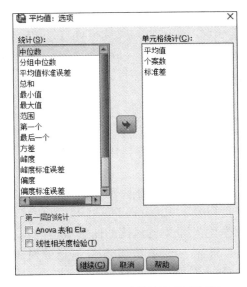

图 4 – 3　Means 过程的选项对话框

第三步，在选项对话框（见图 4 – 3）中，用户可以选择需要的统计量。系统默认输出"样本数（个案数）、平均值、标准差"三种统计量。用户还可以根据研究需要，选择其他的统计量，如中位数、平均值标准误差、全距（范围）等。然后单击"继续"按钮，返回到平均值对话框。最后，单击"确定"按钮，操作完成。

表 4 – 1 就是按照性别分组，分别报告了大学女生与男生在人际关系困扰四个维度与总分上的描述统计情况，包括平均值、个案数与标准差三个统计量。同时，系统还给出了所有被试的描

述统计量，供用户参考。

表 4 - 1 大学生人际关系困扰按性别变量分组的描述统计结果

性别		交谈	交际交友	待人接物	异性交往	总分
女生	平均值	2.1703	2.9391	1.5341	1.7384	8.3943
	个案数	558	558	558	558	558
	标准差	1.53524	1.64428	1.18704	1.48227	4.23867
男生	平均值	2.6197	2.8873	1.9085	2.0070	9.4085
	个案数	142	142	142	142	142
	标准差	1.59668	1.72630	1.32571	1.54137	4.29110
总计	平均值	2.2614	2.9286	1.6100	1.7929	8.6000
	个案数	700	700	700	700	700
	标准差	1.55728	1.66011	1.22476	1.9724	4.26584

如果需要交叉分组分析，可在平均值对话框中，选中自变量列表中的第一个变量，如性别，然后点击"下一个"按钮，再添加第二个变量，如有无异性朋友（见图4-4）。这样性别变量就变为第一层，有无异性朋友变量就变为第二层，两个变量就构成了交叉分组。最后，点击"确定"按钮，操作完成。

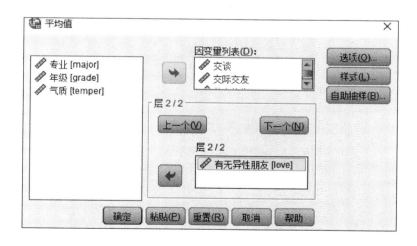

图 4 - 4 Means 过程的交叉分组

表 4 - 2 就是按照性别与有无异性朋友变量交叉分组，分别报告了女生中无异性朋友与有异性朋友、男生中无异性朋友与有异性朋友在人际关系困扰四个维

度与总分上的描述统计情况。同时，系统还报告了无异性朋友与有异性朋友以及所有被试的得分情况。

表 4 - 2　大学生人际关系困扰按性别与有无异性朋友变量交叉分组的描述统计结果

性别	有无异性朋友		交谈	交际交友	待人接物	异性交往	总分
女生	无	平均值	2.2762	3.1366	1.4157	2.0901	8.9157
		个案数	344	344	344	344	344
		标准差	1.55442	1.65420	1.18488	1.49460	4.24283
	有	平均值	2.0000	2.6215	1.7243	1.1729	7.5561
		个案数	214	214	214	214	214
		标准差	1.49176	1.58090	1.16831	1.27563	4.10475
	总计	平均值	2.1703	2.9391	1.5341	1.7384	8.3943
		个案数	558	558	558	558	558
		标准差	1.53524	1.64428	1.18704	1.48227	4.23867
男生	无	平均值	2.6941	3.0588	1.8235	2.3412	9.9176
		个案数	85	85	85	85	85
		标准差	1.53548	1.83454	1.35556	1.58530	4.22073
	有	平均值	2.5088	2.6316	2.0351	1.5088	8.6491
		个案数	57	57	57	57	57
		标准差	1.69161	1.53101	1.28125	1.33795	4.31977
	总计	平均值	2.6197	2.8873	1.9085	2.0070	9.4085
		个案数	142	142	142	142	142
		标准差	1.59668	1.72630	1.32571	1.54137	4.29110
总计	无	平均值	2.3590	3.1212	1.4965	2.1399	9.1142
		个案数	429	429	429	429	429
		标准差	1.55785	1.68951	1.22974	1.51442	4.25238
	有	平均值	2.1070	2.6236	1.7897	1.2435	7.7860
		个案数	271	271	271	271	271
		标准差	1.54668	1.56774	1.19724	1.29375	4.16671
	总计	平均值	2.2614	2.9286	1.6100	1.7929	8.6000
		个案数	700	700	700	700	700
		标准差	1.55728	1.66011	1.22476	1.49724	4.26584

第三节　单一样本 T 检验

一、研究问题

随机抽查某校大三 20 名男生的脉搏（次/分），请检验他们与健康成年男子的脉搏间有无显著性差异。

75，74，72，74，79，78，76，69，77，76，

70，73，76，71，78，77，76，74，79，77

这个问题有 20 个样本，我们可以求得样本平均数，目的是需要检验 20 个样本的脉搏平均数与健康成年男子即总体平均数的脉搏之间的差异（H₀ 为两者之间无显著差异，H₁ 为两者之间有显著差异），而健康成年男子脉搏是呈正态分布的。因此，我们可以用单一样本 T 检验。可问题是总体平均数是已知的吗？根据生理学常识，健康成年男子的脉搏与心率相等，即大约为每分钟 72 次，这就是总体平均数。

二、实现步骤

第一步，打开大学生脉搏数据表（见 Data 4 – 1），按"分析→比较平均值→单样本 T 检验"的顺序打开单样本 T 检验对话框（见图 4 – 5）。

Data4-1: 大学生脉搏数据.sav [数据集1] - IBM SPSS Statistics 数据编辑器

| 文件(F) | 编辑(E) | 查看(V) | 数据(D) | 转换(T) | 分析(A) | 图形(G) | 实用程序(U) | 扩展(X) | 窗口(W) | 帮助(H) |

					报告(P)	▶			
					描述统计(E)	▶			
					贝叶斯统计信息(B)	▶			
	脉搏	变量	变量		表(B)	▶	变量	变量	变量
1	75				比较平均值(M)	▶	M 平均值(M)…		
2	74				一般线性模型(G)	▶	T 单样本 T 检验(S)…		
3	72				广义线性模型(Z)	▶	独立样本 T 检验…		
4	74								

图 4 – 5　单一样本 T 检验的路径

第二步，在单样本 T 检验对话框中（见图 4 – 6），把需检验的变量如脉搏添加到"检验变量"框中；输入检验值 72（即总体均数）；点击"确定"按钮，就能得到单一样本 T 检验的结果。

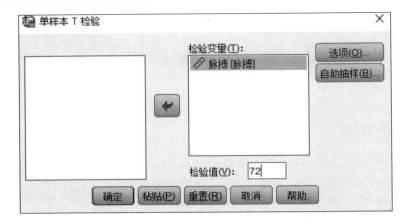

图 4 - 6 单一样本 T 检验的对话框

三、输出的结果及解释

单一样本 T 检验的结果一共有两个统计表，即表 4 - 3 和表 4 - 4。表 4 - 3 报告了单一样本 T 检验的描述统计结果，包括个案数、平均值、标准差与均值标准误差四个统计量。其中，均值标准误差就是描述这些样本均值与总体均值之间平均差异程度的统计量。

表 4 - 3 描述统计结果

	个案数	平均值	标准差	均值标准误差
脉搏	20	75.05	2.892	0.647

表 4 - 4 单一样本 T 检验结果

	检验值 = 72					
	t	自由度	Sig.（双尾）	均值差	差值 95% 置信区间	
					下限	上限
脉搏	4.716	19	0.000	3.050	1.70	4.40

表 4 - 4 是单一样本 T 检验的核心表，输出的结果从左到右依次为检验的统计量值即 t 值、自由度、双尾检验的相伴概率值即 p 值、样本均值与总体均值的差值即均值差，以及均值差的 95% 置信区间。均值差的 95% 置信区间 = 均值差 $\pm 1.96 \times$

标准误，即包含下限和上限两项数值的一个区间。在该检验结果中，样本均值与总体均值的差值落在两项数值之间的概率是 95%。

检验结果显示，t = 4.716，自由度 df = 19，Sig. = 0.000。假设显著性水平 α 为 0.05，由于相伴概率小于 α，因此拒绝 H_0，接受 H_1。所以，我们认为，该校大三 20 名男生的脉搏与健康成年男子的脉搏有极显著性差异。注意，目前一般的心理与教育学术杂志投稿规范通常要求，显著性取两个水平，即 0.05 与 0.01。如果 p < 0.05，即在 0.05 的水平上显著；如果 p < 0.01，即在 0.01 的水平上显著，也可称之为极显著。

第四节　两独立样本 T 检验

一、两独立样本 T 检验在 SPSS 中的实现过程

我们仍然以大学生人际关系困扰数据（见 Data 1 - 1）为例，介绍两独立样本 T 检验在 SPSS 中的实现步骤。本例中，H_0 为大学生人际关系困扰性别差异不显著，H_1 为大学生人际关系困扰性别差异显著。

第一步，打开大学生人际关系困扰数据表，按"分析→比较均值→独立样本 T 检验"的顺序打开两独立样本 T 检验对话框（见图 4 - 7）。

图 4 - 7　两独立样本 T 检验的路径

第二步，在两独立样本 T 检验的对话框中（见图 4 - 8），把需检验的变量添加到"检验变量"框中；把分组变量添加到"分组变量"框中；点击"定义组"按钮。比如，我们要探讨不同性别的大学生在人际关系困扰的四个维度与总分上

的差异，就可以把四个维度及总分五个变量添加到"检验变量"框中，把"性别"变量添加到"分组变量"框中。我们看到，在"sex"变量后面的括号内有两个问号，那是因为系统不知道我们要比较哪两个组之间的差异（有的变量可能有三个及以上的组），需要我们去定义。所以，此处需要单击"定义组"按钮，做进一步的设置。

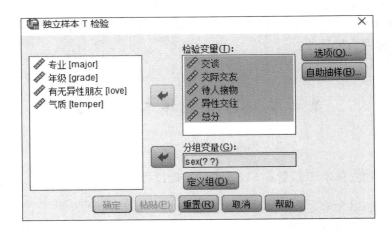

图 4 - 8　两独立样本 T 检验的对话框

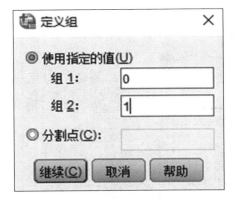

图 4 - 9　定义组对话框

第三步，在定义组对话框中（见图 4 - 9），分别在"组 1"和"组 2"后的空白框中输入代表两个组的值，如本例中的 0 和 1。这两个组没有先后顺序，哪个值在上或在下均可。然后点击"继续"按钮，回到两独立样本 T 检验的对话框。最后，单击"确定"按钮，就能得到两独立样本 T 检验的结果。

二、两独立样本 T 检验的结果与解释

　　两独立样本 T 检验的结果一共有两个统计表，即表 4 - 5 和表 4 - 6。表 4 - 5 报告了两个组的描述统计结果，分别报告了女生与男生在人际关系困扰四个维度与总分上的个案数、平均值、标准差与均值标准误四个统计量。

　　表 4 - 6 输出的结果包括莱文方差等同性检验即莱文方差齐性检验结果和 T 检验结果。方差齐性检验包括两个假设：假设方差是齐的（假设等方差，Equal

表 4-5　两个组的基本描述结果

	性别	个案数	平均值	标准差	均值标准误
交谈	女生	558	2.1703	1.53524	0.06499
	男生	142	2.6197	1.59668	0.13399
交际交友	女生	558	2.9391	1.64428	0.06961
	男生	142	2.8873	1.72630	0.14487
待人接物	女生	558	1.5341	1.18704	0.05025
	男生	142	1.9085	1.32571	0.11125
异性交往	女生	558	1.7384	1.48227	0.06275
	男生	142	2.0070	1.54137	0.12935
总分	女生	558	8.3943	4.23857	0.17944
	男生	142	9.4085	4.29110	0.36010

表 4-6　两独立样本 T 检验的结果

		莱文方差等同性检验		平均值等同性 T 检验						
		F	显著性	t	自由度	Sig.（双尾）	平均值差值	差值标准误差	差值95%置信区间	
									下限	上限
交谈	假定等方差	0.469	0.4944	-3.089	698	0.002	-0.44947	0.14548	-0.73511	-0.16383
	不假定等方差			-3.018	212.178	0.003	-0.44947	0.14892	-0.74302	-0.15591
交际交友	假定等方差	0.342	0.559	0.3314	698	0.740	0.05174	0.15514	-0.25481	0.35830
	不假定等方差			0.322	210.777	0.748	0.05174	0.16072	-0.26509	0.36858
待人接物	假定等方差	0.254	0.614	-3.275	698	0.001	-0.37440	0.11432	-0.59886	-0.14994
	不假定等方差			-3.067	202.274	0.002	-0.37440	0.12207	-0.61510	-0.13370
异性交往	假定等方差	0.383	0.536	-1.913	698	0.056	-0.26869	0.14046	-0.54447	0.00708
	不假定等方差			-1.869	212.200	0.063	-0.26869	0.14377	-0.55208	0.01470
总分口	假定等方差	0.4024	0.526	-2.5394	698	0.0114	-1.01419	0.39940	-1.79835	-0.23002
	不假定等方差			-2.521	216.337	0.012	-1.01419	0.40233	-1.80718	-0.22119

Variances Assumed）和假设方差是不齐的（不假定等方差，Equal Variances not Assumed）。判断方差是否是齐性，主要看 F 值和显著性水平，如果 F 值较小，且显著性水平 p 值大于 0.05，则被认为是齐性；如果 F 值较大，且显著性水平 p 值小于 0.05，则被认为是不齐的。如果方差齐性检验的结果是齐的，就报告上面一行的检验结果；如果方差齐性检验的结果是不齐的，就报告下面一行的检验结

果。本例中，大学生的性别差异在人际关系困扰的四个维度与总分上，F 值均较小，且显著性水平 p 值均大于 0.05，所以，方差都是齐性的，只能报告上一行的检验结果。

接下来如何判断两组之间的差异是否显著呢？主要看 t 值和 Sig. 值（相伴概率或 p 值）。如果 t 值（含绝对值）比较小，一般小于 2，同时 Sig. 值大于 0.05，则不能拒绝 H_0，两组之间的差异不显著。如果 t 值（含绝对值）比较大，一般大于 2，同时 Sig. 值小于 0.05，则拒绝 H_0，接受 H_1，两组之间的差异显著。

本例中，在交谈维度，女生与男生得分的平均数分别为 2.1703 与 2.6197，标准差分别为 1.53524 和 1.59668，均值标准误差分别为 0.06499 与 0.13399；F 的相伴概率为 0.494，大于显著性水平 0.05，不能拒绝方差相等的假设，可以认为方差齐性，看上一行的结果。从检验的统计量来看，t = −3.089，自由度 $df = 698$，Sig. = 0.002，也就是说，t 值统计量的相伴概率小于 0.05，也小于 0.01，因此拒绝 H_0，接受 H_1，即男生、女生在人际关系困扰的交谈维度上存在极显著的差异（$p < 0.01$）。依此类推，男生、女生在人际关系困扰待人接物的维度（t = −3.275，$df = 698$，$p < 0.01$）与总分（t = −2.539，$df = 698$，$p < 0.05$）上的差异均为显著，在交际交友、异性交往维度上的差异均不显著（$p > 0.05$）（见表 4 −6）。

第五节　两配对样本 T 检验

一、研究问题

现有一个班同学参加了暑期数学、化学培训班，请分析其学习成绩是否有显著变化。

图 4 −10 中，数学 1 和化学 1 分别为该班 18 名同学培训前的数学与化学成绩，数学 2 和化学 2 分别为该班同学培训后的数学与化学成绩。本研究问题实际是探讨同一研究对象处理即培训前后的效果比较，以便推断培训是否有效，这也是检验的意义所在。两个样本之间是配对的，且成绩一般都是呈正态分布的，所以，本研究问题符合两配对样本 T 检验的前提条件，可以采用该法进行检验。其中，H_0 为培训前后的数学、化学成绩差异不显著，H_1 为培训前后的数学、化学成绩差异显著。

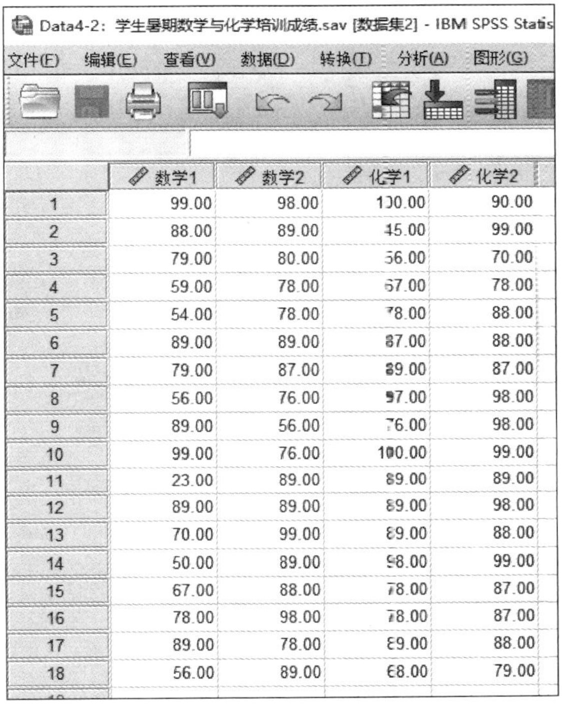

	数学1	数学2	化学1	化学2
1	99.00	98.00	100.00	90.00
2	88.00	89.00	45.00	99.00
3	79.00	80.00	56.00	70.00
4	59.00	78.00	67.00	78.00
5	54.00	78.00	78.00	88.00
6	89.00	89.00	87.00	88.00
7	79.00	87.00	89.00	87.00
8	56.00	76.00	97.00	98.00
9	89.00	56.00	76.00	98.00
10	99.00	76.00	100.00	99.00
11	23.00	89.00	89.00	89.00
12	89.00	89.00	89.00	98.00
13	70.00	99.00	89.00	88.00
14	50.00	89.00	98.00	99.00
15	67.00	88.00	78.00	87.00
16	78.00	98.00	78.00	87.00
17	89.00	78.00	89.00	88.00
18	56.00	89.00	68.00	79.00

图 4 - 10　18 名学生暑期数学与化学培训成绩数据

二、两配对样本 T 检验在 SPSS 中的实现过程

第一步，打开学生暑期数学与化学培训成绩数据表（见 Data 4 - 2），按"分析→比较平均值→成对样本 T 检验"的顺序打开两配对样本 T 检验的对话框（见图 4 - 11）。

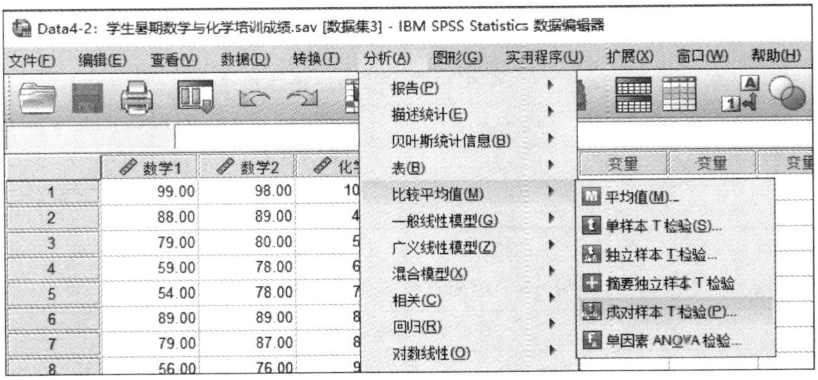

图 4 - 11　两配对样本 T 检验的路径

第二步，把两配对变量分别添加到"配对变量"框中。如本例中，分别把"数学1"和"化学1"放到"变量1"下面的空白框中，把"数学2"和"化学2"放到"变量2"下面的空白框中（见图4－12）。单击"确定"按钮，就能得到两配对样本 T 检验的结果。

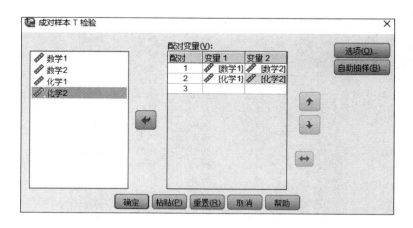

图4－12　两配对样本 T 检验的对话框

三、两配对样本 T 检验的结果与解释

两配对样本 T 检验的结果一共有三个统计表，即表4－7、表4－8和表4－9。表4－7报告了两个组的描述统计结果，分别报告了数学1与数学2成绩的个案数、平均值、标准差与均值标准误四个统计量。表4－8主要报告了数学1与数学2成绩的相关性结果。从该结果来看，两个配对样本的相关系数为 －0.077，相伴概率为 0.761，均大于 0.05，即相关不显著。

表4－7　两配对样本的描述统计结果

		平均值	个案数	标准差	均值标准误
配对1	数学1	72.9444	18	20.15666	4.75097
	数学2	84.7778	18	10.33871	2.43686

表4－8　两配对样本的相关性结果

		个案数	相关性	显著性
配对1	数学1& 数学2	18	－0.077	0.761

表 4 - 9　两配对样本 T 检验的结果

		平均值	标准差	均值标准误	差值95%置信区间		t	自由度	Sig.（双尾）
					下限	上限			
配对 1	数学 1& 数学 2	-11.83333	23.35216	5.50416	-23.44609	-0.22058	-2.150	17	0.046

表 4 - 9 输出的结果从左到右依次为两个配对样本平均值、标准差、均值标准误、均值差的 95% 置信区间，以及 t 值统计量、自由度、双尾检测的相关概率 Sig.。数学 1 和数学 2 的平均值分别为 72.9444 与 84.7778，标准差分别为 20.15666 和 10.33871，均值标准误分别为 4.75097 与 2.43686。从检验的统计量来看，t = -2.15，df = 17，Sig. = 0.046，也就是说，t 值统计量的相伴概率小于 0.05。因此，拒绝 H_0，接受 H_1，即培训前后数学成绩的差异显著（p < 0.05），其中，培训后的数学成绩显著高于培训前的数学成绩，此次培训是有效的。关于化学成绩的检验可以参照数学成绩。

本章上机操作题

1. 下面是某班的高考数学成绩，请分析该班的数学成绩与全国的平均数学成绩 78 分之间是否存在显著性差异。

85，77，86，89，85，　76，78，79，80，81，　75，76，85，79，74，
72，73，75，81，82，　84，85，70，88，78，　77，78，79，80，82，
69，88，89，90，91，　78，77，79，80，91

2. 研究者采用陈宇红（2005）编制的大学生就业压力问卷，调查了 687 名大学生的就业压力状况（见 Data 4 - 3）。该问卷包含六个维度，即职业素质评价、求职应聘竞争、自我认识定位、就业心理预期、缺少求职帮助、专业供求矛盾，各维度对应的题项如表 4 - 10 所示。问卷各题项采用 5 点计分法，得分越高，表明其感受到的就业压力越大。

（1）试比较不同性别的大学生在就业压力各维度及总分上的差异，并分析原因。

（2）试比较不同专业的大学生在就业压力各维度及总分上的差异，并分析原因。

表 4 - 10　大学生就业压力问卷各维度及对应的题项

维度	题项
职业素质评价	4，5，11，14，17，20，23，29，30，34，33，36，39，43，51，53
求职应聘竞争	18，22，26，32，37，35，38，42，46，52，58，64，67，69
自我认识定位	3，8，12，13，19，65，70
就业心理预期	31，41，44，45，47，48，49，54，68
缺少求职帮助	7，10，15，16，55，56，63，66
专业供求矛盾	1，9，21，61，62

3. 某幼儿园分别在儿童入园时和一年后对他们进行了智力测验，测验结果见 Data 4 - 4。请检验儿童入园一年后智商有没有发生显著的变化。

推荐阅读参考书目

1. 简小珠，戴步云. SPSS23.0 统计分析在心理学与教育学中的应用 ［M］. 北京：北京师范大学出版社，2017.
2. 张厚粲，徐建平. 现代心理与教育统计学 ［M］. 北京：北京师范大学出版社，2009.
3. 张奇. SPSS for Windows 在心理学与教育学中的应用 ［M］. 北京：北京大学出版社，2009.
4. 余建英，何旭宏. 数据统计分析与 SPSS 应用 ［M］. 北京：人民邮电出版社，2003.

第五章 方差分析

第四章介绍的 T 检验只能检验两组样本均值的差异，而检验两组以上样本均值的差异可以用方差分析。本章主要介绍方差分析的基本原理及其在 SPSS 中的实现过程，包括单因素方差分析、多因素方差分析及简单效应检验、协方差分析与重复测量的方差分析等。

第一节 方差分析的基本原理

一、方差分析的基本概念

方差分析（Analysis of Variance，ANOVA）主要用于两个及两个以上样本均数差异的显著性检验。这种方法由英国统计学家费舍（Fisher）于 20 世纪 20 年代提出，为了纪念他，以 F 命名，又称为 F 检验。

方差分析的作用就是对引起方差变化的各种因素进行分析和比较，从而确定各个因素对因变量是否有显著的影响。在实验研究中，方差研析就是通过分析实验数据中不同来源的变异对总体变异贡献的大小，从而判断自变量（控制变量）不同水平是否对因变量（观测变量）产生了显著的影响。如果自变量的不同水平对实验结果产生了显著影响，那么，它和随机变量共同作用必然使因变量的数据有显著的变动。如果相反，自变量的不同水平对实验结果没有产生显著影响，那么，观测变量的数据就不会明显表现出变动，它的变动可以看成是由随机变量的影响造成的。

二、方差分析的基本思想

方差分析就是对引起方差变化的各种因素进行分析和比较，从而找出形成各样本之间差异的主要因素。它所依据的基本原理是变异的可加性，即把实验数据之间总的差异分解为若干个不同来源的分量。具体地说，它是将总的离差平方和分解为 n 个不同来源的离差平方和，然后根据每个离差平方和的大小来确定它们对总的离差平方和的贡献大小，从而确定实验中的自变量是否对因变量有重要影响。

（一）组间平方和

组间平方和也称组间变异或组间差异，即各组平均数与总平均数之间离均差的平方和，它反映了不同处理造成的差异，即各组平均数之间的差异，记作 SS_b。

（二）组内平方和

组内平方和也称组内变异或组内差异，即每个被试的观测值与其组内平均值离均差的平方和，它反映了由测量误差造成的差异和被试个体之间的差异，即各组内部分数之间的差异，记作 SS_w。

（三）总的平方和

总的平方和等于组间平方和加上组内平方和，即所有被试的观测值与总的平均数之间的离差平方和，记作 SS_T。

在方差分析中，比较组间变异与组内变异，要用各自的均方（即方差）来比较，而不能用平方和直接比较。因此需用各平方和除以各自的自由度，从而得到均方，以均方来比较。自由度是指任何变量中可以自由变化的数目，通常用符号 df（Degrees of Freedom）表示，组间自由度、组内自由度分别记 df_b、df_w。方差分析就是用组间变异与组内变异的比值，即组间均方（MS_b）与组内均方（MS_w）之比来推断各组均值之间差异的显著性。

$$F = MS_b / MS_w$$

方差分析的基本思想是，原假设是组内变异来自随机误差。当 $F = 1$，或接近 1 时，则表示组间与组内方差相等，即各组平均数无显著性差异，表明实验处理没有产生显著影响。当 $F > 1$，并超过 F 抽样分布的某种显著性水平的临界值时，即 $F > F_{(df_b, df_w)0.05}$ 时，则应拒绝 H_0，接受 H_1，这表明组间与组内均方显著不相等，即各组平均数之间存在显著性差异，实验处理产生了显著影响。

三、方差分析的前提条件

与第四章介绍的 T 检验一样，方差分析也有一定的条件限制，分析的数据必须同时满足以下几个前提条件，否则由它得出的结论将可能会产生错误。

（一）总体服从正态分布

方差分析也要求样本必须来自正态分布的总体。在心理与教育研究领域，大多数变量可以假定其总体服从正态分布，进行方差分析时一般并不需要去检验总体分布的正态性。但是，如果有证据表明总体分布不是正态时，就不能直接做方差分析，或者将其数据调整正态后再做分析，或采用非参数检验的方法。方差分析和 T 检验都属于参数检验的方法。

（二）变异的可加性

变异的可加性是指总变异可以分解成几个不同来源的部分，这几个部分变异的来源在意义上必须明确，而且彼此要相互独立。所以，变异的可加性也称为变异的相互独立性。

（三）变异的同质性

变异的同质性即方差齐性，指各组的方差彼此无显著差异，这是方差分析中最为重要的前提条件。这一假定条件若不能满足，原则上是不能进行方差分析的。所以，在做方差分析前首先要对各组内方差做齐性检验。目前，方差分析中齐性检验常用的方法是哈特莱（Hartley）最大 F 比率法（Maximum F‑ratio）。这种方法简便易行，就是把组内方差中的最大值与最小值找出来，把两者之比与相应的临界值比较。如果小于临界值，就表明方差齐性；否则，方差就不齐性。

四、方差分析的基本类型

根据控制变量或观察变量的个数，可以把方差分析分为单因素方差分析、多因素方差分析、协方差分析、多元方差分析、重复测量的方差分析等。所谓的因素在这里指实验因素，即在实验中准备考察的刺激变量——自变量。实验中只有一个自变量就是单因素实验，有两个或两个以上自变量就是多因素实验。一个实验因素有两个或两个以上的水平，即每一个因素所处的状态或等级，也就是实验因素这个变量所取的“值”。自变量的不同水平也称为因素水平。所谓的元在这里指实验中的因变量，方差分析中有一个因变量的就称为一元方差分析，有两个或两个以上因变量的就称为多元方差分析。

（一）单因素方差分析

单因素方差分析，也称为单因素 ANOVA 检验，用于检验一个因素变量的不同水平是否给一个（或几个相互独立的）因变量造成了显著的差异或变化。单因素方差分析是基于一种比较理想的状态，即一因一果或一因多果，但在实际生活中，事物的影响因素非常复杂，往往是多因一果或多因多果。单因素方差分析是其他类型方差分析的前提与基础，如多因素方差分析、协方差分析、多元方差分析等。只有理解了单因素方差分析，才能更好地理解其他类型的方差分析。所以，在单因素实验中，要求研究者操作一个自变量，使一个因素发生改变，同时使其他因素恒定或保持不变。

需要说明的是，方差分析中的 F 检验是一种综合检验，它的结果只是总的说明各组平均数之间的差异是否显著，但并未说明哪一对平均数或哪几对平均数之间的差异是否显著。若 F 检验差异显著，则需要进一步检验各实验处理组的多对平均数，判断哪一对或哪几对的差异显著或不显著，以便确定两变量关系的本质，这就是事后检验（Post Hoc Test），也称为事后多重比较（Multiple Comparison Procedures）。注意，做事后多重比较的自变量水平要达到三个或三个以上，否则不能做。

（二）多因素方差分析

多因素方差分析中的控制变量（自变量）在两个或两个以上，它的研究目的是要分析多个控制变量的单独作用、多个控制变量的交互作用以及其他随机变量是否对结果产生了显著影响。如研究不同教学方法与不同风格教材对教学效果的影响，就可以用多因素方差分析。

多因素方差分析不仅需要分析多个变量独立作用对观察变量的影响（主效应），还要分析多个控制变量交互作用对观察变量的影响（交互效应），以及其他随机变量对结果的影响。因此，多因素方差分析需要将观察变量总的平方和分解为三个部分：①多个控制变量单独作用引起的平方和；②多个控制变量交互作用引起的离差平方和；③其他随机因素引起的离差平方和。

（三）协方差分析

协方差分析是将那些很难控制的因素作为协变量，在排除协变量影响的条件下，分析控制变量（自变量）对观察变量（因变量）的影响，从而更加准确地对控制因素进行分析。所谓协变量就是指在实验中未被控制，被认为是影响因变量的重要变异源。通过协方差分析，可以分离出协变量对因变量的影响。协方差分析实际上是通过统计控制来减小实验误差，减少由无关变量引起的实验单元之间差异所导致的偏差，从而使自变量与因变量之间的关系更加明确。

在协方差分析中，最为重要的就是协变量的选择。选择协变量须遵循以下几个标准：其一，协变量与因变量关系比较密切，有高度的相关，有较为显著的影响；其二，协变量具有相对独立性，与自变量的变化无关；其三，协变量是可以测量的，不能测量的变量不能作为协变量；其四，协变量还须独立于处理效应之外，并且在实验中不太可能被控制。

（四）多元方差分析

多元方差分析是指由两个或两个以上的因变量同时进行的方差分析，它可以是单因素的，也可以是多因素的。多元方差分析中因变量之间不是完全独立的，而是互相联系的。它可以检验各个自变量的主效应和几个自变量之间的交互作用，包括协变量的主效应，也可以进行组间均值的多重比较。多元方差分析要求因变量是连续的数值型变量，因变量数据是多元正态分布的随机样本数据，自变量是数值型或分类变量均可。

多元方差分析一般采用比莱轨迹（Pillli's Trace）、威尔克 Lambda（Wilks' Lambda）、霍特林轨迹（Hotelling's Trace）和罗伊最大根（Roy's Largest Root）四种显著性检验的 Value 值和转换为近似的 F 检验统计量，以及偏 η^2 统计量（Partial Eta Squared）来判断各因素变量（自变量）的主效应和各个因素变量之间的交互作用对模型贡献的大小，即由各因素及各种因素组合所产生的变异与模型总变异之间的比值。

（五）重复测量的方差分析

重复测量的方差分析是基于重复测量的实验设计所获得的数据所做的统计分析。重复测量的实验设计又称为被试内设计或组内设计，即实验中每个被试接受所有的实验处理水平。这种实验设计的最大优点是能节省被试，可以有效地控制被试的个体差异带来的变异，被试的特点能在所有处理中保持恒定。但重复测量的实验设计中往往存在学习效应、记忆效应、顺序效应、练习效应和疲劳效应等，需要实验者在实验中加以控制。如果实验者对这些效应不能进行有效的控制，就不能使用重复测量的实验设计。

所谓"重复测量"就是在不同的时间内针对被试的某个测量指标进行多次重复测量。所以，重复测量设计方差分析的数据结构特点表现为，若干次重复测量结果作为不同因变量出现在数据文件中。最简单的重复测量实验设计是对每一个被试先后进行两次测试，获得同一测量指标的两次测试结果。例如，教育与心理学领域时常进行的实验组控制组前测后测的实验就属于最简单的重复测量实验设计。在这种情况下收集到的实验数据通常采用配对样本 T 检验进行统计分析。但是，当因变量的重复测量次数大于或等于 3 时，就不能用 T 检验，就得采用一般线性模型（General Linear Model）做重复测量的方差分析。

重复测量方差分析中的因变量必须是连续的数值型变量。重复测量方差分析在建立数据文件时要把多次重复测量的结果定义为不同的因变量。SPSS 将 k 次重复测量的结果看作是 k 个因变量，并做四种多元检验，即比莱轨迹、威尔克 Lambda、霍特林轨迹和罗伊最大根。如果检验结果的 F 值在临界值之内，即 $p > 0.05$，则接受原假设，表明 k 次重复测量结果的均值差异不显著，且有共同的方差；如果方差分析检验结果的 F 值大于临界值，即 $p < 0.05$，则拒绝原假设，接受备择假设，表明重复测量结果的均值之间差异显著。

第二节　单因素方差分析

一、单因素方差分析在 SPSS 中的实现步骤

我们以大学生人际关系困扰数据为例，介绍单因素方差分析在 SPSS 中的实现步骤。例如，我们需要探讨不同年级的大学生在人际关系困扰四个维度及总分上的差异。

第一步，打开大学生人际关系困扰数据表，按"分析→比较平均值→单因素 ANOVA 检验"的顺序打开单因素 ANOVA 检验的对话框（见图 5 - 1）。

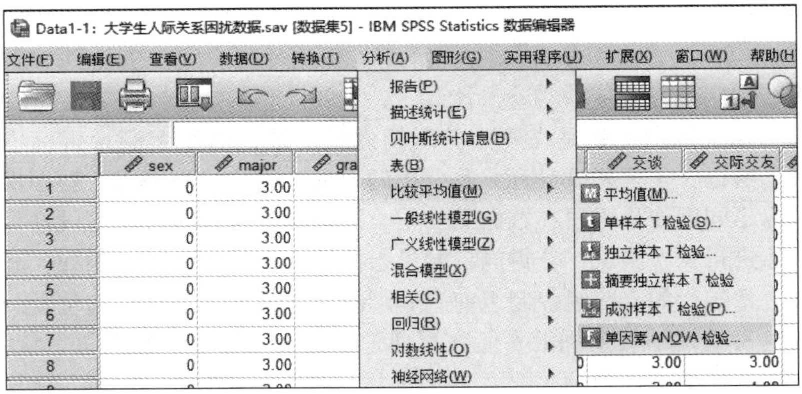

图 5 - 1　单因素方差分析的路径

第二步，在单因素 ANOVA 检验的对话框中，把左侧的各维度及总分变量添加到"因变量列表"（Dependent List）框中；把"年级［grade］"变量添加到"因子"（Factor）框中；分别点击"选项"（Options）和"事后比较"（Post Hoc）按钮，打开新对话框做进一步的设置（见图 5 - 2）。

第三步，在选项对话框中（见图 5 - 3），选中"方差齐性检验"（Homogeneity of Variance Test）和"平均值图"（Means Plot）选项。然后，单击"继续"按钮返回到单因素 ANOVA 检验的对话框。如需要，用户也可以选择第一项"描述"，即输出描述统计结果。

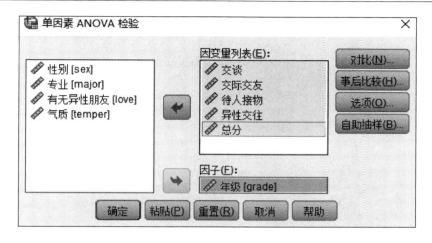

图 5 – 2　单因素 ANOVA 检验的对话框

第四步，在事后多重比较对话框中（见图 5 – 4），系统提供了两类比较的方法，一类是假定方差齐性状态下的方法，另一类是假定方差不齐性状态下的方法。由于方差不齐性，不能做方差分析，所以我们一般考虑第一类。第一类中共包括 14 种具体的方法，各种方法之间大同小异，我们选择比较常用的方法，即最小显著差法（Least – Significant Difference，LSD）作为多重比较的检验方法。"显著性水平" 默认为 0.05。然后，单击 "继续" 按钮，返回到单因素 ANOVA 检验的对话框。最后，单击 "确定" 按钮，就完成了单因素方差分析的操作步骤。

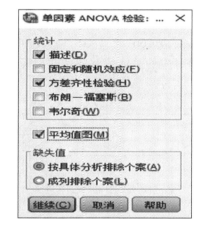

图 5 – 3　单因素 ANOVA
检验选项对话框

二、单因素方差分析的结果与解释

（一）方差齐性检验结果

表 5 – 1 是 SPSS 输出结果文件中的第一个表格，报告了单因素方差分析的前提检验结果，即方差齐性检验结果。系统一共提供了四种检验的结果，包括基于平均值、基于中位数、基于调整自由度后的中位数、基于剪除平均值后的莱文检验。数据共有四栏，从左到右分别是莱文检验统计量、组间自由度 1、组内自由度 2 与显著性。从数据结果来看，四种检验结果的显著性水平（分别为 0.197、

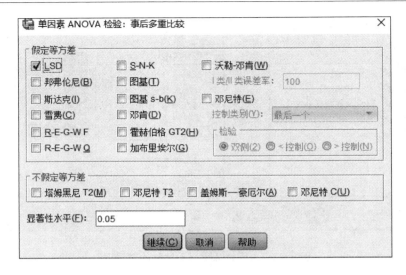

图 5 - 4　单因素 ANOVA 检验的事后多重比较对话框

0.266、0.266、0.190）均大于 0.05，即 p > 0.05，不能拒绝原假设，这表明各个组对应的总体方差齐性或相等，符合方差检验的前提条件。

表 5 - 1　方差齐性检验结果

		莱文检验统计量	组间自由度 1	组内自由度 2	显著性
总分	基于平均值	1.562	3	696	0.197
	基于中位数	1.323	3	696	0.266
	基于调整自由度后的中位数	1.323	3	691.647	0.266
	基于剪除平均值后	1.591	3	696	0.190

（二）单因素 ANOVA 检验结果

表 5 - 2 是 SPSS 输出结果文件中的第二个表格，报告了单因素方差分析的检验结果。从 ANOVA 检验结果表中可以看出，方差检验的 F 值为 3.463，相伴概率（显著性水平）为 0.016，相伴概率小于显著性水平 0.05，表示拒绝原假设；也就是说，年级四个组中至少有一个组和其他三个组有明显的区别，也有可能这四个组之间都存在显著的区别，即大学生在人际关系困扰总分上存在着显著的差异，需要做进一步的多重事后比较。另外，该表中还给出了组间平方和、组内平方和、总的平方和；组间自由度、组内自由度、总的自由度；组间均方、组内均方。各个数据之间均有密切的逻辑关系，读者可以细细品味。

表5-2 单因素 ANOVA 检验结果

总分	平方和	自由度	均方	F	显著性
组间	187.096	3	62.365	3.463	0.016
组内	12532.904	696	18.007		
总的平方和	12720.000	699			

（三）事后多重比较的结果

表5-3是 SPSS 输出结果文件中的第三个表格，报告了事后多重比较的结果。表格共有七栏，第一栏与第二栏报告的是哪两组进行比较；第三栏报告的是两组之间的均值差；第四栏报告两组之间均值差的标准误；第五栏报告的是两组差异检验的显著性或相伴概率；第六栏与第七栏报告的是均值差所在的95%的置信区间。从数据结果来看，大一与大三、大三与六四年级在人际关系困扰总分上均存在显著的差异（p > 0.05），且大三年级人际关系困扰程度均显著高于大一、大三（可以根据均值差的正负号判断方向与大小）。另外，大一与大二、大一与大四、大二与大三、大二与大四年级在人际关系困扰总分上的差异均不显著（p > 0.05）。

表5-3 事后多重比较的结果

（I）年级	（J）年级	均值差（I-J）	标准误	显著性	95%置信区间 下限	95%置信区间 上限
大一	大二	-0.67037	0.77689	0.389	-2.1957	0.8550
	大三	-1.35580 *	0.68096	0.047	-2.6928	-0.0188
	大四	0.34881	0.93750	0.710	-1.4919	2.1895
大二	大一	0.67037	0.77689	0.389	-0.8550	2.1957
	大三	-0.68544	0.45803	0.135	-1.5847	0.2138
	大四	1.01917	0.79057	0.198	-0.5330	2.5714
大三	大一	1.35580 *	0.68096	0.047	0.0188	2.6928
	大二	0.68544	0.45803	0.135	-0.2138	1.5847
	大四	1.70461 *	0.69652	0.015	0.3371	3.0721
大四	大一	-0.34881	0.93750	0.710	-2.1895	1.4919
	大二	-1.01917	0.79057	0.193	-2.5714	0.5330
	大三	-1.70461 *	0.69652	0.015	-3.0721	-0.3371

注：* 代表平均值差值的显著性水平为0.05。

（四）各组均值的折线图

图 5－5 是各个组平均值的折线图，该图比较形象、直观地呈现了大学生四个年级在人际关系困扰总分上的得分情况。四个组得分的顺序从高到低分别是：大三、大二、大一、大四。

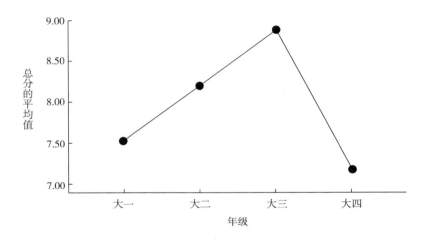

图 5－5　各年级大学生人际关系困扰总分的均值折线图

第三节　多因素方差分析及简单效应检验

一、研究问题

研究不同的教学方法（A）和不同的教学态度（B）对儿童识字量的作用。将 20 名被试随机分成四组（每组 5 人），每组接受一种实验处理（即两因素两水平的不同组合），结果如表 5－4 所示。其中，A 因素表示教学方法，有两个水平，a1 为集中识字，a2 为分散识字；B 因素表示教学态度，也有两个水平，b1 为严肃，b2 为轻松。每一单元格中的数据为识字量。试分析两种因素对识字量的作用[①]。

---

① 张厚粲，徐建平．现代心理与教育统计学［M］．北京：北京师范大学出版社，2009：386－390．

表5-4 不同教学方法与教学态度对儿童识字量影响的实验数据

变量	A 因素（教学方法）			
	a1（集中识字）		a2（分散识字）	
B 因素（教学态度）	b1（严肃）	b2（轻松）	b1（严肃）	b2（轻松）
	8	39	17	32
	20	26	21	23
	12	34	20	28
	14	45	17	25
	10	40	20	29

上述案例中的研究问题是最为简单的 2×2 的被试间实验设计，共有两个自变量，即教学方法与教学态度，每个自变量各有两个水平，因变量为儿童识字量。所有的被试只接受一种实验处理，所以两个自变量均为被试间设计。下面以它为例介绍多因素方差分析在 SPSS 中的操作过程。

二、多因素方差分析在 SPSS 中的操作步骤

第一步，根据原始实验数据建立 SPSS 数据文件（见 Data 5-1）。注意，这类数据的建立要抓住两个方面，一个是变量数，另一个是被试数。本案例中，自变量有两个，因变量有一个，共有三个变量，那在 SPSS 数据中占据竖行三行。如果是被试间实验设计，一个被试就占据一个横行；如果是被试内实验设计，那就得用被试数乘以每个被试接受的处理数。本案例为被试间设计，20 个被试在 SPSS 数据中就占据 20 个横行（见图5-6）。

图5-6 教学态度与教学方法
对儿童识字量影响数据

第二步，按"分析→一般线性模型（General Linear Model）→单变量（Univariate）"的路径打开单变量对话框（见图 5 - 7）。

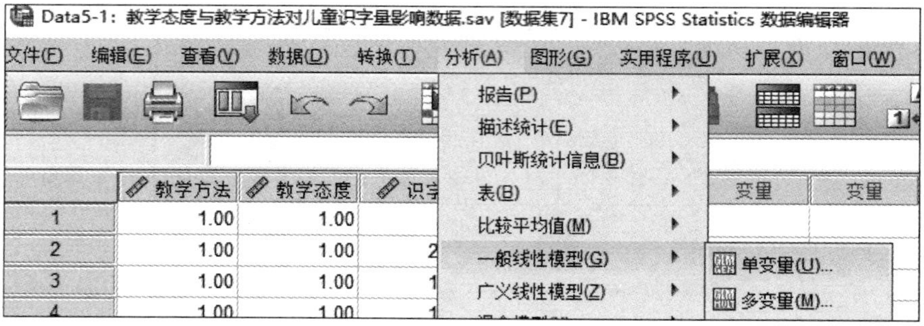

图 5 - 7　多因素方差分析的 SPSS 路径

第三步，在"单变量"对话框中（见图 5 - 8），把左侧的"识字量"添加到"因变量"框中；把"教学方法与教学态度"变量添加到"固定因子"框中；然后，依次点击"选项""事后比较"按钮，打开新对话框。

第四步，在"单变量：选项"对话框中（见图 5 - 9），选择"描述统计""齐性检验""效应量估算"与"实测幂"（统计检验力）。然后单击"继续"按钮返回到单变量对话框。

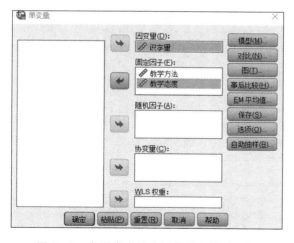

图 5 - 8　多因素方差分析的单变量对话框

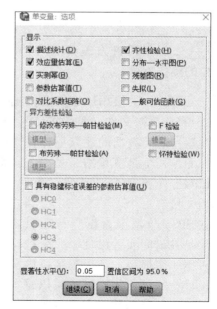

图 5 - 9　多因素方差分析的
单变量：选项对话框

第五步，首先，在"单变量：实测平均值的事后多重比较"对话框中（见图 5－10），选择需要做事后检验的变量。一般来说，如果某个变量方差分析后主效应显著且含有三个及以上的水平，则需要做事后多重比较。本案例中，两个自变量均只有两个水平，则不需要做，可以直接比较其平均数高低。关于事后比较的结果解释，我们在单因素方差分析部分已做过了介绍，这里不再赘述。其次，单击"继续"按钮返回到单变量对话框。最后，单击"确定"按钮，就完成了多因素方差分析在 SPSS 中的操作。

图 5－10　多因素方差分析的单变量：实测平均值的事后多重比较对话框

三、多因素方差分析的结果解释

（一）描述性统计结果

表 5－5 输出的是多因素方差分析的描述性统计结果。该表报告了按教学方法、教学态度两个变量各种分组条件下儿童识字量的描述统计，包括平均值、标准差与个案数。

表5-5　多因素方差分析的描述性统计结果

教学方法	教学态度	平均值	标准差	个案数
集体识字	严肃	12.8000	4.60435	5
	轻松	36.2000	7.59605	5
	总计	24.5000	13.68089	10
分散识字	严肃	19.0000	1.87083	5
	轻松	27.4000	3.50714	5
	总计	23.2000	5.15967	10
总计	严肃	15.9000	4.65355	10
	轻松	31.8000	7.25412	10
	总计	23.8500	10.08529	20

（二）方差齐性检验结果

表5-6输出的是多因素方差分析的齐性检验结果。在系统提供的四种检验结果中，有两种检验结果是齐性的，即基于中位数与调整自由度后的中位数，显著性水平分为0.275与0.304，大于0.05；另有两种检验结果是不齐性的，即基于平均值与剪除平均值后，显著性水平分别为0.036、0.039，小于0.05。这可能和各组的被试人数比较少有关。

表5-6　多因素方差分析的方差齐性检验结果

		莱文统计量	自由度1	自由度2	显著性
总分	基于平均值	3.640	3	16	0.036
	基于中位数	1.415	3	16	0.275
	基于调整自由度后的中位数	1.415	3	8.555	0.304
	基于剪除平均值后	3.533	3	16	0.039

（三）多因素方差检验结果

表5-7报告的是多因素方差分析的检验结果。由于指定建立模型，因此总的离差平方和分为三个部分：多个控制变量（自变量）对观察变量（因变量）的独立作用部分、多个控制变量交互作用部分以及随机变量影响部分。R^2为判定系数，主要反映修正模型对原始观测数据的拟合程度。R^2在0到1的范围内，越接近于1越好，表明修正模型的拟合程度越好，对原始观测值越具有代表性，信息损失量也越小。下面我们对各个效应做具体分析。

表 5 - 7 多因素方差分析的检验结果

变异来源	离差平方和	自由度	均方	F	显著性	偏 Eta 平方	实测幂[b]
修正模型	1553.750[a]	3	517.917	21.876	0.000	0.804	1.000
截距	11376.450	1	11376.450	480.526	0.000	0.968	1.000
教学方法	8.450	1	8.450	0.357	0.559	0.022	0.087
教学态度	1264.050	1	1264.050	53.392	0.000	0.769	1.000
教学方法 * 教学态度	281.250	1	281.250	11.880	0.003	0.426	0.899
误差	378.800	16	23.675				
总计	13309.000	20					
修正后总计	1932.550	19					

注：a 表示 $R^2 = 0.804$（调整后 $R^2 = 0.767$）；b 表示使用 Alpha = 0.05 进行计算。

1. 主效应

关于多个控制变量对观察变量的独立作用部分即主效应，不同教学方法贡献的离差平方和为 8.450，均方也为 8.450；不同教学态度贡献的离差平方和为 1264.050，均方也为 1264.050。可见，不同教学态度的影响要比教学方法的影响大。教学态度和教学方法对应的 F 值和相伴概率分别为 53.392、0.000 和 0.357、0.559。这表明，单纯从主效应看，不同教学态度对儿童识字量的影响极为显著（$p < 0.01$），而不同教学方法则对儿童识字量的影响不显著（$p > 0.05$）。

2. 交互效应及随机变量影响

关于多个控制变量交互作用部分即交互效应，教学方法和教学态度交互作用的离差平方和为 281.250，均方也为 281.250。F 值和相伴概率分别为 11.880 和 0.003，这表明两个变量的交互作用对观察结果造成了显著影响，即交互效应极显著（$p < 0.01$），偏 Eta 平方即检验的效应量 η^2 为 0.426，以下将做具体介绍。

关于随机变量影响部分，也就是误差部分所贡献的离差平方和为 378.800，均方为 23.675。

3. 效应量与统计检验力

效应量与统计检验力是评估方差分析检验结果的两大指标，近年来一些刊物征稿时需要作者报告这两项指标。效应量所对应的英文是 Estimates of Effect Size，又称为偏 Eta 平方（Partial Eta Squared）或功效估计，统计符号为 η^2，是方差分析时 F 检验的效应量，等价于偏相关系数的平方，表示控制其他因素后该因素导致的变异占总变异的比例。统计检验力所对应的英文为 Observed Power，又称为检验效能或实测幂，为模型和所有因素计算检验效能，通过该数值可以得知实验设计的样本量是否充足以及接近检验水准的因素有无继续研究的必要。本例中，模型、教学态度主效应与两变量交互效应检验的统计检验力均较高，分别为 1.000、1.000、0.899，教学方法主效应的统计检验力较低，为 0.087（见表 5 - 7）。

SPSS 软件中效应量的计算公式为:

$$\eta^2 = \frac{SS_B}{SS_T} = \frac{SS_B}{SS_B + SS_{误差}}$$

根据 Cohen（1992）进行方差分析时的效应量标准，在 F 检验为显著性时，偏 Eta 平方大于 0.01 而小于 0.06 为小效应量；偏 Eta 平方大于 0.06 而小于 0.14 为中效应量；偏 Eta 方大于 0.14 则为大效应量。本例中，教学方法主效应检验的效应量为 0.022，为小效应量；教学态度主效应与两变量交互效应检验的效应量为 0.769、0.426，均为大效应量（见表 5 - 7）。在统计量检验显著的前提下，效应量越大，表明统计结论可信度越高。

关于方差分析效应量和统计检验力的计算方法有多种，SPSS 软件只提供了其中一种。不过，各种计算方法评估效应量的结论往往是一致的[①]。

4. 关于交互效应的进一步检验

从以上方差分析的结果可以看到，两因素之间的交互作用非常显著，这表明集中识字与分散识字效果的不同是受不同教学态度影响的。同样，不同的教学态度对识字量的不同作用也受到识字教学方式的影响。如果方差分析结果表明，交互作用不显著，则检验每个因素的主效应就很重要；若交互作用显著，则检验每个因素主效应的意义就不大了。在上面的例子中，教学态度的作用显著，但是这个显著作用是与教学方法有关系的，也就是说，虽然教学方法的主效应不显著，但它对教学态度的影响或者是对交互作用的贡献是不容忽视的。交互作用显著，这本身就表明两个因素对实验结果具有共同的重要性。

分析两因素交互作用效应常用的方法就是简单效应检验。简单效应检验是指基于一个变量的某一个水平，对另一个变量的多个水平的均值进行差异比较分析，以便具体地确定它的处理效应在另一个变量的哪个（些）水平上显著，在哪个（些）水平上不显著。而分析三因素交互作用效应则要用简单简单效应分析[②]。值得注意的是，有时方差分析会出现各个因素的主效应都不明显而交互效应明显的情况，这种情况下进行简单效应分析的意义则更为重要。

四、两因素方差分析的简单效应检验在 SPSS 中的操作步骤

下面我们还以上述问题为例，介绍简单效应检验在 SPSS 中的操作与结果解释。第一步，重新启动分析过程，还是按照"分析→一般线性模型→单变量"

---

① 温忠麟. 心理与教育统计. 第 2 版［M］. 广州：广东高等教育出版社，2016：125 - 128；胡竹菁. 心理统计学［M］. 北京：高等教育出版社，2011：125 - 128.

② 舒华. 心理与教育研究中的多因素实验设计. 第 2 版［M］. 北京：北京师范大学出版社，2015：120 - 128.

的路径顺序打开单变量对话框。选择好变量后，单击下方的"粘贴"按钮（见图 5 - 11），打开语法编辑器窗口。

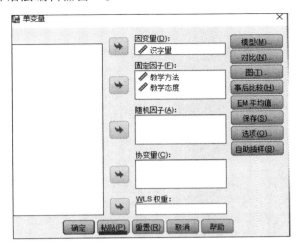

图 5 - 11　简单效应检验路径

第二步，在语法编辑器窗口（图 5 - 12），在第四行的"INCLUDE"结尾处点击回车键，之后在下面一行的空白处（插入位置处）插入、添加如图 5 - 13 所示的命令。其中，PLOT 是图形的意思；PROFILE 是绘制的意思，即绘制图形；EMMEANS 是 Estimated Marginal Means Subcommand 的缩写，意思是估计边际平均值；ADJ 是比较方式，除了 SIDAK 还可以用 LSD、Bonferroni 两种方法。此语句命令文件为"Data 5 - 2：教学方法教学态度双因素分析简单效应检验语法 . sps"，用户打开此文件，就可以查看或复制这些语法命令。由于 SPSS 中没有菜单命令直接得出简单效应检验的结果，那么就需要用户在语法编辑器编写语言程序。没有计算机编程基础的用户也不用担心，这些程序非常简单，参照 Data 5 - 2 中固定的模板，用户只需把其中的变量名称换成自己的研究变量即可，但要注意变量的先后顺序。

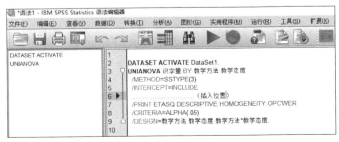

图 5 - 12　简单效应检验的语法编辑器窗口

/PLOT=PROFILE(教学方法*教学态度)
/PLOT=PROFILE(教学态度*教学方法)
/EMMEANS=TABLES(教学方法*教学态度) COMPARE(教学态度)ADJ(SIDAK)
/EMMEANS=TABLES(教学态度*教学方法) COMPARE(教学方法)ADJ(SIDAK)

图 5 - 13　简单效应检验的命令

第三步，执行命令。插入以上语法命令后，在语法编辑窗口单击"运行"菜单，然后选择"全部"，或者单击工具栏中的运行图标即三角形的工具图标（见图 5 - 14），就能得到简单效应检验的结果。

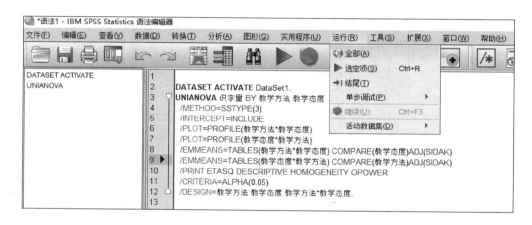

图 5 - 14　执行简单效应检验命令的路径

在进行简单效应分析时，需要注意以下几点：

（1）语法命令的格式较为严格，如各行命令的开头都要有一个斜杠；每一行命令结束后都没有标点符号，只有最后一行命令结束时才有一个圆心点，而且是英文状态下的点。

（2）在运行语法命令时不能关闭原数据集文件。有时单击运行图标，却没有开始计算或没有反应，首先可以切换到该语法命令所要分析的数据文件界面，再切换到语法命令窗口，单击运行图标；或者将光标放置在第一行，并关闭输出结果的窗口，最后再单击运行命令。如果以上操作还是没有解决问题，那么就复制需要插入的那几行命令粘贴到其他文件并保存，重新从本例的第一步开始，插入命令行时可以将保存的命令内容复制到插入位置。

（3）如果在输出窗口没有输出结果，仅有一些警告提示信息输出，说明插入的命令行出现问题，请根据信息内容对插入的命令进行编辑。

（4）语法编辑窗口的命令内容可以保存为文件，下次重新运行分析时，可以直接打开并运行（需要同时打开数据文件）。但有时 SPSS 内部的环境参数可能发生变化而导致无法运行，用户可以从本例操作的第一步开始重新操作。

五、两因素方差分析的简单效应检验结果解释

（一）描述统计结果

表 5-8 与表 5-9 分别报告了某一因子水平固定时，另一因子各个水平下的描述统计结果，包括平均值、标准误以及平均值的 95% 置信区间。其中，表 5-8 是教学方法某一水平固定时，教学态度各个水平的描述统计结果。

表 5-8　教学方法某一水平固定时教学态度各水平的描述统计

教学方法	教学态度	平均值	标准误	平均值的 95% 置信区间	
				下限	上限
集体识字	严肃	12.800	2.176	8.187	17.413
	轻松	36.200	2.176	31.587	40.813
分散识字	严肃	19.000	2.176	14.387	23.613
	轻松	27.400	2.176	22.787	32.013

注：因变量为儿童识字量。

表 5-9 是教学态度某一水平固定时，教学方法各个水平的描述统计结果。

表 5-9　教学态度某一水平固定时教学方法各水平的描述统计

教学态度	教学方法	平均值	标准误	平均值的 95% 置信区间	
				下限	上限
严肃	集体识字	12.800	2.176	8.187	17.413
	分散识字	19.000	2.176	14.387	23.613
轻松	集体识字	36.200	2.176	31.587	40.813
	分散识字	27.400	2.176	22.787	32.013

注：因变量为儿童识字量。

（二）成对比较结果

表 5-10 与表 5-11 分别报告了某一因子水平固定时，另一因子各个水平下均值之间两两比较的结果，包括均值差、标准误、显著性以及均值差的 95% 置信区间。表 5-10 是教学方法某一水平固定时，教学态度各个水平均值之间两两

比较的结果。当集体识字时，教学态度两个水平的均值差异极显著（p < 0.01）；当分散识字时，教学态度两个水平的均值差异显著（p < 0.05）。

表 5 – 10 教学方法某一水平固定时教学态度各水平均值的两两比较

教学方法	(I) 教学态度	(J) 教学态度	均值差 (I – J)	标准误	显著性	差值95%置信区间	
						下限	上限
集体识字	严肃	轻松	– 23.400**	3.077	0.000	– 29.924	– 16.876
	轻松	严肃	23.400**	3.077	0.000	16.876	29.924
分散识字	严肃	轻松	– 8.400*	3.077	0.015	– 14.924	– 1.876
	轻松	严肃	8.400*	3.077	0.015	1.876	14.924

注：因变量为儿童识字量；* 表示 p < 0.05，** 表示 p < 0.01。

表 5 – 11 是教学态度某一水平固定时，教学方法各个水平的均值之间两两比较的结果。在严肃的教学态度下，教学方法两个水平之间的均值差异不显著（p > 0.05）；在轻松的教学态度下，教学方法两个水平之间的均值差异显著（p < 0.05）。

表 5 – 11 教学态度某一水平固定时教学方法各水平均值的两两比较

教学态度	(I) 教学方法	(J) 教学方法	均值差 (I – J)	标准误	显著性	差值95%置信区间	
						下限	上限
严肃	集体识字	分散识字	– 6.200	3.077	0.061	– 12.724	0.324
	分散识字	集体识字	6.200	3.077	0.061	– 0.324	12.724
轻松	集体识字	分散识字	8.800*	3.077	0.011	2.276	15.324
	分散识字	集体识字	– 8.800*	3.077	0.011	– 15.324	– 2.276

注：因变量为儿童识字量；* 表示 p < 0.05。

（三）单变量检验结果

表 5 – 12 和表 5 – 13 分别报告了某一因子水平固定时对另一因子的简单效应检验结果。表 5 – 12 报告的是教学方法某一水平固定时对教学态度的简单效应检验结果。结果表明，在集体识字下，教学态度方差分析的 F 值为 57.820，显著性为 0.000，小于 0.01，拒绝原假设，接受备择假设，即教学态度各个水平之间的差异极显著；在分散识字下，教学态度方差分析的 F 值为 7.451，显著性为

0.015，小于 0.05，拒绝原假设，接受备择假设，即教学态度各个水平之间的差异显著。

表 5 - 12　教学方法某一水平固定时对教学态度的简单效应检验

教学方法		平方和	自由度	均方	F	显著性
集体识字	对比	1368.900	1	1368.900	57.820	0.000
	误差	378.800	16	23.675		
分散识字	对比	176.400	1	176.400	7.451	0.015
	误差	378.800	16	23.675		

注：因变量为儿童识字量。

表 5 - 13 报告的是教学态度某一水平固定时对教学方法的简单效应检验结果。在严肃的教学态度下，教学方法方差分析的 F 值为 4.059，显著性为 0.061，大于 0.05，接受原假设，即教学方法各个水平之间的差异不显著；在轻松的教学态度下，教学方法方差分析的 F 值为 8.177，显著性为 0.011，小于 0.05，拒绝原假设，接受备择假设，即教学方法各个水平之间的差异显著。

表 5 - 13　教学态度某一水平固定时对教学方法的简单效应检验

教学态度		平方和	自由度	均方	F	显著性
严肃	对比	96.100	1	96.100	4.059	0.061
	误差	378.800	16	23.675		
轻松	对比	193.600	1	193.600	8.177	0.011
	误差	378.800	16	23.675		

注：因变量为儿童识字量。

（四）交互效应图

图 5 - 15 和图 5 - 16 报告了教学方法与教学态度影响儿童识字量的交互效应。效应图是对数据显著差异的反映，图形中线段或延长线交叉，就意味着存在交互效应。从图 5 - 15 和图 5 - 16 来看，两条线段或延长线均存在交叉，这也进一步验证了前面方差分析的结论。在集体与分散识字下，教学态度各水平的差异较大，均达到显著水平；在轻松的教学态度下，教学方法各水平的差异也表现为显著，但在严肃的教学态度下，教学方法各水平的差异较小，未达到显著水平。

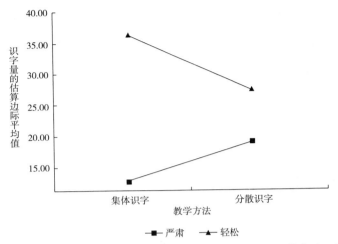

图 5 – 15　教学方法与教学态度影响儿童识字量的交互效应（一）

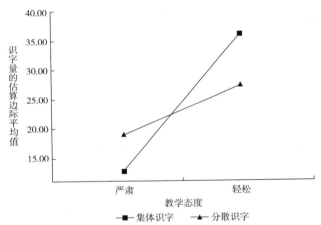

图 5 – 16　教学态度与教学方法影响儿童识字量的交互效应（二）

第四节　协方差分析

一、协方差分析在 SPSS 中的实现过程

（一）研究问题

有研究者设计了一个教学实验，用于探讨三种不同的教学方法对学生数学成绩的影响是否显著。一个班分为三个组，每个组接受一种教学方法。实验结束

后，测得三个组的数学成绩。另外，还知道三个组同学的数学入学成绩（见 Data 5－3）。

三种不同教学方法的教学效果主要通过学生的考试成绩来反映，而学生的考试成绩受到自身知识基础的影响，在考察的时候有必要排除这种影响。另外，学生的数学入学成绩属于连续数值型变量，它代表了学生已有的知识基础，在实际研究中很难控制。所以，研究中可以把入学成绩作为协变量，进行协方差分析。

（二）操作步骤

第一步，打开三个组数学成绩数据表（见 Data 5－3），按"分析→一般线性模型（General Linear Model）→单变量（Univariate）"的路径顺序打开单变量对话框（见图 5－17）。这个路径和多因素方差分析是一样的。

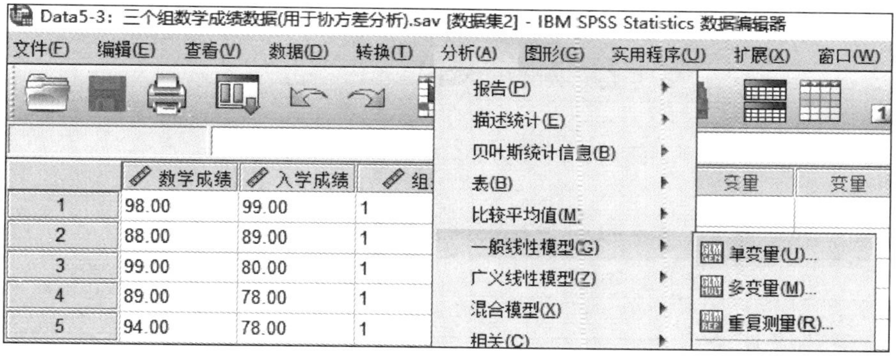

	⚙ 数学成绩	⚙ 入学成绩	⚙ 组	变量	变量
1	98.00	99.00	1		
2	88.00	89.00	1		
3	99.00	80.00	1		
4	89.00	78.00	1		
5	94.00	78.00	1		

图 5－17 协方差分析的路径

第二步，在协方差分析的单变量对话框中，把"数学成绩"变量添加到"因变量"框中，"组别"变量添加到"固定因子"框中，"入学成绩"变量添加到"协变量"框中。

第三步，单变量对话框和多因素方差分析的对话框一样，因此这里我们不再讲述"选项""事后比较"等的设置。最后单击"确定"按钮，就能得到协变量方差分析的结果。

二、协方差分析的结果与解释

（一）方差齐性检验结果

表 5－14 是协方差分析的方差齐性检验结果。数据共有四栏，从左到右分别是莱文检验统计量 F 值、自由度 1、自由度 2 与显著性水平或相伴概率。从数据结果来看，F 值为 3.524，相伴概率为 0.056，大于 0.05，即 $p > 0.05$，不能拒绝原假设，这表明各个组对应的总体方差齐性或相等，符合方差检验的前提条件。

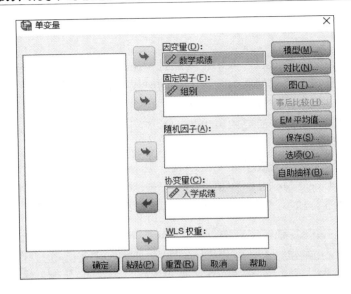

图 5 - 18　协方差分析的单变量对话框

表 5 - 14　协方差分析的方差齐性检验结果

F	自由度 1	自由度 2	显著性
3.524	2	15	0.056

（二）协方差检验结果

表 5 - 15 报告了协方差分析的主要计算结果。总的离差平方和分为三个部分：控制变量（自变量）对观察变量（因变量）的独立作用部分、协变量作用部分以及随机变量影响部分。

表 5 - 15　协方差分析结果

变异源	离差平方和	自由度	均方	F	显著性
修正模型	3695.674	3	1231.891	11.107	0.001
截距	1427.482	1	1427.482	12.870	0.003
入学成绩	9.341	1	9.341	0.084	0.776
组别	3421.460	2	1710.730	15.424	0.000
误差	1552.826	14	110.916		
总计	112433.000	18			
修正后总计	5248.500	17			

注：修正模型离差平方和的 $R^2 = 0.704$（调整后 $R^2 = 0.641$）；因变量为数学成绩。

其中，控制变量对观察变量的独立作用部分，即不同教学方法（对应变量为组别）的离差平方和为 3241.460，均方为 1710.730，对应的 F 值和相伴概率分别为 15.424、0.000，这说明不同教学方法对数学成绩造成了显著的影响；协变量作用部分，这里入学成绩变量的离差平方和为 9.341，均方为 9.341，F 值和相伴概率分别为 0.084、0.776，这表明协变量（入学成绩）对观察结果（数学成绩）的影响不显著；随机（误差）变量所贡献的离差平方和为 1552.826，均方为 110.916。

第五节 重复测量方差分析

一、重复测量方差分析在 SPSS 中的实现过程

（一）研究问题

研究者采用单因素重复测量即被试内实验设计，考察不同难度任务下的认知负荷差异。实验范式为双任务（包含主任务与次任务）作业。其中，主任务为人像图片辨认，次任务为心算任务。图片辨认任务与心算任务均是认知负荷测量中两种典型的任务。认知负荷测量采用 Paas（1993）编制的认知负荷自评量表。该量表包括心理努力和任务难度评价，均采用 9 级评分制，要求被试者在完成学习任务后根据自己的感受从 1~9 中选择一个合适的数字。从 1 到 9 表示付出的心理努力程度和材料难度依次递增，取两者的平均数为认知负荷指标。实验要求 10 名被试者在计算机上同时完成主任务与次任务，然后进行认知负荷测量。自变量是主次任务的难度搭配。主、次任务均包括难与易两个水平，一共有四种搭配，即主任务难与次任务难、主任务难与次任务易、主任务易与次任务难、主任务易与次任务易，简称为难难、难易、易难、易易四组，也就是说自变量有四个水平。为了克服疲劳效应、练习效应、顺序效应，以拉丁方给四种搭配排序。因变量是认知负荷指标。本研究为被试内实验设计，每位被试要接受所有的实验处理，我们可以用重复测量的方差分析。

（二）操作步骤

第一步，建立重复测量方差的 SPSS 数据文件。重复测量方差分析在建立数据文件时与其他种类的方差分析有所不同，需要把多次重复测量的结果定义为不同的因变量，有几次测量就要定义几个因变量，即占据几个竖列。如认知负荷的重复测量方差数据（见 Data 5－4），在难难、难易、易难、易易四种任务难度搭配下，共测量了四次认知负荷，所以分别有四个自变量，即 test1、test2、test3、 test4（见图 5－19）。

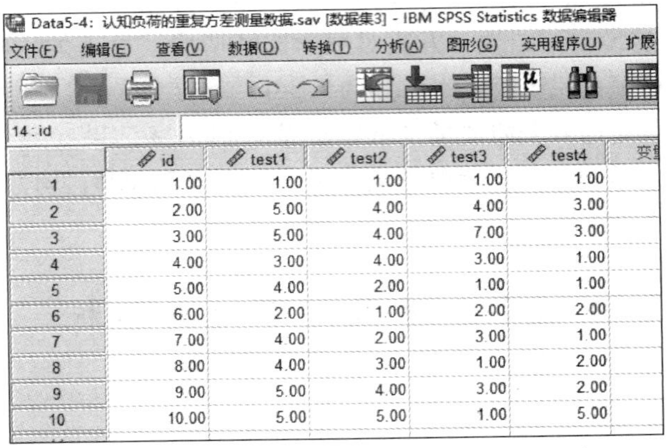

	id	test1	test2	test3	test4
1	1.00	1.00	1.00	1.00	1.00
2	2.00	5.00	4.00	4.00	3.00
3	3.00	5.00	4.00	7.00	3.00
4	4.00	3.00	4.00	3.00	1.00
5	5.00	4.00	2.00	1.00	1.00
6	6.00	2.00	1.00	2.00	2.00
7	7.00	4.00	2.00	3.00	1.00
8	8.00	4.00	3.00	1.00	2.00
9	9.00	5.00	4.00	3.00	2.00
10	10.00	5.00	5.00	1.00	5.00

图 5－19　重复测量方差分析的数据结构

第二步，打开认知负荷的重复方差测量数据表，按“分析→一般线性模型→重复测量”的路径顺序打开新对话框（见图 5－20）。

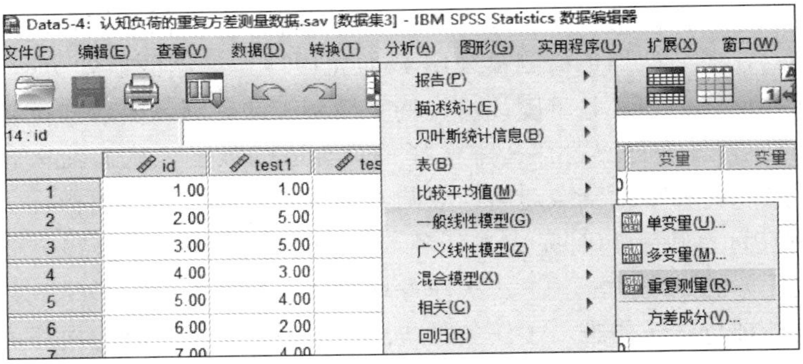

图 5－20　重复测量方差分析的路径

第三步，在打开的重复测量定义因子对话框中（见图 5－21），定义重复测量的因子。本例中，“主体内因子名”为“难度搭配”，“级别数”即因子水平方框中输入“4”，然后点击中间左边的“添加”按钮，重复测量的因子就定义完毕。最后单击对话框左下方的“定义”按钮，打开重复测量对话框。

第四步，在打开的重复测量对话框中（见图 5－22），选择主体内变量。本例中，分别把“test1”“test2”“test3”“test4”四个变量添加到“主体内变量”的方框中，注意要按照顺序对号入座。然后，分别点击“选项”和“EM 平均值”按钮，做进一步的设置。

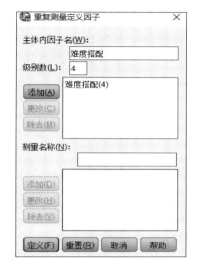

图 5 – 21　重复测量定义因子对话框

图 5 – 22　重复测量对话框

第五步，在选项对话框中（见图 5 – 23），分别选择"描述统计""效应量估算"与"实测幂"，以便输出各变量的描述统计结果、效应量与统计检验力指数。注意，重复测量由于不涉及组间差异，只是比较主体内差异，不用进行方差齐性检验，所以"齐性检验"这个选项不用选。然后，单击"继续"按钮，返回到重复测量对话框。

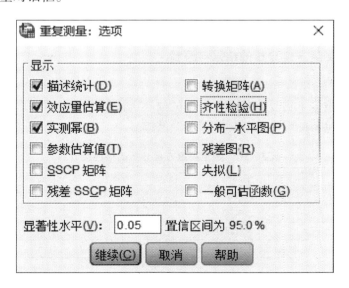

图 5 – 23　重复测量的选项对话框

第六步，点击重复测量对话框中的"EM 平均值"按钮后，打开估算边际平均值对话框（见图 5 – 24）。在该对话框中，将"难度搭配"变量选入显示下列各项的平均值框中，并在下方的"比较主效应"前打"√"。这样设置的目的是在结果中报告描述统计估算表、成对比较表与多变量检验表。然后，单击"继续"按钮，返回到重复测量对话框。最后，单击"确定"按钮，就在 SPSS 中完成了重复测量方差分析的操作步骤。

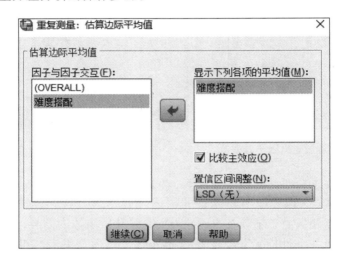

图 5 – 24　重复测量的估算边际平均值对话框

二、重复测量方差分析的结果与解释

（一）描述统计结果

表 5 – 16 报告了重复测量方差分析的描述统计结果，包括每次测量即各种难度搭配下认知负荷的平均值、标准差和个案数。

表 5 – 16　重复测量方差分析的描述统计

	平均值	标准差	个案数
难难组	3.8000	1.39841	10
难易组	3.0000	1.41421	10
易难组	2.6000	1.89737	10
易易组	2.1000	1.28668	10

（二）多变量检验结果

表 5 – 17 报告的是重复测量方差分析的多变量检验结果。该检验就是将 k 次

重复测量的结果看作是 k 个因变量，并做四种多元检验，即比莱轨迹（Pillli's Trace）、威尔克 Lambda（Wilks' Lambda）、霍特林轨迹（Hotelling's Trace）和罗伊最大根（Roy's Largest Root）。检验结果表明，四种检验的 F 值均为 5.620，显著性均为 0.028，即 $p < 0.05$，则拒绝原假设，接受备择假设，表明重复测量结果的均值之间差异显著。不过，多变量检验能否用来解释方差分析的结果，还取决于球形检验的结果，即下面所讲的莫奇来球形度检验结果。如果球形检验的结果拒绝了球形对称的原假设，则可以用多变量检验来做方差分析，或采用校正度的 F 检验；如果球形检验的结果接受原假设，则不使用多变量检验结果。

表 5 – 17　重复测量方差分析的多变量检验

效应		值	F	假设自由度	误差自由度	显著性	偏 Eta 平方	非中心参数	实测幂
难度搭配	比莱轨迹	0.707	5.620	3.000	7.000	0.028	0.707	16.860	0.741
	威尔克 Lambda	0.293	5.620	3.000	7.000	0.028	0.707	16.860	0.741
	霍特林轨迹	2.409	5.620	3.000	7.000	0.028	0.707	16.860	0.741
	罗伊最大根	2.409	5.620	3.000	7.000	0.028	0.707	16.860	0.741

（三）莫奇来球形度检验结果

表 5 – 18 报告的是莫奇来球形度检验结果。从结果来看，显著性为 0.210，大于 0.05，接受原假设，所检验的因变量服从球形分布，所以不能使用多变量检验结果，需要看进一步的检验结果。

表 5 – 18　重复测量方差分析的莫奇来球形度检验

主体内效应	莫奇来 W	近似卡方	自由度	显著性	Epsilon		
					格林豪斯—盖斯勒	辛—费德特	下限
难度搭配	0.394	7.190	5	0.210	0.624	0.782	0.333

（四）主体内效应的检验结果

表 5 – 19 为重复测量方差分析结果的核心表格，即主体内效应检验的结果。难度搭配变量服从球形分布时，适用和报告第一行的数据，本例使用第一行的数据。难度搭配的 F 值为 4.124，显著性水平 p 为 0.016，小于 0.05，拒绝原假设。因此，得出结论，任务的难度搭配对认知负荷有显著的影响。另外，表 5 – 19 还报告了重复测量方差分析的效应量为 0.314，大于 0.14，为大效应量；重复测量方差分析的统计检验力为 0.792，比较接近于 1，所以统计结论较为可信。

如果难度搭配变量不服从球形分布，则需要采用格林豪斯—盖斯勒、辛—费德特、下限等方法来校正。

表 5 - 19　重复测量方差分析的主体内效应的检验

源		III类平方和	自由度	均方	F	显著性	偏 Eta平方	非中心参数	实测幂
难度搭配	假设球形度	15.475	3	5.158	4.124	0.016	0.314	12.371	0.792
	格林豪斯—盖斯勒	15.475	1.873	8.264	4.124	0.037	0.314	7.722	0.630
	辛—费德特	15.475	2.347	6.594	4.124	0.026	0.314	9.678	0.708
	下限	15.475	1.000	15.475	4.124	0.073	0.314	4.124	0.442
误差（难度搭配）	假设球形度	33.775	27	1.251					
	格林豪斯—盖斯勒	33.775	16.854	2.004					
	辛—费德特	33.775	21.122	1.599					
	下限	33.775	9.000	3.753					

注：实测幂使用 Apha = 0.05 进行计算。

（五）难度搭配的描述统计估算结果

表 5 - 20 报告了不同难度搭配下认知负荷的描述统计估算值，包括估算边际平均值、标准差与平均值的 95% 置信区间。

表 5 - 20　估算值

难度搭配	平均值	标准差	平均值的 95% 置信区间	
			下限	上限
1	3.800	0.442	2.800	4.800
2	3.000	0.447	1.988	4.012
3	2.600	0.600	1.243	3.957
4	2.100	0.407	1.180	3.020

（六）重复测量方差分析的成对比较结果

表 5 - 21 报告的是重复测量方差分析的成对比较（两两比较）结果。该结果基于估算边际平均值，采用的是 LSD 法即最小显著差法。从结果来看，难度搭配的各个水平之间只有部分组别差异显著，包括第 1 组和第 2 组（$p < 0.05$）、第 1 组和第 4 组（$p < 0.01$）、第 2 组和第 4 组（$p < 0.05$）；其他组之间差异均不显著（$p > 0.05$）。

表 5 − 21　重复测量方差分析的成对比较（LSD）

（I）难度搭配	（J）难度搭配	平均值差值（I−J）	标准误差	显著性	差值的 95% 置信区间	
					下限	上限
1	2	0.800 *	0.291	0.022	0.143	1.457
	3	1.200	0.573	0.066	− 0.097	2.497
	4	1.700 **	0.396	0.002	0.805	2.595
2	1	− 0.800 *	0.291	0.022	− 1.457	− 0.143
	3	0.400	0.600	0.522	− 0.957	1.757
	4	0.900 *	0.348	0.029	0.113	1.687
3	1	− 1.200	0.573	0.066	− 2.497	0.097
	2	− 0.400	0.600	0.522	− 1.757	0.957
	4	0.500	0.671	0.475	− 1.018	2.018
4	1	− 1.700 **	0.396	0.002	− 2.595	− 0.805
	2	− 0.900 *	0.348	0.029	− 1.687	− 0.113
	3	− 0.500	0.671	0.475	− 2.018	1.018

注：* 表示平均值差值的显著性水平为 0.05，** 表示平均值差值的显著性水平为 0.01。

本章上机操作题

1. 基于大学生就业压力数据（见 Data 4 − 3），比较不同学校类别的大学生在就业压力各维度与总分上的差异，并分析原因。

2. 基于大学生就业压力数据，比较不同专业的大学生在就业压力各维度与总分上的差异，并分析原因。

3. 基于大学生就业压力数据，检验学校类别与年级影响就业压力各维度及总分的交互效应，并对交互效应显著的变量做简单效应检验。结果应包括描述统计、方差分析、简单效应检验与交互效应图。

推荐阅读参考书目

1. 张厚粲，徐建平．现代心理与教育统计学 ［M］．北京：北京师范大学出版社，2009.

2. 舒华．心理与教育研究中的多因素实验设计．第 2 版 ［M］．北京：北京师范大学出版社，2015.

3. 温忠麟．心理与教育统计．第 2 版［M］．广州：广东高等教育出版社，2016.

4. 胡竹菁．心理统计学［M］．北京：高等教育出版社，2011.

5. 杜晓新．心理与教育研究中实验设计与 SPSS 数据处理［M］．北京：北京大学出版社，2013.

6. 简小珠，戴步云．SPSS23.0 统计分析在心理学与教育学中的应用［M］．北京：北京师范大学出版社，2017.

第六章　相关分析

本章主要介绍相关分析的基本原理及其在 SPSS 中的实现过程，包括二元定距变量的相关分析、二元定序变量的相关分析、偏相关分析与距离相关分析等。

第一节　相关分析概述

一、相关分析的含义

任何事物的变化与其他事物都是相互联系和相互影响的，用于描述事物数量特征的变量之间自然也存在一定的关系。变量之间的关系归纳起来可以分为两种类型，即函数关系和统计关系。函数关系表明变量之间具有明确的因果关系，统计关系表明变量之间经数据统计存在某种关系，但不一定具有因果关系。本章要介绍的相关关系就是统计关系的一种。

在心理与教育研究领域，我们经常遇到分析两个或多个变量间关系的情况，比如要探讨智力与学业成就、性格与焦虑、测验的前测与后测以及平行测验之间的关系。相关分析（Correlate）就是衡量事物之间或变量之间相关程度的强弱即变量间联系的密切程度，并用适当的统计指标表示出来的过程。根据两个变量观测值变化的方向，可以把相关关系分为正相关、负相关和零相关。其中，正相关表示两个变量变动的方向相同，即一个变量变动时，另一个变量同时发生或大或小与前一个变量同方向的变动；负相关表示两个变量变动的方向相反，即一个变量变动时，另一个变量发生或大或小但与前一个变量方向相反的变动；零相关也就是不相关，两个变量值之间相互独立、互不影响，即一个变量变动时，另一个变量做无规律的变动。

值得注意的是，事物之间的相关关系不一定是因果关系，也可能仅是伴随关系，如儿童身高的变化和儿童语言能力的变化看起来是正相关的，但两者均受到了时间因素、成长过程的影响，其实是伴随关系。当然，若事物之间有因果关系，则两者必然有相关关系。如想进一步探讨变量间的因果关系，则需要运用下一章讲述的回归分析来实现。

二、相关分析的量化指标

（一）相关系数的取值范围

反映变量之间相关程度的量化指标是相关系数，它是用来描述两个或多个变量间关系程度及方向的统计量。样本间相关系数用 r 表示，总体间的相关系数一般用 ρ 表示。r 的取值范围为 -1 到 1，即 $-1 \leq r \leq 1$。

（1）当 $0 < r < 1$ 时，变量之间存在正相关关系，此时变量间变化方向一致，如身高与体重的关系称为正相关。

（2）当 $-1 < r < 0$，变量之间存在负相关关系，此时变量间变化方向相反，如吸烟与肺功能的关系称为负相关。正相关与负相关都属于不完全相关，指变量间呈统计关系。

（3）当 $|r| = 1$，两者即为函数关系，或称为完全相关，即变量间呈线性函数关系。其中，当 $r = 1$ 时，表明变量间呈完全正相关；当 $r = -1$ 时，表明变量间呈完全负相关。可见，函数关系是相关关系的一种特殊形式。

（4）当 $r = 0$ 时，变量不存在线性相关关系。也就是说，$r = 0$ 并不意味着变量之间不相关，只能说变量间不存在线性相关关系，但有可能存在非线性相关关系，如学习动机与学习效果之间的关系。耶基斯与多德森定律就揭示了两变量间的非线性相关关系。本章主要探讨线性相关。

（二）相关系数的假设检验

在一般情况下，总体相关系数是未知的，我们往往用样本相关系数 r 作为总体相关系数 ρ 的估计值。由于样本抽样存在随机性，所以样本相关系数并不能直接反映总体的相关程度。为了判断 r 对 ρ 的代表性大小，需要对相关系数进行假设检验。

原假设一般是 $ρ = 0$，假设总体相关性为零，即 H_0 为两总体无显著的线性相关关系。备择假设是 $ρ \neq 0$，即总体之间具有相关关系，即 H_1 为两总体有显著的线性相关关系。然后，通过公式计算出相应的统计量，并得到对应的相伴概率值。如果相伴概率值小于或等于指定的显著性水平（一般为 0.05），则拒绝 H_0，接受 H_1，即认为两总体存在显著的线性相关关系；如果相伴概率值大于指定的显著性水平，则不能拒绝 H_0，即认为两总体不存在显著的线性相关关系。

相关分析时，相关显著才有意义。相关显著是指两（或多）变量之间关系的统计结果达到显著性水平，一般要求 $p < 0.05$。如果相关不显著，即 $p > 0.05$，不管其相关系数（包括回归系数或其他描述关系强度的统计量）多强，都没有继续讨论的意义，因为在总体中这种关系存在的可能性很低，这只有在小样本的情况下会发生，接受这种关系的风险太大。

（三）相关的强度

变量之间相关的强度主要通过相关系数的大小来判断，一般分为四个等级：

（1）当 $|r| \geq 0.8$ 时，可视为高度相关，包括高度正相关与高度负相关。

（2）当 $0.5 \leq |r| < 0.8$ 时，可视为中度相关，包括中度正相关与中度负相关。

（3）当 $0.3 \leq |r| < 0.5$ 时，可视为低度相关，包括低度正相关与低度负相关。

（4）当 $|r| < 0.3$ 时，表明变量之间的相关程度极弱，可视为不相关。

三、相关分析的类别

在实际中，根据研究的目的和变量的类型，相关分析可以分为二元定距变量的相关分析、二元定序变量的相关分析、偏相关分析和距离相关分析。

（一）二元定距变量的相关分析

二元定距变量的相关分析通过计算定距变量间两两相关的系数，对两个或两个以上定距变量之间两两相关的程度进行分析。所谓定距变量又称为间隔（Interval）变量、等距变量，它的取值之间可以比较大小，可以用加减法计算出差异的大小。间隔变量的值都是连续数据（Continuous Data），即任意两个数据点之间都可以细分出无限多个大小不同的数值，如年龄、长度、重量、收入、成绩等变量都是典型的定距变量。

二元定距变量的相关分析采用积差相关的计算方法。积差相关是英国统计学家皮尔逊（Pearson）于20世纪初提出的一种计算相关的方法，因而被称为皮尔逊积差相关，简称皮尔逊相关。积差相关就是运用较为普遍的计算相关系数的方法，揭示两个变量线性相关方向和程度最常用和最基本的方法。如衡量国民收入和居民储蓄存款、身高和体重、高中成绩和高考成绩等变量间的线性相关关系就可以进行二元定距变量的相关分析。

积差相关的适用条件包括：①两个变量值都是连续数据；②两变量之间为线性关系；③两变量总体都为正态分布；④成对数据；⑤样本容量要大，一般要求大于30对。

（二）二元定序变量的相关分析

二元定序变量的相关分析是通过计算定序变量间两两相关的系数，对两个或两个以上定序变量之间两两相关的程度进行分析。所谓的定序变量又称为有序

（Ordinal）变量、顺序变量，它取值的大小表示观测对象的某种顺序关系，如等级、方位、大小等，它也是基于"质"因素的变量。例如，学历变量的取值是：1＝小学及以下；2＝初中；3＝高中、中专、技校；4＝大学专科；5＝大学本科；6＝研究生及以上。由小到大的取值能够代表学历由低到高的顺序。

二元定序变量的相关分析采用斯皮尔曼（Spearman）和肯德尔 tau－b（Kendall's tau－b）等级相关的计算方法。在心理与教育研究中，有时搜集到的数据不是等距或定距的测量数据，而是具有等级顺序的测量数据，或前者不呈正态分布，在这两种情况下，就要用等级相关的计算方法。等级相关的适用条件包括：①两变量呈线性关系；②数据必须为等级数据或总体分布不是正态的等距、等比数据。等级相关不必考虑两变量总体是否正态分布，样本容量也不要求 30 对以上，采用的是非参数检验方法。

（三）偏相关分析

前面我们介绍的二元变量相关分析在一些情况下无法较为真实、准确地反映事物之间的相关关系。例如，在研究某农场春季早稻产量与平均降雨量、平均温度之间的关系时，产量和平均降雨量的关系中实际还包含了平均温度对产量的影响。同时，平均降雨量对平均温度也会产生影响。当第三个变量和我们所研究的两个变量之间都有相关关系时，单纯计算这两个变量的相关系数，显然不能准确地反映它们之间的关系，所以需要在剔除第三个变量影响的条件下计算其相关系数。偏相关分析正是用来解决这个问题的。

偏相关分析是指当两个变量同时与第三个变量相关时，为了精确计算两个变量之间的关系，需要将第三个变量的影响剔除只分析另外两个变量之间相关程度的过程。

（四）距离相关分析

距离相关分析是对测量值或变量之间相似或不相似程度的一种测量，计算一对测量值或变量之间广义的距离。距离相关分析可用于同一变量内部各个取值间的相关分析，以考察其相互接近程度；也可用于变量间的相关分析，以考察预测量值对实际值的拟合优度。这些相似性或距离测度还可以用于其他分析过程，如因子分析、聚类分析等，有助于复杂的数据集合。

距离相关分析根据统计量不同，分为两种：①不相似性测量，即通过计算样本之间或变量之间的距离来表示，经常采用的统计量为欧氏距离（Euclidean Distance）等；②相似性测量，即通过计算 Pearson 相关系数或 Cosine 相关来表示。

距离相关分析根据分析对象不同，分为两种，即样本间分析与变量间分析。其中，样本间分析是指样本和样本之间的距离相关分析；变量间分析是指变量和变量之间的距离相关分析。

第二节　二元定距变量的相关分析

一、二元定距变量相关分析在 SPSS 中的实现步骤

我们以大学生人际关系困扰数据为例，介绍二元定距变量相关分析在 SPSS 中的实现步骤。例如，我们需要探讨大学生人际关系困扰交谈与交际交友两维度之间的相关关系。交谈与交际交友变量均属于定距变量，我们可以采用二元定距变量的相关分析方法。

第一步，打开大学生人际关系困扰数据表，按"分析→相关→双变量"的顺序打开双变量相关性对话框（见图6－1）。

图6－1　二元定距变量相关分析的路径

第二步，首先，在双变量相关性对话框中（见图6－2），把需要分析相关关系的变量（如交谈与交际交友）添加到"变量"框中。注意，在"变量"框中也可以同时放入更多变量。其次，选择相关系数类型，本例中我们进行二元定距变量的相关分析，选择皮尔逊积差相关，即在"皮尔逊"选项前打"√"。再次，选择显著性检验类型。该类型分为单尾检测与双尾检测。双尾检测主要用于正负相关两种可能的情况，单尾检测主要用于只可能是正相关或负相关的情况。一般来说，如果我们对变量间关系不是十分了解，不知道是正相关还是负相关，就选择双尾检测；如果明确知道两变量是正相关或负相关中的一种，就可以选择单尾检测。本例中，我们选择"双尾"检测。另外，在"标记显著性相关性"前打"√"。最后，单击"选项"按钮，打开新的对话框。

第三步，在打开的双变量相关性选项对话框中（见图6－3），可以在"统

计"一栏中选择"平均值和标准差",即在输出相关系数的同时输出各变量的平均值和标准差;也可以选中输出"叉积偏差和协方差",叉积偏差即 Pearson 简单相关系数计算公式的分子部分,协方差为叉积偏差/(n-1),这两个统计量也反映了变量间的相关程度,用户如需要也可以选中作为参考。"缺失值"框主要对缺失值进行处理。"成对排除个案"项表示如果正参与计算的两变量中有缺失值,则暂时剔除那些在这两个变量上有缺失值的个案;"成列排除个案"项为剔除所有具有缺失值的个案后再计算。选好后单击"继续"按钮,返回双变量相关性对话框。最后,单击"确定"按钮,即可得到 SPSS 相关分析的结果。

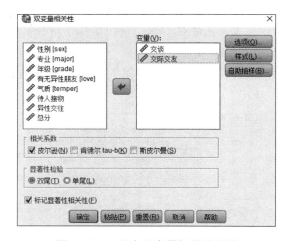

图 6-2　二元定距变量相关分析的
双变量相关性对话框

图 6-3　双变量相关性的
选项对话框

二、二元定距变量相关分析的结果解释

结果分两个表报告。表 6-1 报告了被试在交谈与交际交友两个维度上的描述统计结果,包括平均值、标准差与个案数。

表 6-1　描述统计结果

	平均值	标准差	个案数
交谈	2.2614	1.55728	700
交际交友	2.9286	1.66011	700

表 6-2 就是本例所要求的相关系数,以一个矩阵的形式呈现。从中可以看出,大学生交谈与交际交友两维度的相关系数为 0.422,属于低度正相关。另外,在这个数据的右上角有两个星号,表示两变量相关显著,统计检验的相伴概率小

于 0.01，即在 0.01 的水平上显著（p < 0.01）。如果是一个星号，则表示统计检验的相伴概率值小于 0.05，即在 0.05 的水平上显著（p < 0.05）。当然，两个星号比一个星号的检验更为精确。如果没有星号，则表示相关不显著（p > 0.05）。

表 6 - 2　二元定距变量相关分析的结果（r）

		交谈	交际交友
交谈	皮尔逊相关性	1	0.422 **
	Sig.（双尾）		0.000
	个案数	700	700
交际交友	皮尔逊相关性	0.422 **	1
	Sig.（双尾）	0.000	
	个案数	700	700

注：＊＊表示在 0.01 级别（双尾）相关性显著。

三、相关散点图的绘制

如果对变量之间的相关程度不需要掌握得那么精确，可以通过绘制变量的相关散点图来直接判断。我们仍以上例来说明。

第一步，按"图形→旧对话框→散点图/点图"的顺序打开散点图/点图对话框（见图 6 - 4）。

图 6 - 4　绘制相关散点图的路径

第二步，在散点图/点图对话框中（见图6-5）选择散点图类型。系统一共提供了五种散点图供选择，包括简单散点图、矩阵散点图、简单点图、重叠散点图与三维散点图。其中，简单散点图可以显示两个变量的关系；矩阵散点图以矩阵形式显示多个变量之间的关系；重叠散点图可以显示多个配对变量的关系；三维散点图可以显示三个变量。本例只有两个变量，我们选择简单散点图。然后，单击"定义"按钮，打开简单散点图对话框，做进一步的设置。

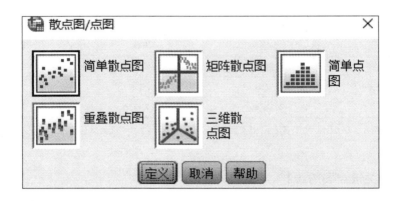

图6-5　相关散点图的类型选择

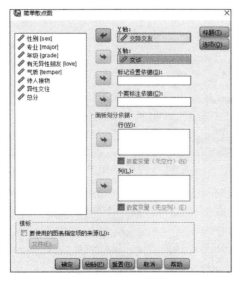

图6-6　简单散点图对话框

　　第三步，在简单散点图对话框中（见图6-6），需要分别定义"X轴"与"Y轴"的变量。比如，我们把"交谈"变量放到"X轴"空白框中，把"交际交友"变量放到"Y轴"空白框中。然后，单击"确定"按钮，就可以看到输出的散点图。

　　图6-7就是交谈与交际交友两变量的散点图。从中可以较为明显地看出两变量呈线性正相关，大学生交谈维度得分高的，其交际交友的得分也较高。

四、二元定距变量的相关分析在问卷编制或修订中的运用

　　在问卷编制或修订过程中，我们经常采用内容效度、效标效度、结构效度对问卷的效度进行考察。其中，结构效度

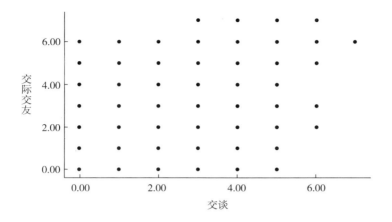

图 6 - 7 交谈与交际交友两变量的散点图

的估计方法包括测验内和测验间等方法。测验内方法可以以问卷中各维度间的相关以及各维度与问卷总分之间的相关来估计该问卷的结构效度。这符合因素分析理论，该理论认为问卷的结构效度可以从各因素之间的相关以及各因素与问卷总分的相关系数上看出。心理学家杜克尔（Tuker）认为，一个良好的问卷因素和总分之间的相关应在 0.30 ~ 0.80，因素间的相关应在 0.10 ~ 0.60。

参照二元定距变量相关分析的 SPSS 操作步骤，我们可以求出人际关系困扰各维度之间及其与总分之间的相关系数（见表 6 - 3）。结果表明，各维度与总分之间的相关系数在 0.566 ~ 0.783（显著性均小于 0.01），各维度之间的相关系数在 0.243 ~ 0.480（显著性均小于 0.01）。按照心理学家杜克尔给定的标准，该问卷的结构效度良好。

表 6 - 3 大学生人际关系困扰问卷的结构效度分析

		交谈	交际交友	待人接物	异性交往	总分
交谈	皮尔逊相关性	1	0.422 **	0.255 **	0.377 **	0.735 **
	Sig.（双尾）		0.000	0.000	0.000	0.000
	个案数	700	700	700	700	700
交际交友	皮尔逊相关性	0.422 **	1	0.256 **	0.480 **	0.783 **
	Sig.（双尾）	0.000		0.000	0.000	0.000
	个案数	700	700	700	700	700
待人接物	皮尔逊相关性	0.255 **	0.256 **	1	0.243 **	0.566 **
	Sig.（双尾）	0.000	0.000		0.000	0.000
	个案数	700	700	700	700	700

		交谈	交际交友	待人接物	异性交往	总分
异性交往	皮尔逊相关性	0.377 **	0.480 **	0.243 **	1	0.745 **
	Sig.（双尾）	0.000	0.000	0.000		0.000
	个案数	700	700	700	700	700
总分	皮尔逊相关性	0.735 **	0.783 **	0.566 **	0.745 **	1
	Sig.（双尾）	0.000	0.000	0.000	0.000	
	个案数	700	700	700	700	700

注：＊＊表示在 0.01 级别（双尾）相关性显著。

第三节　二元定序变量的相关分析

一、二元定序变量相关分析在 SPSS 中的实现过程

（一）研究问题

某语文教师先后两次对某班级学生的同一篇作文进行评分，两次成绩分别记为变量作文 A 和作文 B（见表 6-4）。问两次评分的等级相关有多大，是否达到显著水平？

表 6-4　学生作文成绩

序号	作文 A	作文 B	序号	作文 A	作文 B
1	85	82	10	59	65
2	77	81	11	79	75
3	62	70	12	68	70
4	75	73	13	85	80
5	89	92	14	87	75
6	67	65	15	75	80
7	96	93	16	73	78
8	80	85	17	94	89
9	77	75	18	87	90

从表 6-4 中可以看出，该语文教师给出的作文 A 和作文 B 的原始成绩均为连续数据，符合求积差相关的要求，但题目明确提出求等级相关，所以要先把这

些数据转化为等级（或定序）变量数据后，再求其等级相关。

（二）操作步骤

第一步，打开学生作文成绩数据表（见 Data 6 - 1），与二元定距变量相关分析相同，也是按"分析→相关→双变量"的顺序打开双变量相关性对话框（见图 6 - 8）。

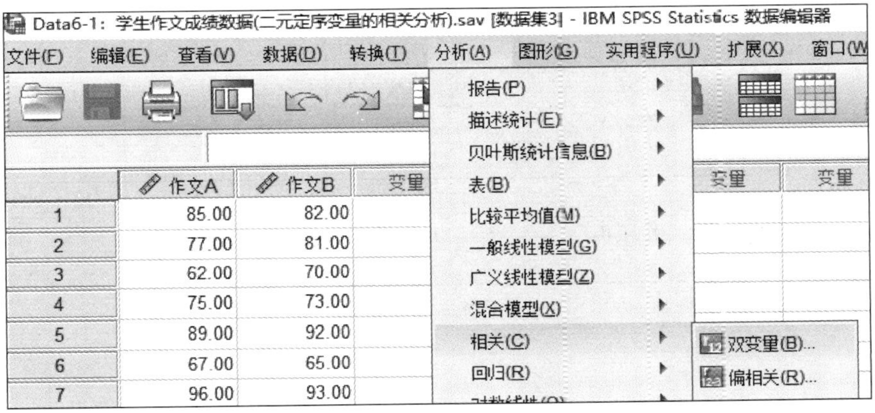

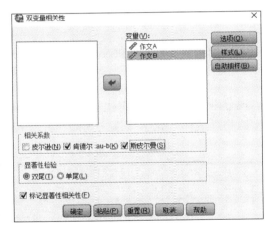

图 6 - 8　二元定序变量相关分析的路径

第二步，在双变量相关性对话框中（见图 6 - 9），把"作文 A"和"作文 B"添加到"变量"框中；在"相关系数"类别中选择"肯德尔 tau - b"和"斯皮尔曼"；默认"双尾"检测与"标记显著性相关性"。然后，单击"确定"按钮，就能看到二元定序变量相关分析的结果。

二、二元定序变量相关分析的结果解释

图 6 - 9　二元定序变量相关分析的
双变量相关性对话框

二元定序变量相关分析采用的是非参数检验的方法，其结果也是以相关系数矩阵的形式呈现（见表 6 - 5）。从本例的结果中来看，该语文老师两次评分的肯德尔 tau - b 和斯皮尔曼等级相关系数分别为 0.723 和 0.855。在这两个数据的右上角均有两个星号，表明相关极显著，显著性水平为 0.01，即两次评分极显著相关，且为正相关。

心理与教育研究中的 SPSS 运用

表 6-5　二元定序变量相关分析的结果

			作文 A	作文 B
肯德尔 tau-b	作文 A	相关系数	1.000	0.723**
		Sig.（双尾）		0.000
		N	18	18
	作文 B	相关系数	0.723**	1.000
		Sig.（双尾）	0.000	
		N	18	18
斯皮尔曼 Rho	作文 A	相关系数	1.000	0.855**
		Sig.（双尾）		0.000
		N	18	18
	作文 B	相关系数	0.855**	1.000
		Sig.（双尾）	0.000	
		N	18	18

注：**表示在0.01级别（双尾）相关性显著。

第四节　偏相关分析

一、偏相关分析在 SPSS 中的实现过程

（一）研究问题

现分别测得 20 名高中生数学、物理、化学三科的成绩（见表 6-6）。请问学生的物理成绩与化学成绩之间的相关是否显著？

表 6-6　高中生数理化成绩

序号	数学成绩	物理成绩	化学成绩	序号	数学成绩	物理成绩	化学成绩
1	91	84	97	11	90	85	95
2	75	68	52	12	71	64	75
3	72	66	87	13	62	55	69
4	88	72	85	14	80	75	79
5	66	58	72	15	75	68	80
6	74	76	81	16	62	78	76
7	87	75	90	17	85	75	92
8	79	75	85	18	82	77	90
9	76	68	78	19	68	55	60
10	77	62	70	20	84	76	88

我们知道，学生的数学、物理、化学三科成绩之间两两相关，即物理成绩和化学成绩都和数学成绩存在相关关系。在这种情况下，如果不考虑数学成绩的影响，单纯计算物理成绩与化学成绩之间的相关，得到的结果就不够精确，不能准确地反映它们之间的关系。所以，我们有必要做物理成绩对化学成绩的偏相关，即剔除数学成绩这个第三个变量对我们所要研究的两个变量的影响，再求其相关系数。

（二）操作步骤

第一步，打开高中生数理化成绩数据（见 Data 6-2），按"分析→相关→偏相关"的顺序打开偏相关性对话框（见图6-10）。

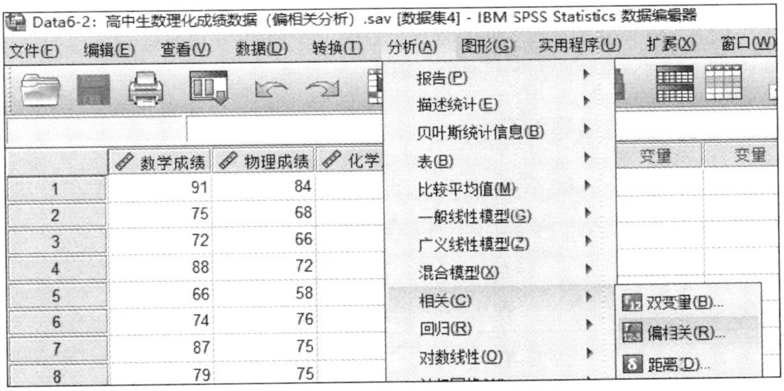

图 6-10 偏相关分析的路径

第二步，在偏相关性对话框中（见图6-11），选择进行相关分析的变量与控制变量。本例中，我们把"物理成绩"与"化学成绩"添加到"变量"框中，把"数学成绩"添加到"控制"变量框中。"显著性检验"选择"双尾"检测，因为我们不清楚三科成绩到底是一种什么样的相关关系。之后，勾选"显示实际显著性水平"（或默认）。然后，点击右边的"选项"按钮，打开选项对话框。

第三步，在偏相关性的选项对话框中（见图6-12），选择"统计"栏内的"平均值和标准差""零阶相关性"。零阶相关性就是系统同时输出简单相关系数，以便与偏相关系数进行比较。选择完成后，单击"继续"按钮，返回到偏相关性主对话框。最后，单击"确定"按钮，就可以看到偏相关分析的结果。

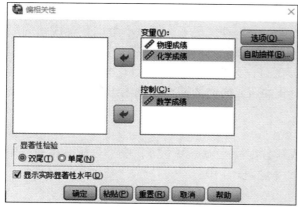

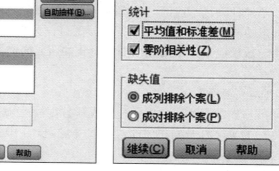

图 6-11　偏相关性对话框　　　　　图 6-12　偏相关性：选项对话框

二、偏相关分析的结果解释

偏相关分析的结果分两个表报告，即表 6-7 和表 6-8。表 6-7 报告了物理、化学和数学三科成绩的平均值、标准差与个案数。

表 6-7　描述统计结果

	平均值	标准差	个案数
物理成绩	70.60	8.660	20
化学成绩	80.05	11.555	20
数学成绩	77.20	8.788	20

表 6-8 是零阶相关和偏相关输出的结果。从中可以看出在没有控制变量的条件下，物理成绩与化学成绩的简单相关系数为 0.735（p < 0.01），属于中度正相关，显著性水平为 0.01。但在控制一个变量（数学成绩）的条件下，计算出的偏相关系数为 0.479（p < 0.05），属于低度正相关，显著性水平为 0.05。这比在前一种条件下算出的相关系数要低，它是在控制了第三个变量（数学成绩）之后物理成绩与化学成绩的净相关系数。可见，简单相关系数与偏相关系数相比，前者有夸大的成分，后者更加符合实际。

所以，本例中偏相关分析的结果表明，物理成绩与化学成绩具有显著的正相关，r = 0.479，p < 0.05。

表 6 - 8　零阶相关与偏相关输出结果

			物理成绩	化学成绩	数学成绩
无控制变量	物理成绩	相关性	1.000	0.735 **	0.707 **
		显著性（双尾）		0.000	0.000
		自由度	0	18	18
	化学成绩	相关性	0.735 **	1.000	0.694 **
		显著性（双尾）	0.000		0.001
		自由度	18	0	18
	数学成绩	相关性	0.707 **	0.694 **	1.000
		显著性（双尾）	0.000	0.001	
		自由度	18	18	0
数学成绩	物理成绩	相关性	1.000	0.479 *	
		显著性（双尾）		0.038	
		自由度	0	17	
	化学成绩	相关性	0.479	1.000	
		显著性（双尾）	0.038		
		自由度	17	0	

注：* $p < 0.05$，** $p < 0.01$。

第五节　距离相关分析

一、距离相关分析在 SPSS 中的实现过程

（一）研究问题

某动物一次产下四个幼仔，分别对四个幼仔的长、体重、匹肢总长、头重进行测量（见表 6 - 9）。试就这次测量而言，分析四个幼仔的相似性与不相似性。

表 6 - 9　四个小动物的身体数据

编号	长（cm）	体重（g）	四肢总长（cm）	头重（g）
1	50	215	100	11
2	51	220	110	12
3	52	220	112	12
4	48	210	113	13

该问题共有四个个案，每个个案均有四个变量，即长、体重、四肢总长、头重，其目的是做个案间的相似性与不相似性比较，也就是比较各个测量值之间的距离，我们可以做距离相关分析。

（二）操作步骤

1. 不相似性比较的操作

第一步，打开4个小动物数据（见 Data 6-3），按"分析→相关→距离"的顺序打开距离相关对话框（见图6-13）。

图 6-13　距离相关分析的路径

图 6-14　距离相关对话框

第二步，在距离相关对话框中（见图6-14），选择变量。本例中，把"长""体重""四肢总长""头重"四个变量添加到"变量"框中。在"计算距离"类型中选择"个案间"，因为本例的研究目的就是比较个案间的相似性与不相似性。测量方式选项中先选择"非相似性"，然后点击下方的"测量"按钮，打开非相似性测量对话框。

第三步，在非相似性测量对话框中（见图6-15），可以选择测量的统计量。系统一共提供了六种统计量，即欧氏距离、平方欧氏距离、切比雪夫、块、明可夫斯基和定制。我们选择经常采用的"欧氏距离统计量"。然后，单击"继续"按钮，返回到距离相关主对话框，再单击"确定"按钮，就能得到不相似性比较的结果。

图 6 - 15　非相似性测量对话框

2. 相似性比较的操作

第一步，相似性比较操作的第一步和不相似性比较相同。

第二步，在距离相关对话框中，变量与计算距离类型的选择也与不相似性比较相同。在测量方式选项中先选择"相似性"，然后点击下方的"测量"按钮，打开相似性测量对话框。

第三步，在相似性测量对话框中（见图 6 - 16），可以选择测量的统计量。系统一共提供了两种统计量，即皮尔逊相关性与余弦。本例中各个变量值均为连续性数据，所以，我们选择"皮尔逊相关性"。然后，单击"继续"按钮，返回到距离相关主对话框。最后，单击

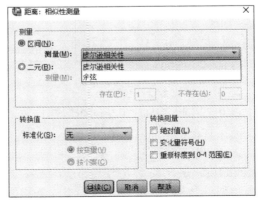

图 6 - 16　相似性测量对话框

"确定"按钮，就能得到相似性比较的结果。

二、距离相关分析的结果解释

1. 不相似性比较的结果

不相似性比较的结果分两个表报告，即表6-10和表6-11。表6-10分别报告了有效、缺失与总计的个案数、百分比。本例中，没有缺失值，有效与总计的个案数均为4，百分比均为100.0%。

表6-10 不相似性比较的个案处理摘要

有效		缺失		总计	
个案数	百分比（%）	个案数	百分比（%）	个案数	百分比（%）
4	100.0	0	0.0	4	100.0

表6-11报告的是个案间不相似性比较的结果。其中，个案1和个案2、个案3、个案4的不相似性值即欧氏距离分别为11.269、13.191、14.213；个案2和个案3、个案4之间的欧氏距离分别为2.236、10.909；个案3和个案4之间的欧氏距离为10.863。经比较，个案1和个案4之间的欧氏距离最大，即这两个小动物最不相似；个案2和个案3之间的欧氏距离最小，即这两个小动物最为相似。

表6-11 不相似性比较结果

个案	1	2	3	4
1	0.000	11.269	13.191	14.213
2	11.269	0.000	2.236	10.909
3	13.191	2.236	0.000	10.863
4	14.213	10.909	10.863	0.000

2. 相似性比较的结果

表6-12报告的是个案间相似性比较的结果。其中，个案1和个案2、个案3之间、个案2和个案4之间、个案3和个案4之间的相似性值即皮尔逊相关系数均为0.999，个案1与个案4之间的皮尔逊相关系数为0.996，而个案2和个案3之间的皮尔逊相关系数为1。这个结果也表明，个案2和个案3这两个小动物最为相似，几乎一模一样，这与上面不相似性比较的结果是一致的。所以，不相似性与相似性两种比较方式有异曲同工之妙，可以相互印证。

表 6 – 12　相似性比较结果

个案	1	2	3	4
1	1.000	0.999	0.999	0.996
2	0.999	1.000	1.000	0.999
3	0.999	1.000	1.000	0.999
4	0.996	0.999	0.999	1.000

本章上机操作题

1. 基于大学生就业压力数据（见 Data 4 – 3），求出各维度之间以及与总分的皮尔逊相关，并对大学生就业压力问卷的结构效度进行估计。

2. 基于 10 名学生两次考试成绩（见 Data 6 – 4），试求出两次考试成绩的等级相关系数。

3. 某农场通过试验取得某农作物产量、春季降雨量和平均温度的数据。试求降雨量对产量的偏相关。

产量　150　230　300　450　480　500　550　580　600　600
降雨量　25　33　45　105　111　115　120　120　125　130
温度　6　8　10　13　14　16　17　18　18　20

推荐阅读参考书目

1. 简小珠，戴步云. SPSS23.0 统计分析在心理学与教育学中的应用 [M]. 北京：北京师范大学出版社，2017.

2. 卢文岱，朱红兵. SPSS 统计分析. 第 5 版 [M]. 北京：电子工业出版社，2015.

3. 余建英，何旭宏. 数据统计分析与 SPSS 应用 [M]. 北京：人民邮电出版社，2003.

4. 邓铸，朱晓红. 心理统计学与 SPSS 应用 [M]. 上海：华东师范大学出版社，2009.

第七章　回归分析

本章主要介绍回归分析的基本原理及其在 SPSS 中的实现过程，包括一元线性回归分析、多元线性回归分析、曲线估计、逻辑回归分析以及回归分析在中介效应检验中的作用等。

第一节　回归分析概述

一、回归分析思想与方法的由来

科学研究的主要任务是探索和认识自然界、人类社会乃至人的心理和行为表现的诸因素之间存在的各种各样的联系。在这些关系中有些是确定的因果关系，用数学的语言来表述就是"函数关系"，即自变量每取一个值，都可以找出与之对应的因变量的值，自变量与因变量之间存在着某种固定的因果关系。数学家们已经探索出许多种函数关系，如线性函数、指数函数、对数函数、三角函数和解析几何等。这些函数准确而有效地表达了自然界一些物质运动变化的一般因果规律，成为人们预测和控制有关事物（变量）运动变化的依据。可是在社会科学的诸多研究领域，尤其是对人的心理和行为表现的研究，由于受到个体差异，各种潜在的心理变量、环境变量和测量方法等因素的影响和制约，探索心理变量与环境变量、刺激变量与行为变量等之间的函数关系是十分困难的。但是，这些变量之间又可能存在着类似于某种函数关系的主要关系趋势，如果用这种函数关系表示这种主要的关系趋势，就可以近似地解释变量之间的因果关系，这种方法就是统计学中"回归分析"的方法。

回归分析的基本思想和方法以及回归（Regression）名称的由来都要归功于英国统计学家高尔顿（Galton，1822－1911）。高尔顿和他的学生——现代统计学的奠基者之一皮尔逊（Pearson，1856－1936）在研究父母身高与其子女身高的遗传问题时，观察了 1078 对夫妇。以每对夫妇的平均身高作为解释变量 X，取他们成年儿子的身高作为被解释变量 Y，将结果在平面直角坐标系上绘成散点图，发现趋势近乎一条直线。计算出的回归直线方程为：$Y = 33.73 + 0.516X$。这种趋势及回归方程表明，父母身高 X 每增加一个单位时，其成年儿子的身高 Y 平均增加 0.516 个单位。也就是说，虽然高个子父辈有生高个子儿子的趋势，但父辈身高增加一个单位，儿子身高仅增加半个单位左右。反之，矮个子父辈的确有生矮个子儿子的趋势，但父辈身高减少一个单位，儿子身高仅减少半个单位左右。平均来说，一群高个子父辈的儿子们在同龄人中平均仅为略高个子，一群矮个子父辈的儿子们在同龄人中平均仅为略矮个子，即父辈偏离中心的部分在子代被拉回来一些。正是因为子代的身高有回到同龄人平均身高的这种趋势，才使人类的身高在一定时间内相对稳定，没有出现父辈个子高其子女更高，父辈个子矮其子女更矮的两极分化现象。

　　这个例子生动地说明了生物学中"种"的概念的稳定性。正是为了描述这种有趣的现象，高尔顿引入"回归"这个词来描述父辈身高 X 与子代身高 Y 的关系。尽管"回归"这个名称的由来具有其特定的含义，在人们研究的大量问题中变量 X 与 Y 的关系并不具有这种"回归"的含义，但把研究变量 X 与 Y 的统计关系的数学法称为"回归分析"，也算是对高尔顿这个伟大的统计学家的一种纪念。

二、相关分析与回归分析的关系

　　在数量分析中，我们经常会看到变量与变量之间存在着一定的联系。要了解变量之间是如何相互影响的，就需要利用相关分析和回归分析。相关分析和回归分析都是研究变量间关系的统计学课题。

　　在心理与教育研究的统计应用中，两种分析方法经常相互结合和渗透，但它们研究的侧重点和应用面不同。在相关分析中，变量 Y 与变量 X 处于平等的地位，研究变量 Y 与变量 X 的密切程度和研究变量 X 与变量 Y 的密切程度是一样的。变量 X 和变量 Y 都是随机变量，相关分析的目的是测定变量之间关系的密切程度，所使用的工具是相关系数。而在回归分析中，变量 Y 称为因变量，处于被解释的特殊地位；因变量 Y 是随机变量，自变量 X 可以是随机变量，也可以是非随机的确定变量。回归分析侧重于考察变量之间的数量变化规律，并通过一定的数学表达式来描述变量之间的关系，进而确定一个或者几个变量的变化对另一个特定变量的影响程度。

三、回归分析要解决的问题

　　具体地说，回归分析主要解决以下几方面的问题：

（1）通过分析大量的样本数据，就是用已知的函数关系去拟合测量数据的主要关系趋势，确定变量之间的数学关系式。这种根据测量数据的集中关系趋势建立起的类似于函数关系式的因变量与自变量的关系表达式，也就是回归方程。

（2）对所确定的数学关系式的可信程度进行各种统计检验，并区分出对某一特定变量影响较为显著的变量和影响不显著的变量。

（3）利用所确定的数学关系式，根据一个或几个变量的值来预测或控制另一个特定变量的取值，并给出这种预测或控制的精确度。

值得注意的是，函数关系式与回归分析的数学表达式即回归方程之间存在着根本的区别。函数关系式表达的是自变量与因变量之间确定的数量因果关系，而回归方程表达的却是概率水平上的自变量与因变量之间不确定的数量因果关系。这种所谓"不确定的"数量因果关系，是指对于一个确定的自变量的值可能有多个不等的因变量的观测值。根据回归方程计算出来的因变量的值只是代表那些多个不等的观测值的集中量数（平均数）或近似值。当然，这个集中量数越接近那些观测值，观测值的差异量（方差或标准差）越小，回归方程的解释率就越高，代表性就越强。所谓"概率水平"上的自变量与因变量之间不确定的数量因果关系，是指如果经过多次重复的测量，自变量与因变量之间不确定的数量因果关系表现得越稳定，即出现的概率越大，显著性水平越高（即 p 值越小），这个回归方程所解释的自变量与因变量之间的数量因果关系的说服力就越强。所以，回归分析的关键是探索并拟合出解释率高、发生概率和显著性水平也高的回归方程。

四、回归分析的类别

在实际中，根据变量的个数、变量的类型以及变量之间的相关关系，回归分析通常分为一元线性回归分析、多元线性回归分析、曲线估计、逻辑回归分析、非线性回归分析、时间序列的曲线估计、含虚拟自变量的回归分析等类型。以下我们主要介绍前面四种类型。

（一）一元线性回归分析

一元线性回归分析就是在排除其他影响因素或假设其他影响因素确定的条件下，分析某一因素（自变量）是如何影响另一事物（因变量）的过程。一元线性回归分析所进行的分析通常是比较理想化的，因为在现实社会生活中，任何一个事物（因变量）总是受到其他多种事物（多个自变量）的影响。

一元线性回归分析只涉及一个自变量的回归问题。设有两个变量 x 和 y，变量 y 的取值随变量 x 取值的变化而变化，则称 y 为因变量，x 为自变量。对于这两个变量，通过观察或试验可以得到若干组数据，记为 (x_i, y_i)（$i = 1, 2, \cdots,$

n）。将这 n 组数据绘成散点图，可以大致看出它们之间的关系形态近似一条直线，然后将变量之间的这种关系用一定的数学关系式表达出来，即 $\hat{y} = a + bx$。

一元线性回归方程与一般的一元一次方程 $y = a + bx$ 有区别。在这个方程中，对于自变量 x 的每个取值，并不是只有唯一确定的 y 值与之对应，而是有多个取值，$\hat{y}$ 只是代表多个 y 值的预测值，且不一定存在于散点图中。常数 a 是该直线在 y 轴上的截距，表示 x 值为 0 时 y 的平均水平。当 a < 0 时，直线与纵轴的交点在原点的下方；当 a > 0 时，交点在原点的上方；当 a = 0 时，回归直线经过原点。b 是该直线的斜率，又称为回归系数。其统计学的意义是，x 每变化一个单位，y 平均变化 b 个单位。当 b < 0 时，直线从左上方延伸到右下方，即 y 随 x 的增大而减小；当 b > 0 时，直线从左下方延伸到右上方，即 y 随 x 的增大而增大；当 b = 0 时，表示直线与 x 轴平行，即 x 与 y 没有关系。

一元线性回归与多元线性回归的数据要求相同：其一，自变量与因变量都是数值型变量，因变量应为正态分布的随机变量，如果是分类变量，应重新编码为虚拟变量或者其他类型的对比变量；其二，因变量和每一个自变量之间的关系必须是线性关系，所有的观测量必须是彼此独立的。

（二）多元线性回归分析

一元线性回归只涉及一个自变量，但实际问题中，影响因变量的因素往往有多个。例如，影响教师教学效果与学习效果的因素就有很多，包括老师方面的因素，如教学能力、教学经验、教学策略等；也有学生方面的因素，如学生知识水平、学习基础、学习方法、学习动机；此外，还有学习环境因素，包括家庭环境、学校环境等。因此，在许多场合，仅仅考虑单个变量是不够的，还需要对一个因变量与多个自变量的联系进行考察，才能获得比较满意的结果。这就产生了测定多因素之间相关关系的问题。这种在线性相关条件下，针对两个或两个以上自变量与一个因变量的数量变化关系进行的研究，称为多元线性回归分析，体现这一数量关系的数学公式，称为多元线性回归模型。可见，多元线性回归分析比一元线性回归分析的实际意义更大。

多元线性回归分析的方程为：

$$\hat{y} = a + b_1 x_1 + b_2 x_2 + \cdots + b_n x_n + e$$

该方程中，$\hat{y}$ 是因变量 y 的预测值；a 为常数；b_1、b_2、$\cdots$、b_n 分别为 y 对 x_1、x_2、$\cdots$、x_n 的偏回归系数，偏回归系数表示其他自变量不变时，某一个自变量的变化所引起因变量变化的比率；e 是去除 n 个自变量对 y 的影响后的随机误差，也称残差。建立多元线性回归方程实际上就是求出有效的而且解释率最高的 a、b_1、b_2、$\cdots$、b_n 的过程。

（三）曲线估计

在实际问题中，有些变量之间的相关关系不是线性的，而是非线性的。另外，在很多情况下变量之间只有一定的线性关系，但如果做线性回归分析，方程的解释率不高。在这些情况下，就可以考虑进行曲线估计，即用某种曲线函数来拟合观测数据。

1. 曲线估计的含义

曲线估计（Curve Estimation）就是选定一种函数曲线，使得实际观测数据与函数值之间的差异尽可能地小。如果曲线选择得好，就可以更好地揭示因变量与自变量的数量关系，并能更有效地预测因变量的值。

在曲线估计中，需要解决两个问题：①选用哪种函数模型，即用哪种函数关系式来拟合观测值；②当模型确定后，如何选择合适的参数，使函数数据与实际观测数据的差异最小。

2. 曲线估计的基本步骤

首先，根据自变量 x 和因变量 y 的散点图所呈现的趋势来分析曲线的形状。

其次，根据散点图，结合专业知识及经验选择合适的函数曲线。若散点图呈圆形分布，则表示两个变量之间没有函数关系。

最后，结合散点图试拟合几种不同形式的曲线模型方程并比较 R^2。一般来说，R^2 较大时，表明回归方程拟合的效果较好。当然，要注意充分运用专业知识，并结合实际经验的解释和应用效果来确定最终的曲线形式。

3. 曲线估计的数据要求

曲线估计对数据有两大要求：其一，自变量与因变量均为数值型变量；其二，模型的残差应该是任意的，且呈正态分布。如果选择了线性模型，因变量必须是正态分布的，且所有的观测量应该是独立的。

（四）逻辑回归分析

前面我们介绍的一元线性回归分析、多元线性回归分析与曲线估计，因变量都是等距变量，其值都为连续数据，但实际中会经常出现因变量是定性变量的情况。例如，某人是否购买汽车，受到诸如家庭情况、收入情况、工作单位远近等因素的影响，但最终的可能性只有两个，要么购买，要么不购买，把 y = 1 定义为购买，y = 0 则表示不购买。再如，是否给孩子购买某项教育保险，根据消费者的年龄、身体状况、收入情况、工作性质、受教育程度等，因变量 y 也只有两种可能结果：要么 y = 1 表示购买，要么 y = 0 表示不购买。逻辑回归分析（Logistic Regression）就是处理这种因变量是定性变量的回归分析。

当然，可用于处理定性因变量的统计分析方法除了逻辑回归分析，还有判别分析（Discriminant Analysis）、Probit 分析和对数线性模型等。相对来说，在心理与教育研究中，逻辑回归分析应用得较多。逻辑回归分析根据因变量取值类别不同，又可以分为二元逻辑回归分析（Binary Logistic）和多元逻辑回归分析

（Multinominal Logistic）。其中，二元逻辑回归模型中，因变量只能取两个值，即1和0（虚拟因变量），而多元逻辑回归模型中因变量可以取多个值。本章我们只讨论二元逻辑回归分析。

第二节　一元线性回归分析

一、一元线性回归分析在SPSS中的实现过程

（一）研究问题

某研究者为了考察数学成绩与物理成绩之间的关系，收集了高二某班50名学生的数学成绩与物理成绩（见图7－1）。试分析物理成绩对数学成绩的线性回归方程。

*Data7-1：高中生数学物理成绩(一元线性回归).sav [数据集8] - IBM SPSS Statistics 数据编辑器
文件(F) 编辑(E) 查看(V) 数据(D) 转换(T) 分析(A) 图形(G) 实用程序(U) 扩展(X
22 :
NO 物理成绩 数学成绩 变量 变量 变量
1 1 95.00 120.00
2 2 78.00 83.00
3 3 81.00 96.00
4 4 102.00 124.00
5 5 97.00 120.00
6 6 122.00 130.00
7 7 61.00 101.00
8 8 64.00 77.00
9 9 54.00 69.00
10 10 75.00 100.00

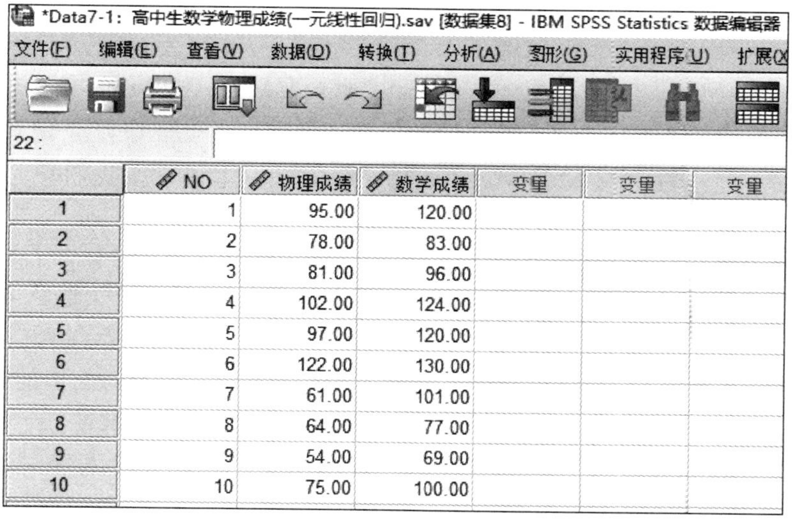

图7－1　50名高中生数学物理成绩数据

我们知道，学生的数学成绩与物理成绩存在一定程度的线性相关，本例要求物理成绩对数学成绩的线性回归方程，其中自变量是数学成绩，因变量为物理成绩。这里的自变量只有一个，且数学成绩与物理成绩都是数值型连续变量，可以做一元线性回归分析。

（二）操作步骤

第一步，打开高中生数学物理成绩数据（见 Data 7 - 1），按"分析→回归→线性"的顺序打开线性回归对话框（见图 7 - 2）。

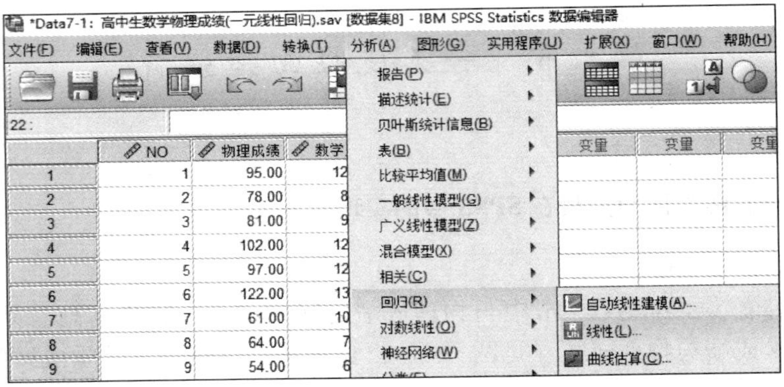

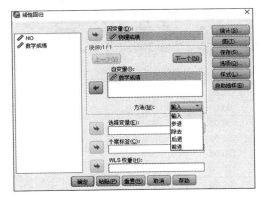

图 7 - 2　一元线性回归分析的路径

第二步，在打开的一元线性回归对话框中（见图 7 - 3），分别选择因变量、自变量与自变量进入模型的方法。本例中，我们把"物理成绩"添加到"因变量"框中；把"数学成绩"添加到"自变量"框中；在"方法"即自变量进入模型的方法框中，选择系统默认的"输入"法。然后，单击右边的"统计"按钮，做进一步的设置。

图 7 - 3　线性回归对话框

关于自变量进入模型的方法，系统一共提供了五种方法，即输入法、除去法、后退法、前进法、步进法。下面介绍一下各种方法的含义。

（1）输入法（Enter），也称为强行进入法，即所选择的自变量全部进入回归模型。这是系统的默认方式，通常用于一元线性回归分析。

（2）除去法（Remove），也称为剔除法，即建立模型时，根据设定的条件剔除部分自变量。

（3）前进法（Forward），也称为向前选择法。它首先将与因变量有最大相关的自变量引入方程，如果该自变量没有通过 F 检验，则变量选择工作结束，方程中没有引入任何变量；如果通过 F 检验，则在剩余的变量中寻找具有最大偏相关系数的变量，将其引入方程，并再次进行 F 检验，如果通过检验，则保留该变量在模型中，并以这样的模式继续寻找下一个进入回归方程的自变量，直到所有满足选项对话框所设立的判断标准的变量都被引入模型为止。

（4）后退法（Backward），也称为向后剔除法。与向前选择法的顺序相反，它首先建立全模型，然后根据选项对话框所设立的判断标准，每次删除一个最不符合进入模型判断标准的变量，直到回归方程中不再含有不符合判断标准的自变量为止。

（5）步进法（Stepwise），也称为逐步回归法，它是向前选择法与向后剔除法的结合。其特点是每一次按向前选择法的标准引入变量后，都要按照向后剔除法的标准对已经引入的变量进行检验，直到进入模型的自变量均符合判断标准，没进入模型的都不符合判断标准为止。

第三步，在打开的统计对话框中（见图 7-4），勾选"估算值"和"模型拟合"两个选项。勾选"估算值"选项的目的是在结果中输出与回归系数有关的统计量，包括回归系数、标准化回归系数、标准误、T 检验量与相应的相伴概率值（Sig.）等；勾选"模型拟合"选项的目的是在结果中输出判定系数、调整后的判定系数、回归方程的标准误差以及 F 检验的方差分析表等。关于这些统计量的含义及原理，我们在后面的结果解释部分再做介绍。然后，点击

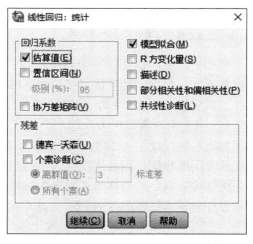

图 7-4 线性回归：统计对话框

"继续"按钮，返回到线性回归主对话框。最后，单击"确定"按钮，就完成了一元线性回归分析的操作。

二、一元线性回归分析的结果解释

（一）自变量进入、剔除情况

表 7-1 报告了回归模型的编号、引入模型的自变量、模型剔除的自变量以及自变量进入模型的方法。从表 7-1 中可以看出，因为模型中只有一个自变量"数学成绩"，所以采取的是输入即强行进入法得出的一个模型；因变量为"物理成绩"。

表 7－1　输入/除去的变量

模型	输入的变量	除去的变量	方法
1	数学成绩		输入

注：因变量为物理成绩；数学成绩已输入所请求的所有变量。

（二）模型的摘要

表 7－2 报告了模型的摘要，包括复相关系数（R）、判定系数（R^2）、调整后的或校正判定系数（Adjusted R Square，ΔR^2）、估计值的标准误（Std. Error of the Estimate）。

表 7－2　模型摘要

模型	R	R^2	调整后 R^2	估计值的标准误
1	0.900	0.809	0.805	10.02166

注：预测变量为（常量）和数学成绩。

复相关系数，是反映一个因变量与一组自变量（两个或两个以上）之间线性相关程度的指标，是度量复相关程度的指标，利用简单相关系数和偏相关系数求得。其取值范围为 0～1，越接近于 1，表明因变量与自变量关系越密切；越接近于 0，则表明两者线性关系越差。

判定系数（R^2）也称为多重相关系数或决定系数，它是判断回归方程拟合优度最常用的指标，拟合优度反映了回归方程对因变量的解释程度。回归方程的拟合优度检验就是检验样本数据聚集在样本回归直线周围的密集程度，从而判断回归方程对样本数据的代表程度。这里的 R^2 是 y 的实际值与期望值之间的相关系数的平方，计算公式为：$R^2 = \dfrac{\sum (\hat{y_i} - \bar{y})^2}{\sum (y_i - \bar{y})^2}$。从这个公式来看，判定系数被定义为回归平方和在总平方和中所占的比率，这个比率越大，回归效果越好。如果 $R^2 = 1$，则表明所有的观测值都落在回归直线上，拟合是完全的，回归效果极佳，没有误差，这时回归方程就变成函数关系式。如果 $R^2 = 0$，表明自变量 x 与因变量 y 完全无关，即回归效果为零。一般情况下，观测值都是部分落在回归直线上，即 $0 < R^2 < 1$。R^2 越接近于 1，则表明回归直线的拟合程度越好；反之，越接近于 0，则回归直线的拟合程度越差。在一元回归分析中，判定系数 R^2 一般要求在 0.5 以上，0.8 以上为非常好。而对于多元回归分析，判定系数 R^2 一般要求在 0.3 以上，0.5 为良好，0.6 以上为非常好。当然，判定系数 R^2 与样本量的关系比较密切，当样本量很大时，判定系数 R^2 在 0.1 以下也认为是可以接受的。

从本例的结果来看，复相关系数为 0.900，说明高中生的数学成绩与物理成绩之间确实存在着较高的线性关系；判定系数为 0.809，说明自变量"数学成绩"可以解释因变量"物理成绩"变异的 80.9%，拟合状态良好。

（三）方差分析的结果

表 7 - 3 报告的是方差分析的结果。一元线性回归分析中的方差分析就是对回归方程进行显著性检验。回归方程的显著性检验用于检验因变量与自变量之间的线性关系是否达到重复出现概率的显著性水平，其实质是判断回归平方和与残差平方和之比的大小问题。方差分析的 F 统计量就是回归平方和的均方与残差平方和的均方之比。回归平方和反映了自变量 x 的重要程度，它除以自由度就是回归平方和的均方；残差平方和反映了实验误差和其他因素对实验结果的影响，它除以自由度，就是残差平方的均方。如果 F 值 > F_α 临界值（查 F 分布表可以获得），则回归方程有意义。

表 7 - 3　方差分析表

模型		平方和	自由度	均方	F	显著性
1	回归	20453.686	1	20453.686	203.654	0.000
	残差	4820.814	48	100.434		
	总计	25274.500	19			

注：因变量为物理成绩；预测变量为（常量）、数学成绩。

本例中，回归平方和为 20453.686，均方为 20453.686；残差平方和为 4820.814，均方为 100.434。最后所得 F = 203.654，相伴概率为 0.000，即 p < 0.01，表明回归方程有意义，自变量与因变量之间确有线性回归关系。

（四）一元线性回归模型的结果

表 7 - 4 报告的是一元线性回归分析的最终结果。该表从左到右包括五栏统计量，分别是非标准化回归系数（β）、标准误、标准化系数（Beta）、t 统计量与相伴概率（Sig.）。

表 7 - 4　回归模型系数表

模型		非标准化系数		标准化系数 Beta	t	显著性
		β	标准误			
1	（常量）	- 29.629	8.661		- 3.421	0.001
	数学成绩	1.082	0.076	0.900	14.271	0.000

注：因变量为物理成绩。

非标准化回归系数带有常量（常数项即截距）。标准化系数就是截距为零时的回归系数，即从坐标系的原点出发的直线斜率。它并非回归方程的直线平移，而是从原点出发找一条类似的直线代表原始观察值。标准化回归系数主要在多元回归方程中各自变量单位不统一时，通过比较大小，来判断哪个自变量对因变量的影响较大。

t 统计量与相伴概率就是针对回归系数和截距所做的显著性检验。所谓回归系数的显著性检验，就是根据样本估计的结果对总体回归系数的有关假设进行检验。之所以对回归系数进行显著性检验，是因为回归方程的显著性检验只能检验所有回归系数是否同时与 0 有显著性差异，它不能保证回归方程中不包含不能较好解释说明因变量变化的自变量，因此，需要通过回归系数显著性检验对每个回归系数进行考察。当回归系数为 0 时，回归方程就没有意义，即无论自变量 x 取什么值，因变量 y 都取某个固定的值。检验的原假设 H_0：$\beta_1 = 0$；备择假设 H_1：$\beta_1 \neq 0$。要说明的是，在一元线性回归分析中，回归方程的显著性检验可以替代回归系数的显著性检验，并且 $F = t^2$，但在一般的多元回归条件下，两种检验要说明的问题不同、作用不同，两者不能相互替代。不过，为了稳妥起见，两种方法还是都检为好。

本例中（见表 7 - 4），非标准化回归系数 β 为 1.082，检验的统计量 t 为 14.271，相伴概率为 0.000，即 $p < 0.01$，表明回归系数与 0 之间有显著差异，回归方程有意义。另外，常数项（常量）为 - 29.629，因为因变量物理成绩的平均数低于自变量数学成绩，所以常数项为负数。常数项检验的统计量为 - 3.421，相伴概率为 0.001，即 $p < 0.01$，表明常数项与 0 之间也有显著差异，不太可能等于 0。

一元线性回归分析最后的结果显示，高中生的数学成绩与物理成绩之间存在显著的线性关系，自变量"数学成绩"可以解释因变量"物理成绩" 80.9% 的变异性（$R^2 = 0.809$）；建立的回归方程为 $\hat{y} = - 29.629 + 1.082x$，其中，$\hat{y}$ 代表高中生物理的平均成绩，x 代表数学的平均成绩，可以用高中生数学成绩预测其物理成绩。

第三节 多元线性回归分析

一、多元线性回归分析在 SPSS 中的实现过程

（一）研究问题

研究者调查了 36 名教师的 8 种心理变量值（Z1 ~ Z8）与学生满意度（见图 7 - 5），请分析这些教师的心理变量对学生满意度的预测效果。

Data7-2: 教师心理变量与学生满意度数据(多元线性回归分析).sav [数据集9] - IBM SPSS Statistics 数据编辑器

文件(F)　编辑(E)　查看(V)　数据(D)　转换(T)　分析(A)　图形(G)　实用程序(U)　扩展(X)　窗口(W)　帮助(H)

	z1	z2	z3	z4	z5	z6	z7	z8	学生满意度
1	66.00	64.00	62.00	50.00	58.00	56.00	1.08	1.00	25.00
2	55.00	50.00	59.00	59.00	53.00	51.00	1.00	1.11	22.00
3	50.00	47.00	49.00	45.00	46.00	46.00	1.31	1.20	20.00
4	55.00	59.00	50.00	54.00	52.00	69.00	1.00	1.00	20.00
5	55.00	59.00	48.00	56.00	47.00	50.00	1.00	1.00	24.00
6	62.00	54.00	68.00	46.00	46.00	51.00	1.08	1.00	23.00
7	60.00	60.00	56.00	53.00	52.00	51.00	1.00	1.00	21.00
8	52.00	52.00	69.00	58.00	57.00	62.00	1.00	1.00	23.00
9	56.00	55.00	57.00	39.00	44.00	46.00	1.69	1.00	15.00
10	50.00	50.00	68.00	46.00	45.00	56.00	1.08	1.14	25.00

图 7-5　教师心理变量与学生满意度数据

该例中，教师的心理变量 Z1 ~ Z8 为自变量即预测变量，一共有 8 个，学生满意度为因变量，我们可以用多元线性回归进行分析。

（二）操作步骤

第一步，打开教师心理变量与学生满意度数据表（见 Data 7 - 2），按"分析→回归→线性"的顺序打开线性回归对话框（见图 7 - 6）。这个路径和一元线性回归相同。

Data7-2: 教师心理变量与学生满意度数据(多元线性回归分析).sav [数据集9] - IBM SPSS Statistics 数据编辑器

文件(F)　编辑(E)　查看(V)　数据(D)　转换(T)　分析(A)　图形(G)　实用程序(U)　扩展(X)　窗口(W)　帮助(H)

	z1	z2	z	报告(P) ▶	z6	z7	z8	学生满意度
				描述统计(E) ▶				
				贝叶斯统计信息(B) ▶				
1	66.00	64.00	62.00	表(B) ▶	56.00	1.08	1.00	25.00
2	55.00	50.00	59.00	比较平均值(M) ▶	51.00	1.00	1.11	22.00
3	50.00	47.00	49.00	一般线性模型(G) ▶	46.00	1.31	1.20	20.00
4	55.00	59.00	50.00	广义线性模型(Z) ▶	69.00	1.00	1.00	20.00
5	55.00	59.00	48.00	混合模型(X) ▶	50.00	1.00	1.00	24.00
6	62.00	54.00	68.00	相关(C) ▶				
7	60.00	60.00	56.00	回归(R) ▶	自动线性建模(A)...			
8	52.00	52.00	69.00	对数线性(O) ▶	线性(L)...			
9	56.00	55.00	57.00	神经网络(W) ▶	曲线估算(C)...			

图 7-6　多元线性回归分析的路径

第二步，在打开的多元线性回归对话框中（见图 7 - 7），分别选择因变量、自变量与自变量进入模型的方法。本例中，把"学生满意度"添加到"因变量"框中；把教师心理变量 Z1 ~ Z8 分别添加到"自变量"框中；在"方法"框中选择自变量进入模型的方法，默认"输入"法。然后，单击右边的"统计"按钮，做进一步的设置。

图 7 - 7   多元线性回归主对话框

关于多元线性回归分析中自变量进入模型的方法，温忠麟（2016）在他的著作中有所论述。他认为，变量选择的目的是保证回归模型中包含尽量多的自变量，以提高预测的精确度，同时又要尽量避免作用不显著的自变量进入方程，以减少计算量和计算误差，降低建立回归方程后用于监控或预测的成本①。另外，还需要根据研究的实际问题或研究假设来选择自变量进入模型的方法。本例中，我们假设教师的8 个心理变量都能预测学生的满意

图 7 - 8   多元线性回归的统计对话框

① 温忠麟．心理与教育统计．第 2 版［M］．广州：广东高等教育出版社，2016：193 - 194.

度，且拟合优度检验的判定系数相对于其他方法较高，所以选择了输入法。读者如有兴趣，也可以尝试用其他方法。

第三步，在打开的多元线性回归的统计对话框中（见图 7 − 8），勾选"估算值""模型拟合""描述"三个选项。然后，点击"继续"按钮，返回到多元线性回归主对话框。最后，单击"确定"按钮，就完成了多元线性回归分析的操作。

二、多元线性回归分析的结果解释

（一）描述性统计结果

表 7 − 5 报告了 8 个自变量与 1 个因变量的描述统计结果，包括平均值、标准差与个案数。

表 7 − 5　各变量的描述统计结果

变量	平均值	标准差	个案数
学生满意度	23.0000	3.36367	36
教师心理变量 1	56.7222	5.03480	36
教师心理变量 2	54.6111	5.96790	36
教师心理变量 3	59.7222	7.42048	36
教师心理变量 4	53.5278	6.97541	36
教师心理变量 5	53.3611	5.92406	36
教师心理变量 6	54.3056	6.20516	36
教师心理变量 7	1.2189	0.34205	36
教师心理变量 8	1.0914	0.15732	36

（二）自变量进入、剔除情况

表 7 − 6 报告了回归模型的编号、引入模型的自变量、模型剔除的自变量以及自变量进入模型的方法。从表 7 − 6 中可以看出，因为采取的输入法是强行进入法，所以 8 个自变量均已进入；因变量为"学生满意度"。

表 7-6　输入/除去的变量

模型	输入的变量	除去的变量	方法
1	教师心理变量 8		输入
	教师心理变量 6		
	教师心理变量 2		
	教师心理变量 1		
	教师心理变量 5		
	教师心理变量 3		
	教师心理变量 4		
	教师心理变量 7		

注：因变量为学生满意度；教师心理变量已输入所请求的所有变量。

（三）模型的摘要

表 7-7 报告了模型的摘要。从结果来看，复相关系数 R 为 0.781，表明教师 8 个心理变量与学生满意度之间存在着较高的线性关系；判定系数 R^2 为 0.610，调整后的判定系数 ΔR^2 为 0.494，拟合状态接近于良好，表明 8 个自变量"教师心理变量"可以解释因变量"学生满意度"变异的 49.4%。注意，在多元线性回归的情况下，由于 R^2 会随着方程中引入的自变量数量的增多而增大，而增加自变量数引起的 R^2 值的增大与方程拟合的好坏无关。因此，在自变量数量不同的方程之间比较拟合优度时，其就不是一个合适的指标了。为了消除自变量数量增多所导致的 R^2 的增大，我们往往采用调整后的或校正 R^2，即 ΔR^2。

表 7-7　模型摘要

模型	R	R^2	调整后 R^2	估计值的标准误
1	0.781[a]	0.610	0.494	2.39226

注：预测变量为（常量）、教师心理变量 1~8。

（四）方差分析的结果

表 7-8 报告的是方差分析的结果。本例中，回归平方和为 241.481，均方为 30.185；残差平方和为 154.519，均方为 5.723。最后所得 F = 5.274，相伴概率为 0.000，即 p < 0.01，表明回归方程有意义，自变量与因变量之间确有线性回归关系。

表 7-8　方差分析表

模型		平方和	自由度	均方	F	显著性
1	回归	241.481	8	30.185	5.274	0.000
	残差	154.519	27	5.723		
	总计	396.000	35			

（五）多元线性回归模型的结果

表 7-9 报告的是多元线性回归分析的最终结果。该表从左到右包括五栏统计量，分别是非标准化回归系数（β）、标准误、标准化回归系数（Beta）、t 统计量与相伴概率（Sig.）。

根据相伴概率小于 0.05 的标准，教师心理变量 4、教师心理变量 5、教师心理变量 7、教师心理变量 8 分别进入回归方程，具有预测意义，即可以预测学生满意度。其中，教师心理变量 4（$\beta = 0.170$，$p < 0.05$）、教师心理变量 8（$\beta = 13.316$，$p < 0.01$）正向预测满意度，教师心理变量 5（$\beta = -0.258$，$p < 0.01$）、教师心理变量 7（$\beta = -6.249$，$p < 0.01$）负向预测满意度。在这四个变量中，教师变量 7 对学生满意度的影响最大。预测的方向主要根据回归系数来判断，回归系数为正就是正向预测，回归系数为负就是负向预测。影响的大小主要根据标准化回归系数的绝对值来判断。绝对值越大，则影响越大；绝对值越小，则影响越小。通过多元线性回归分析，教师们要提高学生的满意度，就知道自己应该在哪些方面努力了，这也是本研究的意义所在。

表 7-9　多元线性回归模型系数表

模型		未标准化系数		标准化系数	t	显著性
		β	标准误	Beta		
1	（常量）	0.411	8.023		0.051	0.960
	教师心理变量 1	0.146	0.094	0.218	1.544	0.134
	教师心理变量 2	0.072	0.078	0.128	0.925	0.363
	教师心理变量 3	0.116	0.068	0.257	1.711	0.099
	教师心理变量 4	0.170	0.076	0.352	2.236	0.034
	教师心理变量 5	-0.258	0.086	-0.455	-3.005	0.006
	教师心理变量 6	0.022	0.078	0.040	0.280	0.782
	教师心理变量 7	-6.249	1.731	-0.635	-3.610	0.001
	教师心理变量 8	13.316	3.707	0.623	3.592	0.001

注：因变量为学生满意度。

最后，得出回归方程：$\hat{y} = 0.411 + 0.170x_4 - 0.258x_5 - 6.249x_7 + 13.316x_8$。其中，$\hat{y}$ 代表学生的满意度，x_4、x_5、x_7、x_8 分别代表教师心理变量4、教师心理变量5、教师心理变量7、教师心理变量8。

第四节 曲线估计

一、曲线估计在 SPSS 中的实现过程

（一）研究问题

有研究者想考察胎儿的体重随身高增长的变化关系，收集到了孕妇怀孕第8周到第38周胎儿的平均身高（cm）和体重（g）的数据（见图7-9）。试采用恰当的回归方程描述胎儿体重与身高之间的关系，并考察能否用胎儿的平均身高预测胎儿的平均体重[①]。

表7-10 孕第8周到第38周胎儿身高体重数据

序号	年龄（周）	身高（cm）	体重（g）
1	8	3	14
2	12	8	28
3	16	15	110
4	21	30	450
5	26	36	900
6	30	40	1400
7	37	50	3200
8	38	52	3500

已有研究表明，由于受多种因素影响，胎儿在母体内的身高与体重之间并非线性关系，所以，我们可以用曲线估计进行分析。

（二）操作步骤

第一步，依据胎儿身高体重数据表（见 Data 7-3），参照第六章第二节画出胎儿身高与体重两变量的散点图（见图7-9）。注意自变量即预测变量身高放到

---

① 林崇德. 发展心理学［M］. 北京：人民教育出版社，1995：112-113.

X 轴，因变量体重放到 Y 轴，这个顺序不要颠倒。散点图比较形象直观，可以帮助我们大概了解两变量的关系。图 7 - 9 显示，两变量关系近似一条曲线，并非呈线性关系。

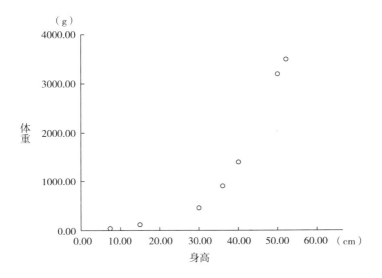

图 7 - 9　胎儿身高体重散点图

第二步，回到 SPSS 数据编辑窗口，按"分析→回归→曲线估算"的顺序打开曲线估计对话框（见图 7 - 10）。

图 7 - 10　曲线估计的路径

第三步，在打开的曲线估计对话框中（见图 7 – 11），把"体重"添加到"因变量"框中，把"身高"添加到"独立变量"即自变量框中。然后，选择曲线模型的类型，在"在方程中包括常量"、"模型绘图"前打"√"，以便结果中输出常数项与各种模型比较图。另外，还可以勾选"显示 ANOVA 表"，以便结果中输出方差分析表。请注意，是否勾选"显示 ANOVA 表"，会有不同类型的结果输出。如不勾选，结果中含有各种模型回归分析的综合表；如果勾选，各种模型回归分析表单独呈现。读者可以根据自己的需要确定是否勾选。最后，单击"确定"按钮，就完成了曲线回归的 SPSS 操作。

图 7 –11　曲线估计对话框

关于曲线模型的选择，系统一共提供了 10 种曲线模型，包括二次函数（Quadratic）、复合函数（Compound）、生长函数（Growth）、对数函数（Logarithmic）、三次函数（Cubic）、S 形曲线（S）、指数函数（Exponential）、逆函数（Inverse）、幂函数（Power）、逻辑函数（Logistic）。各种函数曲线都有固定的模型，具体如图 7 –12 所示。只需要求出常数项 b_0 和回归系数 b_1、b_2、b_3，就可以写出曲线模型方程，问题的关键在于确定哪种曲线模型。用户可以根据变量散点图，再结合自己的知识经验，判断观测值可能属于哪种曲线。用户还可以根据各种模型绘图观察观测值更接近于哪种曲线（参见后面的结果解释部分）。当然，这两种判断都不够精确，更为精确的判断是依据各种模型拟合检验的判定系数 R^2，哪种最高代表拟合程度最好。此例中，我们选择二次函数、三次函数与幂函数三种曲线模型进行比较。如果用户觉得没有把握，也可以多选择几种。

- Quadratic：二次函数（$y=b_0+b_1x+b_2x^2$）。

- Compound：复合函数（$y=b_0+(b_1)^x$）。

- Growth：生长函数（$y=e^{(b_0+b_1x)}$）。

- Logarithmic：对数函数（$y=b_0+b_1\ln x$）。

- Cubic：三次函数（$y=b_0+b_1x+b_2x^2+b_3x^3$）。

- S：S形曲线（$y=e^{(b_0+b_1/x)}$）。

- Exponential：指数函数（$y=b_0e^{b_1x}$）。

- Inverse：逆函数（$y=b_0+b_1/x$）。

- Power：幂函数（$y=b_0+x^b$）。

- Logistic：逻辑函数（$y=(1/u+b_0b_1x)^{-1}$）。

以上方程式中，x为时间或自变量，y为因变量，b_0为常数，b_1、b_2、b_3为回归系数。

图7－12　曲线估计模型

资料来源：余建英和何旭宏（2003）。

二、曲线估计的结果解释

（一）模型描述

表7－11报告了模型拟合过程中的一系列描述信息，包括因变量的数量与名称、所选择的模型数量和类型、自变量名称、回归方程包括常数项等情况。本例中，因变量只有一个即体重；选择的模型有三个，分别为二次函数、三次函数与幂函数；自变量为身高。

表7－11　模型拟合过程的信息描述表

模型名称		MOD－1
因变量	1	体重
方程	1	二次函数
	2	三次函数
	3	幂函数
自变量		身高
常量		包括
值用于在图中标注观测值的变量		未指定
有关在方程中输入项的容差		C.0001

注：幂函数要求所有非缺失值均为正。

（二）个案与变量处理摘要

表 7-12 和表 7-13 分别报告了个案处理摘要与变量处理摘要。表 7-12 报告了总个案数、排除的个案数、预测的个案与新创建的个案。本例中，总个案数为 8，其他均为 0。表 7-13 报告了因变量与自变量正值、零、负值与缺失值的数目。本例中，因变量与自变量的正值均为 8 个，其他均为 0。

表 7-12　个案处理摘要

	个案数
总个案数	8
排除个案数	0
预测的个案	0
新创建的个案	0

注：分析中将排除那些在任何变量中具有缺失值的个案。

表 7-13　变量处理摘要

		变量	
		因变量	自变量
		体重	身高
正值的数目		8	8
零的数目		0	0
负值的数目		0	0
缺失值的数目	用户缺失值	0	0
	系统缺失值	0	0

（三）模型绘图

图 7-13 报告了所选择的三种模型对原始观察值的拟合情况。拟合曲线图对选择模型起到一定的辅助作用，从图中可以看出，三次函数曲线拟合得更好一些。当然，这还需要数据的进一步支持。

（四）模型摘要与参数估算值

表 7-14 是曲线估计的综合结果，包括模型摘要与参数估算值。其中，模型摘要包括各个模型的判断系数（R^2）、方差分析结果（含 F 值、自由度 1、自由度 2 与显著性），参数估算值包括各个模型的常数项与回归系数。本例中，各个模型的方差检验均显著，显著性水平均小于 0.01，表明三种模型下，胎儿的身高与体重之间均存在显著的曲线关系。同时，三种模型中，三次函数的判定系数 R^2 最高，为 0.999，表明该模型与原始观察值拟合得最好，再结合上面的三种模型对原始观察值的拟合情况结果，我们选择三次函数建立回归方程。

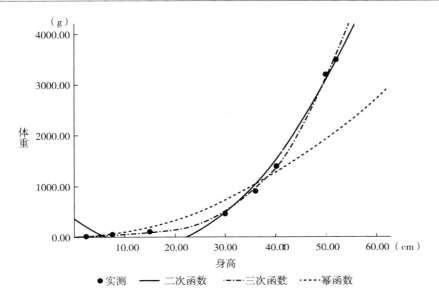

图 7 – 13　三种模型对观察值的拟合情况

表 7 – 14　曲线估计的模型摘要与参数估计值

方程	模型摘要					参数估算值			
	R^2	F	自由度 1	自由度 2	显著性	常量	b_1	b_2	b_3
二次函数	0.989	217.106	2	5	0.000	358.706	−72.575	2.546	
三次函数	0.999	1004.905	3	4	0.000	−19.159	16.398	−1.378	0.046
幂函数	0.932	82.754	1	6	0.000	1.176	1.893		

注：自变量为身高，因变量为体重。

　　建立的回归方程为：$\hat{y} = -19.159 + 16.398x - 1.378x^2 + 0.046x^3$。其中，x 代表胎儿的身高，$\hat{y}$ 代表胎儿的体重。回归分析的结果表明，胎儿的身高可以预期其体重。

第五节　逻辑回归分析

一、逻辑回归分析在 SPSS 中的实现过程

（一）研究问题

有研究者想探讨年龄、月收入对吸烟的影响，收集了 30 位城市居民的年龄、

月收入与是否吸烟的数据（见图 7 – 14）。其中，因变量 y = 1 表示吸烟，y = 0 表示不吸烟；年龄与月收入均为自变量。试建立 y 与自变量间的回归模型。

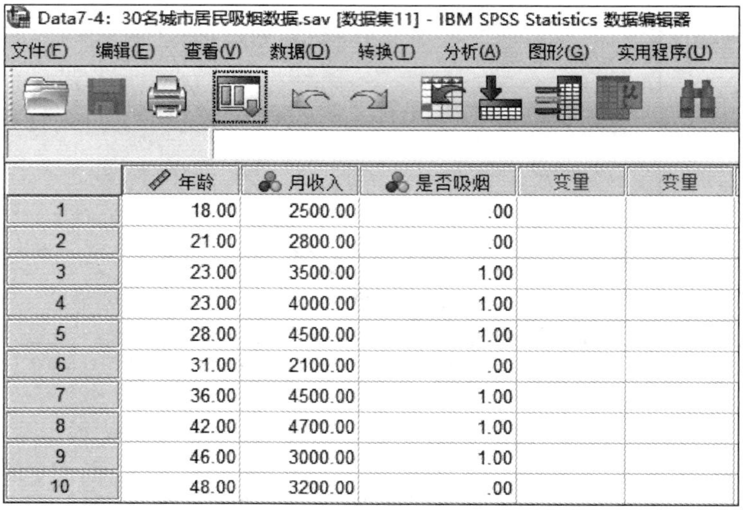

	年龄	月收入	是否吸烟	变量	变量
1	18.00	2500.00	.00		
2	21.00	2800.00	.00		
3	23.00	3500.00	1.00		
4	23.00	4000.00	1.00		
5	28.00	4500.00	1.00		
6	31.00	2100.00	.00		
7	36.00	4500.00	1.00		
8	42.00	4700.00	1.00		
9	46.00	3000.00	1.00		
10	48.00	3200.00	.00		

图 7 – 14　30 名城市居民的年龄、月收入与是否吸烟的数据

该研究问题的因变量为二分的定性变量，我们可以用逻辑回归分析。

（二）操作步骤

第一步，打开 30 名城市居民吸烟数据表（见 Data 7 – 4），按 "分析→回归→二元 Logistic" 的顺序打开 Logistic 回归对话框（见图 7 – 15）。

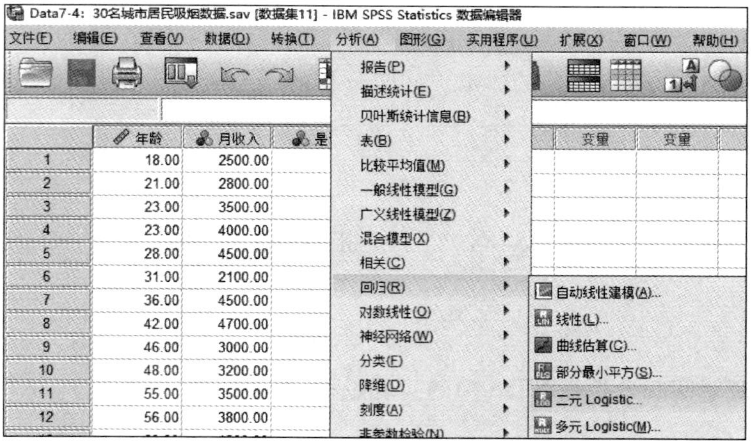

图 7 – 15　逻辑回归分析的路径

第二步，在 Logistic 回归对话框中（见图 7 - 16），选择因变量、自变量以及自变量进入模型的方法。本例中，把"是否吸烟"添加到"因变量"框中，表示该变量为因变量；把"年龄"与"月收入"添加到"协变量"框中，表示这两个变量为自变量；在"方法"中选择"输入"法，使所选变量全部进入回归方程。然后，单击右边的"选项"按钮，做进一步的设置。

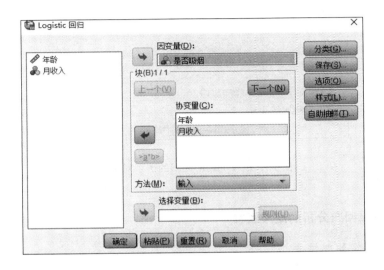

图 7 - 16　Logistic 回归对话框

　　第三步，在 Logistic 回归的选项对话框中（见图 7 - 17），按需要选择各选项。分类图是通过比较因变量的观测值和预测值之间的关系考察回归模型的拟合效果。霍斯默—莱梅肖拟合度优度检验（H - L 拟合优度检验统计量）用以检验数个回归分模型的拟合优度。个案残差列表输出标准方差大于边界值（Outliers outside * std. Dev.）的个案或者全部个案（All Cases）的入选状态，因变量的观测值和预测值及其相应的预测概率、残差值。估算值的相关性是输出模型中各估计参数间的相关矩阵。迭代历史记录是输出参数估计迭代过程中的系数及对数似然值。EXP（B）的置信区间是输出结果中各回归系数指数函数值的 N%（一般为 95%）置信区间。"显示"与"步进概率"均为系统默认。选择完毕后，单击"继续"按钮，返回到 Logistic 回归对话框。最后，单击"确定"按钮，即可得到逻辑回归分析的结果。

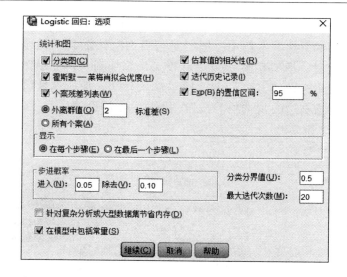

图 7 - 17　Logistic 回归的选项对话框

二、逻辑回归分析的结果解释

（一）个案处理摘要

表 7 - 15 报告了个案的处理情况，表明所有个案（30 个）都被列入逻辑回归分析，没有缺失的个案。

表 7 - 15　个案处理摘要

未加权个案数		个案数	百分比（%）
选定的个案	包括在分析中的个案数	30	100.0
	缺失个案数	0	0.0
	总计	30	100.0
未选定的个案		0	0.0
总计		30	100.0

注：未加权个案数如果权重为生效状态，请参阅分类表以了解个案总数。

（二）迭代历史记录

表 7 - 16 和表 7 - 17 报告的是迭代过程记录结果。所谓的迭代历史记录就是以 -2 对数似然值（ -2Log - likelihood， -2LL）为统计量来考察回归方程的拟合程度。与任何概率一样，似然的取值范围为 [0，1]。对数似然值是似然的自然

对数形式，由于取值范围为［0，1］的数的对数值为负数，所以对数似然值的取值范围为［0，−∞］。对数似然值通过最大似然估计的迭代算法计算而得。因为 −2LL 近似服从卡方分布且在数学上更为方便，所以 −2LL 可用于检验逻辑回归的显著性。−2LL 反映了模型中包括了所有自变量后的误差，用于处理因变量无法解释的变动部分的显著性问题。当 −2LL 的实际显著性水平大于给定的显著性水平 α 时，因变量无法解释的变动部分是不显著的，意味着回归方程的拟合程度较好。

本例中，从步骤 0 初始迭代的历史记录来看，常数项包括在模型中，初始 −2LL 为 41.455。迭代结束于第二步，因为此时参数估计值在上一步的变化已经小于 0.001（见表 7−16）。

表 7−16　步骤 0 的初始迭代历史记录

迭代		−2 对数似然	系数常量
步骤 0	1	41.455	−0.133
	2	41.455	−0.134

注：常量包括在模型中；初始 −2 对数似然为 41.455；由于参数估算值的变化不足 0.001，因此估算在第二次迭代时终止。

表 7−17 报告了步骤 1 的迭代历史记录。表 7−17 共列出了六个步骤的回归结果；每一步的系数都可以从该表中得到；迭代结束于第六步，因为此时参数估计值在上一步的变化已经小于 0.001。这表明，参数估计值比较稳定，回归方程拟合得较好。

表 7−17　步骤 1 的迭代历史记录

迭代		−2 对数似然	系数		
			常量	年龄	月收入
步骤 1	1	25.918	−6.142	0.060	0.001
	2	24.440	−8.812	0.085	0.002
	3	24.334	−9.774	0.094	0.002
	4	24.333	−9.877	0.095	0.002
	5	24.333	−9.878	0.095	0.002
	6	24.333	−9.878	0.095	0.002

注：采用输入法；常量包括在模型中；初始 −2 对数似然为 41.455；由于参数估算值的变化不足 0.001，因此估算在第六次迭代时终止。

（三）分类表

表 7 - 18 报告了步骤 0 的拟合效果。从结果来看，对于 y = 0（不吸烟），有 100% 的准确性；对于 y = 1（吸烟），有 0% 的准确性；总共有 53.3% 的准确性。

表 7 - 18　步骤 0 的分类表

实测			预测		
			是否吸烟		正确百分比（%）
			不吸烟	吸烟	
步骤 0	是否吸烟	不吸烟	16	0	100.0
		吸烟	14	0	0
	总体百分比（%）				53.3

注：常量包括在模型中；分界值为 0.500。

表 7 - 19 报告了步骤 1 的拟合效果。从结果来看，对于 y = 0（不吸烟），有 81.3% 的准确性；对于 y = 1（吸烟），有 78.6% 的准确性；总共有 80.0% 的准确性。

表 7 - 19　步骤 1 的分类表

实测			预测		
			是否吸烟		正确百分比（%）
			不吸烟	吸烟	
步骤 1	是否吸烟	不吸烟	13	3	81.3
		吸烟	3	11	78.6
	总体百分比（%）				80.0

注：分界值为 0.500。

（四）拟合优度检验结果

表 7 - 20 模型摘要报告了两种拟合优度检验指标，其中考克斯—斯奈尔 R^2（Cox & Snell's R - Square）为 0.435，内戈尔科 R^2（Nagelkerke's R - Square）为 0.581。

表 7 - 20　模型摘要

步骤	- 2 对数似然	考克斯—斯奈尔 R^2	内戈尔科 R^2
1	24.333	0.435	0.581

注：由于参数估算值的变化不足 0.001，因此估算在第六次迭代时终止。

表7-21和表7-22报告的是霍斯默—莱梅肖拟合优度检验（Hosmer and Lemeshow's Goodness of Fit Test）的结果。与一般拟合优度检验不同，霍斯默—莱梅肖拟合优度检验通常把样本数据根据预测概率分为10组，然后根据观测频数和期望频数构造卡方统计量（即霍斯默—莱梅肖拟合优度检验统计量，简称H-L拟合优度检验统计量），最后根据自由度为8的卡方分布计算其p值，并对Logistic模型进行检验。如果该p值小于给定的显著性水平（$\alpha = 0.05$），则拒绝因变量的观测值与模型预测值不存在差异的零假设，表明模型的预测值与观测值存在显著差异。如果p值大于α，则我们没有充分的理由拒绝零假设，表明在可接受的水平上模型的估计拟合了原始数据。

本例中，表7-21霍斯默—莱梅肖检验的列联表分别报告了不吸烟与吸烟的观测频数和期望频数。经检验，卡方值为12.418，p值为0.133，大于0.05（见表7-22）。这表明本模型的估计拟合了原始数据。

表7-21 霍斯默—莱梅肖检验的列联表

		是否吸烟 = 不吸烟		是否吸烟 = 吸烟		总计
		实测	期望	实测	期望	
步骤1	1	3	2.911	0	0.089	3
	2	3	2.811	0	0.189	3
	3	3	2.722	0	0.278	3
	4	3	2.385	0	0.615	3
	5	0	1.875	3	1.125	3
	6	1	1.455	2	1.545	3
	7	1	0.903	2	2.097	3
	8	2	0.508	1	2.492	3
	9	0	0.325	3	2.675	3
	10	0	0.104	3	2.896	3

表7-22 霍斯默—莱梅肖拟合优度检验

步骤	卡方	自由度	显著性
1	12.418	8	0.133

（五）方程中的变量

表7-23报告了步骤1中各个变量对应的系数，包括回归系数、标准误、瓦尔德系数、自由度、显著性、EXP（B）系数及其95%的置信区间。

本例中，年龄、月收入与常量的回归系数分别为0.095、0.002、-9.878。

注意，系统没有给出标准化回归系数。对于逻辑回归，回归系数也没有普通线性回归那样的解释，因而计算标准化回归系数并不重要。如果要考虑每个自变量在回归方程中的重要性，不妨直接比较瓦尔德统计量的大小与显著性。一般来说，统计量大者（或显著性小者），显著性更高，也就更重要。表 7 – 23 显示，年龄与月收入回归系数的显著性均小于 0.05，表明这两个变量对于城市居民的吸烟状况均有显著影响。同时，月收入的瓦尔德系数（6.680）高于年龄的瓦尔德系数（4.240），表明与年龄相比，月收入的影响更大。

表 7 – 23　方程中的变量

		β	标准误	瓦尔德系数	自由度	显著性	EXP（B）	EXP（B）95%置信区间	
								下限	上限
步骤1	年龄	0.095	0.046	4.240	1	0.039	1.100	1.005	1.205
	月收入	0.002	0.001	6.680	1	0.010	1.002	1.000	1.003
	常量	-9.878	3.387	8.505	1	0.004	0.000		

注：步骤1输入的变量为年龄、月收入。

（六）系数之间的相关矩阵

表 7 – 24 报告了常量与各变量系数之间的相关系数矩阵。常量与年龄、月收入之间均为负相关，其中常量与月收入之间的相关系数绝对值最大，为 0.854；年龄与月收入之间为正相关，其相关系数绝对值最小，为 0.276。

表 7 – 24　系数之间的相关系数矩阵

		常量	年龄	月收入
步骤1	常量	1.000	-0.715	-0.854
	年龄	-0.715	1.000	0.276
	月收入	-0.854	0.276	1.000

（七）观测值与预测概率分布图

图 7 – 18 报告的是观测值和预测概率分布图。该图以 0 和 1 为符号，每四个符号代表一个个案。横坐标是个案属于 1 的隶属度，这里称为预测概率（Predicted Probability）。纵坐标是个案分布频数，反映个案的分布。

如果逻辑回归预测完全准确，那么该坐标图中预测概率 0～0.5 的个案都应该是 0，0.5～1 的个案都应该是 1。总的来说，本例生成的图基本上符合这个效果。不正确的结果包括预测概率 0～0.5 的个案中有 2 个实际的观察值为 1，0.5～1 的个案观察值有 4 个为 0，这是错误预测的结果。

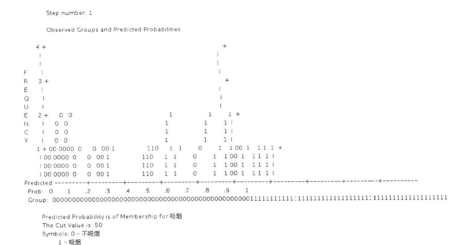

```
Step number: 1

Observed Groups and Predicted Probabilities

      4 +                                                        +
        |                                                        |
F       |                                                        |
R       |                                                        |
E   3 + |                                              +         |
Q       |                                                        |
U       |                                                        |
E   2 + 0  0                      1           1       1 +        |
N       | 0  0                     1           1      1 |        |
C       | 0  0                     1           1      1 |        |
Y       | 0  0                     1           1      1 |        |
      1 + 00 0000  0   0 00 1        110  1 1   0    1 100 1  111 1 +
        | 00 0000 0   0  00 1        110  1 1   0    1 100 1  111 1 |
        | 00 0000 0    0 001         110  1 1   0    1 100 1  1111 1|
        | 00 0000 0    0 001         110  1 1   0    1 100 1  1111 1|
Predicted ---------+---------+---------+---------+---------+---------+---------+---------+---------+---------
Prob: 0    .1    .2    .3    .4    .5    .6    .7    .8    .9    1
Group: 00000000000000000000000000000000000000000000000011111111111111111111111111111111311111111111111111

Predicted Probability is of Membership for 吸烟
The Cut Value is .50
Symbols: 0 - 不吸烟
          1 - 吸烟
Each Symbol Represents .25 Cases.
```

图 7 - 18　观测值与预测概率分布

（八）个案列表

逻辑回归输出的最后一个表格是个案列表（见表 7 - 25），列出了残差大于 2.000 的个案。本例中列出了 1 个符合条件的个案，即第 22 个个案。这个个案有两个 ＊＊，表明该个案的逻辑回归结果是错误的。

表 7 - 25　个案列表

个案	选定的状态	实测是否吸烟	预测	预测组	残差	临时变量标准化残差	学生化残差
22	S	0**	0.842	1	− 0.342	− 2.305	− 2.049

注：S 表示选定的个案，U 表示未选定的个案，＊＊ 表示分类不正确的个案；列示了标准化残差大于 2.000 的个案。

第六节　回归分析在中介效应检验中的运用

一、中介变量及其中介效应检验的方法

（一）中介变量的含义

中介变量（Mediator）是一个与回归分析相联系的重要统计概念，探讨变量

间关系时经常涉及这个概念。在考虑自变量 X 对因变量 Y 的影响时，如果 X 通过影响变量 M 来影响 Y，则称 M 为中介变量。例如，父亲的社会经济地位→儿子的教育程度→儿子的社会经济地位，即父亲的社会经济地位通过影响儿子的教育程度来影响儿子的社会经济地位，那么儿子的教育程度就为中介变量。

（二）中介效应检验的方法

关于中介效应的检验方法，比较流行的方法是采用 Baron 和 Kenny（1986）提出的因果关系逐步法（Causal Steps Approach）。该法分为三步：第一步，检验系数 c，即做 Y 对 X 的回归，c 是 Y 对 X 的回归系数。如果系数 c 不显著，则停止中介效应检验。第二步，如果系数 c 显著，则依次检验系数 a 和 b，其中，a 是 M 对 X 的回归系数，b 是 Y 对 M 的回归系数。第三步，如果系数 a 和 b 都显著，则检验系数 c'，即做 Y 对 X、M 的回归，c' 是 Y 对 X、M 的回归系数。当 c' 显著时，则表明部分中介效应显著；当 c' 不显著时，则表明完全中介效应显著。如果系数 a 和 b 当中至少有一个不显著，或 a 显著，b 不显著，或 a 不显著，b 显著，则需要做索贝尔（Sobel）检验（见图 7-19、图 7-20）。

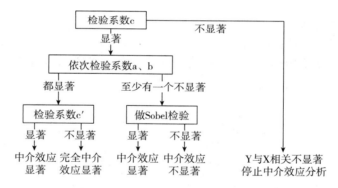

图 7-19　中介效应检验示意图（1）

资料来源：温忠麟等（2004）。

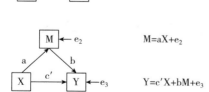

$Y=cX+e_1$

$M=aX+e_2$

$Y=c'X+bM+e_3$

图 7-20　中介效应检验示意图（2）

注：e 为标准误。

资料来源：温忠麟等（2004）。

索贝尔检验的统计量为：$z = \dfrac{\hat{a}\hat{b}}{\sqrt{\hat{a}^2 s_b^2 + \hat{b} s_a^2}}$

其中，$\hat{a}$、s_a 分别是 M 对 X 一元线性回归中的非标准化回归系数与标准误，$\hat{b}$、s_b 分别是 Y 对 M 一元线性回归中的非标准化回归系数与标准误。根据索贝尔检验的标准，只有 z 统计量（包括绝对值）达到 0.97 以上，才被认为达到 0.05 的显著性水平，即存在中介效应。温忠麟等

（2004）对该法做了较为详细的介绍，有兴趣的读者可以去做拓展阅读①。

近些年来，学者们纷纷指出索贝尔检验法存在比较明显的局限性。这个检验统计量的推导需要假设 $\hat{ab}$ 服从正态分布，但即使其中每个系数都是正态分布，其乘积通常也不是正态的（方杰和张敏强，2012；Hayes，2009；MacKinnon，Lockwood & Williams，2004）。因而上面标准误的计算只是近似的，可能很不准确。于是，国内学者方杰和张敏强（2012）、温忠麟和叶宝娟（2014）等都推荐使用偏差校正的非参数百分位 Bootstrap 法。该法的步骤包括：第一，以原样本（样本容量为 n）为基础，在保证每个观察单位每次被抽到的概率相等（均为 1/ n）的情况下进行有放回的重复抽样，得到一个样本容量为 n 的 Bootstrap 样本。第二，根据步骤 1 中得到的 Bootstrap 样本计算出相应的中介效应估计值 $\hat{ab}$。第三，重复步骤 1 和步骤 2 若干次（记为 B，常设 B = 1000，一般采用 5000 个 Bootstrap 样本），将 B 个 $\hat{ab}$ 的均值作为中介效应的点估计值；将 B 个 $\hat{ab}$ 按数值大小排序，得到序列 C，用序列 C 的第 2.5 百分位数和第 97.5 百分位数来估计 95％的中介效应置信区间。如果置信区间不包含 0，即 $\hat{ab}$ 显著，则中介效应显著。2013 年，心理学家海耶斯（Hayes）编制了 Process 插件即 SPSS 宏，借助于这个插件，我们可以在 SPSS 中进行中介效应检验。

二、中介效应检验在 SPSS 中的实现过程

（一）Process 插件的安装步骤

第一步，鼠标右击 Process 插件压缩包进行解压。

第二步，双击 SPSS 软件图标运行软件，按照"扩展→实用程序→安装定制对话框（兼容性方式）"的顺序打开对话框指定项（见图 7 - 21）。

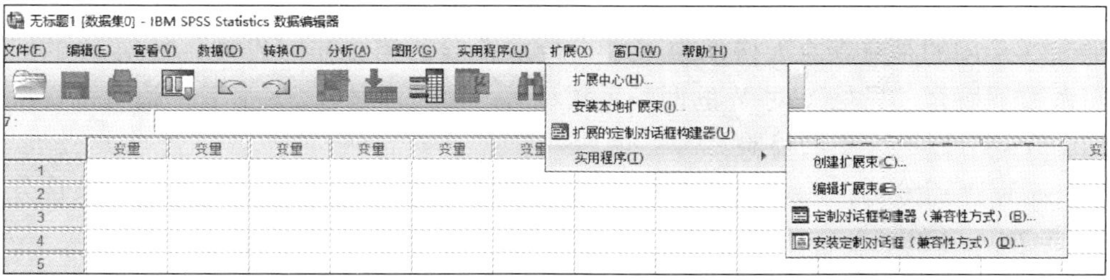

图 7 - 21　Process 插件的安装路径

---

① 温忠麟，张雷，侯杰泰，刘红云. 中介效应检验程序及其应用 [J]. 心理学报，2004，36（5）：614 - 620.

第三步，在打开对话框指定项中（见图 7 - 22），在"查找位置"后空白方框的结尾处点击"倒三角形"下拉按钮，找到解压后的 Process 插件文件夹的位置，双击打开该文件夹。然后，点击选中"process. spd 文件"，并单击"打开"按钮。最后，在出现的提示对话框中点击"确定"按钮，安装完成。安装成功之后，会在 SPSS 系统中分析之回归的二级菜单后面出现"PROCESS，by Andrew F. Hayes（http：//www. afhayes. com）"字样（见图 7 - 23）。

图 7 - 22　打开对话框指定项

（二）研究问题

有研究者探讨大学生人格、社交焦虑与手机成瘾倾向之间的关系，拟以人格为自变量，手机成瘾倾向为因变量，社交焦虑为中介变量。在做人格的精神质 P 维度（采用的是艾森克人格量表）中介效应检验的第二步时发现，M 对 X 的回归系数不显著，只是 Y 对 M 的回归系数显著，即 a 不显著，b 显著。请对该变量的中介效应做进一步的检验。

根据上述分析，此处我们不做索贝尔检验，改用 Process 插件做非参数百分位 Bootstrap 法检验。

（三）操作步骤

第一步，打开大学生人格、社交焦虑与手机成瘾倾向数据表，按照"分析→回归→PROCESS"的顺序打开 Process 程序对话框（见图 7 - 23）。

第二步，在 Process 程序对话框中（见图 7 - 24），选择变量。因为 Process 插件目前只有英文版，还没有中文版，所以该插件不支持中文变量名，需要把变量名改为英文，且长度不能超过 8 个字符。本例中，我们把"Chengyin"（手机成

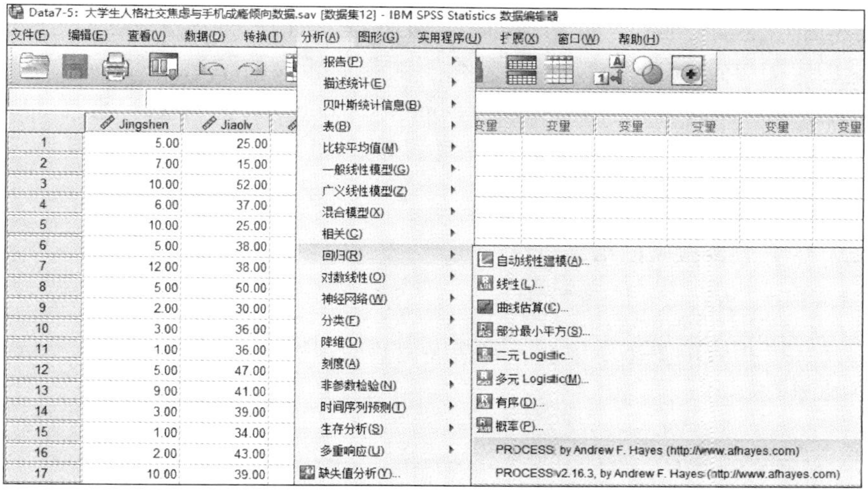

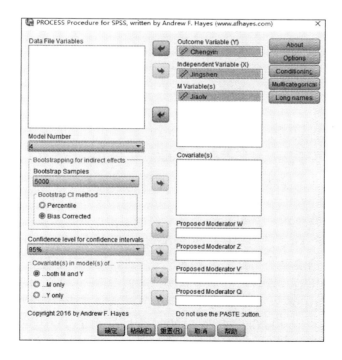

图7－23 Process 插件做中介效应检验的路径

图7－24 Process 程序对话框

瘾倾向）变量添加到"Outcome Varibale"（结果变量，即因变量）框中，"Jing-shen"（精神质 P）变量添加到"Independent Variable"（自变量）框中，"Jiaolv"

（社交焦虑）变量添加到"M Variable"（M 变量，即中介变量）框中。注意，各个变量相应的位置不能选错，否则就得不到我们想要的结果。"Model Number"（模型的数量）默认为 4，"Bootstrap Samples"（Bootstrap 样本数）选择 5000 个，Confidenc Level for Conlidence Intervals（置信区间）默认为 95% 。最后，单击"确定"按钮，完成操作。

三、中介效应检验的结果解释

（一）基本信息

图 7 - 25 报告的是基本信息，包括模型数、因变量、自变量与中介变量名称以及样本数。

```
*********************************************************************
Model = 4
    Y = Chengyin
    X = Jingshen
    M = Jiaolv

Sample size
    575


*********************************************************************
```

图 7 - 25　基本信息

（二）结果变量为中介变量的模型情况

图 7 - 26 报告的是结果变量为中介变量即社交焦虑的回归模型情况，上半部分是模型摘要，下半部分是模型参数。模型摘要包括复相关系数（R）为 0.0711，判定系数（R^2）为 0.0051，均方差的标准误（MSE）为 56.8107，以及方差分析的结果。$F_{(1,573)} = 2.9135$，相伴概率为 0.0884，即 $p > 0.05$，表明回归方程没有意义，自变量与中介变量之间的线性回归关系不显著。

从模型参数来看，常数项或常量为 37.7322，标准误为 0.6874，检验的统计量为 54.8902，相伴概率为 0.000，即 $p < 0.01$，表明常数项与 0 之间也有显著差异；置信区间最小值（LLCI）为 36.3820，最大值（ULCI）为 39.0823，该区间不包含 0，表明常量不太可能等于 0。精神质的回归系数为 0.1727，标准误为 0.1012，回归系数检验的统计量 t 为 1.7069，相伴概率为 0.0884，即 $p > 0.05$，表明回归系数与 0 之间无显著差异；置信区间最小值（LLCI）为 - 0.0260，最大值（ULCI）为 0.3713，该区间包含 0，所以自变量与中介变量之间的预测关系不显著，这与上述方差分析的结果一致。

```
*******************************************************************
Outcome: Jiaolv

Model Summary
          R       R-sq      MSE        F       df1       df2        p
      0.0711    0.0051    56.8107    2.9135    1.0000    573.0000   0.0884

Model
              coeff       se        t         p       LLCI      ULCI
constant     37.7322    0.6874    54.8902    0.0000    36.3820    33.0823
Jingshen      0.1727    0.1012     1.7069    0.0884    -0.0260     0.3713

*******************************************************************
```

图 7 - 26　结果变量为中介变量的回归模型情况

（三）结果变量为因变量的模型情况

图 7 - 27 报告的是结果变量为因变量即手机成瘾倾向的回归模型情况。模型复相关系数（R）为 0.3822，判定系数（R^2）为 0.1461，均方差的标准误（MSE）为 0.4054；$F_{(2,572)} = 48.9208$，相伴概率为 0.0000，即 $p < 0.01$，表明回归方程有意义，自变量与因变量之间的线性回归关系极为显著。

```
*******************************************************************
Outcome: Chengyin

Model Summary
          R       R-sq      MSE        F       df1       df2        p
      0.3822    0.1461    0.4054    48.9208    2.0000    572.0000   0.0000

Model
              coeff       se        t         p       LLCI      ULCI
constant      1.2810    0.1453     8.8181    0.0000    0.9957    1.5663
Jiaolv        0.0277    0.0035     7.8438    0.0000    0.0207    0.0345
Jingshen      0.0467    0.0086     5.4531    0.0000    0.0299    0.0635
```

图 7 - 27　结果变量为因变量的回归模型情况

从模型参数来看，常数项或常量为 1.2810，标准误为 0.1453，检验的统计量为 8.8181，相伴概率为 0.000，即 $p < 0.01$，表明常数项与 0 之间有显著差异；置信区间最小值（LLCI）为 0.9957，最大值（ULCI）为 1.5663，该区间不包含 0，表明常量不太可能等于 0。中介变量即社交焦虑的回归系数为 0.0277，标准

误为 0.0035，回归系数检验的统计量 t 为 7.8438，相伴概率为 0.000，即 p <
0.01，表明回归系数与 0 之间有显著差异；置信区间最小值为 0.0207，最大值为
0.0346，该区间不包含 0，所以中介变量与因变量之间的预测关系显著。自变量
即精神质的回归系数为 0.0467，标准误为 0.0086，回归系数检验的统计量 t 为
5.4531，相伴概率为 0.0000，即 p < 0.01，表明回归系数与 0 之间有显著差异；
置信区间最小值为 0.0299，最大值为 0.0635，该区间不包含 0，所以自变量与因
变量之间的预测关系显著。

（四）直接效应与间接效应

表 7 – 28 报告的是直接效应与间接效应。直接效应就是自变量 X 对因变量 Y
的影响。从结果来看，直接效应为 0.0467，标准误为 0.0086，T 检验的统计量为
5.4531，相伴概率为 0.0000，置信区间和上面报告的相同，表明自变量对因变量
的直接效应显著。间接效应也就是中介效应值为 0.0048，标准误为 0.0030；置
信区间最小值（BootLLCI）为 – 0.0008，最大值（BootULCI）为 0.0111，该区间
包含 0，这表明社交焦虑在精神质与手机成瘾之间的中介效应不显著。

********************* DIRECT AND INDIRECT EFFECTS *********************

Direct effect of X on Y
Effect	SE	t	p	LLCI	ULCI
0.0467	0.0086	5.4531	0.0000	0.0299	0.0635

Indirect effect of X on Y
	Effect	Boot SE	BootLLCI	BootULCI
Jiaolv	0.0048	0.0030	–0.0008	0.0111

图 7 – 28   直接效应与间接效应

如今，中介效应检验除了用 SPSS 中的 Process 插件做，还可以用结构方程模
型来做，不过，这需要借助于 Amos、Mplus 等其他软件。

本章上机操作题

1. 基于大学生焦虑与网络成瘾数据（见 Data 7 – 6），试以焦虑为自变量，
网络成瘾为因变量，利用回归分析探讨两变量的关系。要求报告描述统计、拟合

优度检验、回归方程检验、回归系数及检验的结果等，并列出回归方程。

2. 有研究者通过调查获得了 40 名高校后勤员工的 8 个心理变量与工作满意度数据（见 Data 7-7）。试利用回归分析探讨员工的心理变量影响或预测其工作满意度的情况。要求同第 1 题。

3. 有研究者收集了中国 1980～2001 年的保险费收入与国民生产总值的数据（见 Data 7-7），试用曲线估计探讨国民生产总值对保险费收入的影响。要求报告拟合优度检验、回归方程检验的结果及回归系数等，并列出回归方程。

推荐阅读参考书目

1. 简小珠，戴步云. SPSS23.0 统计分析在心理学与教育学中的应用［M］. 北京：北京师范大学出版社，2017.

2. 卢文岱，朱红兵. SPSS 统计分析. 第 5 版［M］. 北京：电子工业出版社，2015.

3. 余建英，何旭宏. 数据统计分析与 SPSS 应用［M］. 北京：人民邮电出版社，2003.

4. 邓铸，朱晓红. 心理统计学与 SPSS 应用［M］. 上海：华东师范大学出版社，2009.

第八章　因子分析

本章主要介绍探索性因子分析的基本原理及其在 SPSS 中的实现过程，还通过实例介绍了因子分析在共同方法偏差检验中的作用等。

第一节　因子分析的基本原理

因子分析的方法由来已久。英国心理学家与统计学家斯皮尔曼最早发现学生的各科成绩之间存在着一定的相关性，比如某一科成绩好的学生，往往其他各科成绩也比较好。由此，他推想是否存在某些潜在的共性因子或某些一般智力因素影响着学习成绩，并由此发展出了因子分析方法。

一、因子分析的基本思想

在心理与教育研究领域中，研究者往往需要对反映事物的多个变量进行观察，尽可能多地收集与研究主题相关的变量，以期能对问题有比较全面的、完整的掌握和认识，寻找出事物发展的规律。但是，当研究者将这些资料实际用于分析预测时，变量又未必能真正发挥研究者预期的作用。因此，就有必要用较少的综合指标分析存在于各变量中的各类信息，但同时研究者又不希望损失原有变量的信息。这种综合指标要求彼此间不相关或相关程度比较低，代表各类信息的综合指标称为因子（Factor）。实际上，在大多数情况下，许多变量之间存在一定的相关关系。因子分析（Factor Analysis）就是用少数几个因子来描述许多原有变量的关系，以较少几个因子反映原有资料大部分信息的统计方法。

可见，因子分析就是一种数据简化（Data Reduction）的技术，即用相对很少量的几个因子去表示许多有关联的变量之间的关系。被描述的变量是可以观察的显变量，而因子是不可观察的潜变量。所以，因子变量的数量应该远少于原有指标变量的数量，这样才能够减少因子变量分析中的计算工作量。当然，因子变量并不是对原有变量的取舍，而是根据原始变量的信息进行重新组构，它要能够反映原有变量大部分的信息。因子分析的基本思想是，将观察变量分类，把相关性较高的变量放在同一类中，每一类的变量实际上隐含着一个因子；而不同类的变量之间的相关性则较弱。因子分析就是要找到这些具有本质意义的少量因子，并用一定的结构和模型，去表达或解释大量可观测的变量。

历史上曾经有过两项著名的因子分析研究。一项是英国统计学家斯科特（Scott）关于城镇发展水平的研究。1961 年，斯科特在对英国 157 个城镇的发展水平进行调查时，原始测量的变量有 57 个，而通过因子分析发现，只需要用 5 个新的综合变量（它们是原始变量的线性组合），就可以解释 95% 的原始信息。对问题的研究从 57 个变量降低到 5 个维度，因此可以进行更简易的分析。另外一项是 1947 年美国统计学家斯腾（Stone）的关于国民经济的研究。他根据美国 1927 年到 1938 年的数据，得到了 17 个反映国民收入与支出状况的变量要素，经过因子分析，得到了 3 个新的变量，可以解释 17 个原始变量 97.4% 的信息。他将这 3 个变量分别命名为总收入、总收入率与经济发展或衰退的趋势（时间 t 的线性部分）。用 3 个新的变量来取代原有的 17 个变量，这样就使问题得到极大的简化。

二、因子分析的类别

按照潜在因子之间是否存在联系，因子分析可以分为探索性因子分析与验证性因子分析。

探索性因子分析（Exploratory Factor Analysis，EFA）主要适用于在没有任何前提预设假定下研究者对观察变量因子结构的寻找、对因子的内容以及变量的分类。通过共变关系的分解，进而找出最低限度的主要成分，进一步探讨这些主成分或共同因子与个别变量之间的关系；然后，找出观察变量与其对应因子之间的强度，即所谓因子负荷值，以说明因子与所属观察变量的关系，从而决定因子的内容，并为因子取一个合适的名字。例如，编制大学生择业心理问卷，通过大量的访谈、文献调查，收集大量的题项，并进行调查，获取实测数据，以探索性因子分析方法来分析大学生的择业心理，探查有几个因子维度以及各个因子上有哪些题项。也就是说，通过探索性因子分析，可以初步确定大学生择业心理问卷的若干维度。

验证性因子分析（Confirmatory Factor Analysis，CFA）要求研究者对研究对象潜在变量的内容与性质在测量之初就必须有非常明确的说明，或有具体的理论基础，并已先期决定相对应的观测变量的组成模式。这种方法也可以应用于理论框架的检验，进行因子分析的目的就是为了检验先前提出的因子结构的合理性。例如，编制独立人格问卷，根据独立人格理论，将人格分为独立性、自主性、创造性、效能感几个层面，并分别编制试题进行测量。施测后，分析测量是否符合原来的理论设想。

验证性因子分析一般通过结构方程（路径分析）建立模型检验分析。目前，可以进行验证性因子分析及结构方程建模的软件比较多，包括 AMOS、MPLUS、LISREL、EQS 等，但在 SPSS 中无法单独进行验证性因子分析。所以，本书主要介绍探索性因子分析的基本原理及其应用实例，如没有特别注明，因子分析均指探索性因子分析。

三、因子分析的前提条件

因子分析需要满足以下几个前提条件。

（一）数据要求

因子分析以变量之间的共变关系为分析的依据，参与因子分析的变量数据都必须是连续数据，即等距变量，这样才有可能符合线性关系的假设。一般来说，问卷或量表中按李克特等级评分得到的数据也可以看成连续数据。顺序型与类别型的数据即等级变量或定性变量不能用于因子分析。

（二）样本量

参与因子分析的样本抽样过程必须是随机的，有一定的代表性，并且具有一定规模。一般来说，因子分析的样本量不要低于 200，原则上越大越好，因此有些研究者建议在 200 以上。此外，样本量与变量数之间要成正比，变量数越多，样本量规模也要越大，两者比例不得低于 1∶5。当然，有些自然科学研究的变量数量不多，若在 10 个左右，而样本也较难获取时，样本量低于 100 进行因子分析也是可以接受的。

（三）变量的相关程度

参与因子分析的变量之间要具有一定程度的相关，变量相关太高或太低，都不太适合进行因子分析。如果相关度太低，表明变量之间围绕的不是一个主题，难以提取出公因子；如果相关度太高，表明变量间的多重共线性明显，区分效度不够，获得的因子结构价值也不太高。对于变量间的相关程度，可以通过相关系数矩阵、巴特利特球形检验、KMO 检验以及反映像相关矩阵检验来确定。

1. 相关系数矩阵

如果原始变量的相关系数矩阵中有相当大一部分的相关系数呈现中等程度相关，即相关系数在 0.3~0.7，说明各变量之间存在较强的线性关系，可以从中提取共同因素，适合做因素分析。如果相关系数矩阵中，大部分相关系数都低于0.3，或高于 0.7，那么这些变量不太适合做因子分析。

2. 巴特利特球形检验

巴特利特球形检验（Bartlett's Test of Sphericity）以变量的相关系数矩阵为

出发点。它的零假设是：相关系数矩阵是个单位阵，即相关系数矩阵对角线上的所有元素都为 1，所有非对角线上的元素都为零。也就是说，所有的变量只和自己相关，和其他的变量都不相关。巴特利特球形检验的统计量是根据相关系数矩阵的行列式得到的。如果统计量较大，且其对应的相伴概率值小于用户所设定的显著性水平（一般为 0.05），那么应该拒绝零假设，认为相关系数矩阵不太可能是单位阵，即原始变量之间存在相关性，适合做因子分析。相反，如果该统计量比较小，且其对应的相伴概率大于显著性水平，则不能拒绝零假设，认为相关系数矩阵可能是单位阵，不宜做因子分析。

3. 反映像相关矩阵检验

反映像相关矩阵检验（Anti - image Correlation Matrix）以变量的偏相关系数矩阵为出发点，将偏相关系数矩阵的每个元素取反，得到反映像相关矩阵。偏相关系数是在控制了其他变量对两变量影响的条件下计算出来的相关系数。如果变量之间存在较多的重叠影响，那么偏相关系数就会较小。因此，如果反映像相关矩阵中有些元素的绝对值比较大，那么说明这些变量不适宜做因子分析。一个好的反映像相关矩阵中，除了对角线上的系数较大外，其他元素应该比较小。

4. KMO 检验

KMO 检验（Kaiser - Meyer - Olkin）的统计量用于比较变量间的简单相关系数和偏相关系数。该检验方法是由 Kaiser、Meyer 与 Olkin 三位统计学家发明的，为了纪念他们，以他们的名字命名，并以其首字母简称。KMO 的取值范围在 0 和 1 之间，越接近于 1 越好。当 KMO 值越大，表示变量的共同因素越多，则所有变量之间的简单相关系数的平方和大于偏相关系数的平方和，因此越适合做因子分析。

Kaiser（1974）给出了一个 KMO 的标准：①KMO ≥ 0.90，非常适合做因子分析；②0.80 ≤ KMO < 0.90，比较适合做因子分析；③0.70 ≤ KMO < 0.80，一般适合做因子分析；④0.60 ≤ KMO < 0.70，不太适合做因子分析；⑤KMO < 0.60，不适合做因子分析。从这个标准来看，KMO 有个临界值，大于或等于 0.70 才是可以接受的。

四、因子分析的主要统计量

（一）因子载荷

因子载荷（Factor Loading），也称为因子负荷，是某个因子与某个原变量的相关系数，主要反映该公共因子对相应原变量的贡献力大小。因子载荷是衡量某一因子对某一观察变量所做贡献大小的指标，因子载荷值越大，说明贡献程度越高。

因子载荷的临界值并没有统一的标准。如果严格一点，以 0.50 为标准，即因子载荷在 0.50 以下的题目即可考虑删除。但在实际应用中，研究者的取舍通常是比较灵活的。有的题项尽管因子载荷不高，但考虑到使用的是他人已经修订好的问卷，需要尊重其版权，或者研究者自己有理由相信这些题项测到了想测的内容，有很好的理论意义，也是可以考虑保留的。较常见的取舍标准是 0.45 或 0.40，最低的标准是 0.30。本书以 0.40 为标准。

（二）变量共同度

变量共同度，也称为公因子方差，反映了全部公共因子变量对某个原有变量的总方差解释说明的比例。对于某一个原变量来说，其在所有因子上的载荷的平方和就叫作该变量的共同度。变量的共同度越高，因子分析的结果就越理想。如果因子分析结果中大部分变量的共同度都高于 0.8，则说明提取的公共因子反映了原变量 80% 以上的信息，因子分析的效果较好。变量共同度也是衡量因子分析效果的常用指标。

（三）方差贡献率

方差贡献率（Contribution Ratio）是各公共因子所包含的信息（所提供的方差）占总信息（总方差）的百分比。公共因子的方差贡献率就是某公共因子对所有原变量载荷的平方和，它反映该公共因子对所有原始总变异的解释能力。一个因子的方差贡献率越大，说明该公共因子所能代表的原始信息量越大，该因子也就越重要。总的方差贡献率是指所有公共因子方差贡献率之和。

（四）特征根

特征根（Eigenvalue），也称为特征值，通常用 λ 表示。因子分析中，有 n 个变量，就有 n 个特征根。它是确定主成分数量（即提取公共因子数量）的依据之一，一般要求公因子的特征根必须大于或等于 1。特征根的值是所有题项在某个因素中因素负荷量的平方总和，反映的是原始变量的总方差在各公共因子上重新分配的结果。特征根也是衡量因子重要性程度的一个指标，特征根的值越大，说明该公共因子越重要。

（五）因子旋转

为了更好地解释因子分析的结果，常常需要通过因子旋转（Factor Rotation），将因子载荷转换为比较容易解释的形式。一般会使各因子对应的载荷尽可能地向 0 和 1 两极分化，使各原始变量要么靠向 A 因子，要么靠向 B 因子，而不是居于两个因子之间；或使每个变量仅在一个公共因子上有较大的载荷，而在其他公共因子上的载荷比较小。这类似于调整传统相机的焦距，使物体被看得更加清晰。因子旋转实际上是一种坐标转换。在旋转后的新坐标系中，因子载荷将重新分配，使因子载荷的差异尽可能变大，即让一些因子载荷趋近于更大，另一些因子载荷趋近于更小，以使每个原始变量在尽可能少的因子上有较高的载荷。因子旋转能简化因子结构，理清因子与原始变量间的关系，从而使潜在因子具有更鲜明的实际意义。因子旋转之后，单个因子的特征根与方差贡献率发生变化，但变量的共同度与总的方差贡献率不会改变。

因子旋转可分为正交旋转和斜交旋转两种方法。

1. 正交旋转

所谓正交旋转（Orthogonal Rotation）是指旋转过程中因子之间的轴线夹角为90°，即因子之间的相关设定为0，基于各因子间相互独立的前提，如最大变异法（Varimax）、四方最大法（Quartimax）、均等变异法（Equimax Rotation）等都属于正交旋转。正交旋转的优点在于，它能够最大限度地对各因子进行区分，因为因子之间提供的信息不会重叠，某一因子的分数与其他因子的分数彼此独立，各不相关。其缺点在于，采用正交旋转时，是强迫各个因子之间相关为0，这容易扭曲潜在特质在现实生活中的真实关系，容易造成偏差。实际上，有些因子之间可能存在一定的非0相关，这时如果采用了正交旋转就违背了实际情况，使研究结果与实际不符。

2. 斜交旋转

斜交旋转（Oblique Rotation）基于因子之间具有一定的相关，即因子之间的相关不等于0，因子之间的轴线夹角也不是90°。这种方法允许因子与因子之间具有一定相关性，在旋转过程中同时对因子的关联情形进行估计，如直接斜交法（Oblimin Rotation）、四方最小法（Quartimin）等都属于斜交旋转。斜交旋转的优点在于可以按照因子之间的实际相关情况进行旋转，得出的结果比较接近实际情况。但是，进行斜交旋转的前提是，必须探测出各个因子之间较为确切的相关系数，以便在斜交旋转时确定斜交旋转的参数。

我们可以根据原有变量间的相关系数的大小与研究目的选择合适的旋转方法。进行研究时，如果原有变量间的相关系数大部分相对较小（小于0.3或0.4），则进行正交旋转较好；如果相关系数大于0.4的情况在整个相关系数矩阵中的比例较高，进行斜交旋转则是较为贴近真实情况的一种做法。如果研究仅仅是为了化简、浓缩数据，则进行正交旋转，因为因子之间的轴线夹角保持90°，不允许公因子相关。如果研究的目的是为了得到理论上有意义的研究结果，则进行斜交旋转，因为因子之间的轴线夹角不呈90°，允许公因子相关。

五、确定公共因子数量的原则和方法

（1）因子特征根的值必须大于或等于1。特征根的值越大，表示该因子的解释力越强。特征根小于1的因子一般不能提取。

（2）因子必须符合碎石图检验。碎石图检验（Scree Test）由Cattell（1966）提出，也称为陡阶检验。Scree原是地质学术语，代表在岩层斜坡底层发现的小碎石，这些碎石的价值性不高。其应用在因子分析上，则表示"碎石图"底端的因素不重要，可以舍弃不用。因此，碎石图可以作为提取因子数量的标准，提取公共因子的数量是图中最大拐点前"碎石"的数量。注意，采用 Kaiser 准则提取的因子数量较多，而采用"碎石图"检验法提取的公共因子数量较少。

（3）提取出的公因子在旋转前至少能解释3%的总变异。在旋转之前，须保证公因子的方差贡献率不能低于3%，否则就不能提取。

（4）每个因子至少包含3个及以上的题项。提取出的公因子必须包含3个或3个以上的题项，少于3个题项的因子不能提取。

（5）公因子的累计方差贡献率要达到一定标准。一般来说，公因子的累计方差贡献率要达到80%以上才能符合要求，否则就要增加因子的个数。但在实际研究中，这个标准比较高，难以达到，一般认为底线为50%以上。不过，只要整个过程严谨规范，更低一些也能接受。

（6）因子的命名解释性。所谓因子命名解释性是指因子比较好命名。公共因子是对某些原始变量信息的综合和反映，给因子命名的总原则是认真考察分析各个因子之间原始变量的共同特征，并根据其共同特征准确命名。也就是说，因子名称要与该因子所包含的原始变量的共同特征紧密吻合或尽可能地一致。

确定公共因子数量，除了参考上述准则外，还要考虑被试的数量、题目数量和变量共同性的大小、因子结构模型的可解释性及其与假设结构模型的吻合程度。总之，因子分析中公因子数量的选择是一项"艺术性"的工作，不是一蹴而就的过程，需要研究者反复推敲、补充和修改，才能达到较为理想的状态。

第二节　因子分析在 SPSS 中的实现过程

一、研究问题

有研究者为了探讨小学生元认知发展状况，编制了《儿童元认知问卷》。该问卷初稿共有 51 个题项，每个题项都是关于小学生元认知发展的陈述句，如"我知道哪些因素能促进学习，哪些会干扰学习""我肯定能掌握老师在课上教的知识内容"等。采用李克特五级量表评分，要求被试根据自己的实际情况给予评分等级："1"表示完全不符合自己情况；"2"表示比较不符合自己情况；"3"表示完全不确定；"4"表示比较符合自己情况；"5"表示完全符合自己情况。经剔除无效问卷，最后得到有效问卷 258 份。研究者首先对该问卷初稿进行了项目分析，包括：①以测验总分最高的 27% 和最低的 27% 作为高分组和低分组界限，对被试每题得分的平均数差异进行显著性检验，将没有达到显著水平的题项删除；②计算每个题项与总分之间的相关程度，将相关程度较低（r < 0.3）的题项删除。经项目分析后，删除了 3 个题项，最后保留了 48 个题项。试用探索性因子分析进一步探讨该问卷的结构。

二、操作步骤

第一步，打开小学生元认知调查数据表（见 Data 8-1），按"分析→降维→因子"的顺序打开因子分析对话框（见图 8-1）。

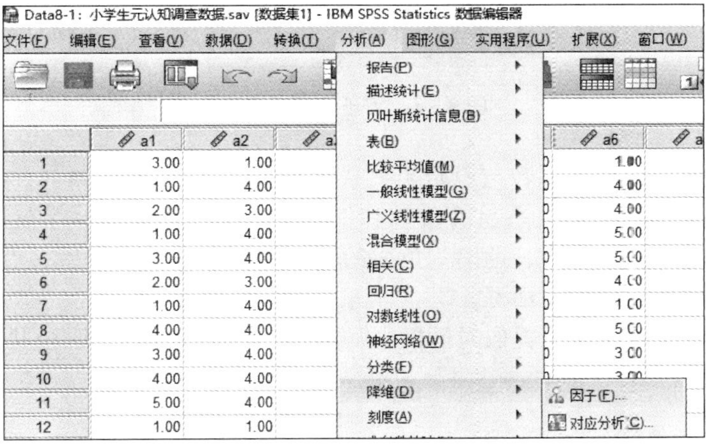

图 8-1　因子分析的路径

第二步，在因子分析对话框中（见图 8-2），把需要进行分析的变量添加到"变量"框中，注意不是所有的变量，无关变量不要添加进来。然后，依次点击右侧的"描述""提取""旋转""得分""选项"按钮，做进一步的设置。

第三步，在描述统计量对话框中（见图 8-3），设定输出的描述统计量。"统计"栏中的"单变量描述"，即输出参与分析的各原始变量的均值、标准差与样本数；"初始解"是输出因子提取前各分析变量的共同度、各因子的特征值以及方差解释率。"相关性矩阵"栏中，"系数"项是输出参与分析的原始变量间的相关系数矩阵；"显著性水平"项是输出与每个相关系数对应的单尾假设检验的显著性水平值；"决定因子"项是输出相关矩阵的行列式；"KMO 和巴特利球形检验"项是输出 KMO 检验和 Bartlett's 球形检验的结果；"逆"项是输出相关系数矩阵的逆矩阵；"再生"项是输出再生相关矩阵，即因子分析后的相关矩

心理与教育研究中的 **SPSS** 运用

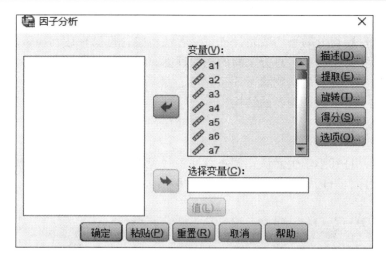

图 8 - 2 因子分析对话框

阵及其残差（再生相关系数与原始相关系数的差值）；"反映像"项是输出反映像相关矩阵，包括偏相关系数的负数和偏协方差的负数。在一个好的因子模型中，对角线上的系数较大，远离对角线的系数较小。设定完毕后，点击"继续"按钮，返回到因子分析对话框。

第四步，在因子分析提取对话框中（见图 8 - 4），设定提取公共因子的各项指标。

图 8 - 3 描述统计量对话框

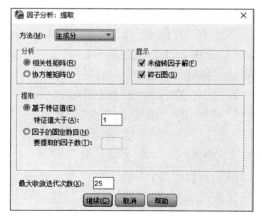

图 8 - 4 因子分析提取对话框

在"方法"参数框，选择公因子的提取方法。系统一共提供了七种方法供选择：①主成分分析法。此项为系统默认选项。该方法假设变量是因子的纯线性组合，第一成分有最大的方差，后续的成分，其解释的方差逐个递减。这是最常用的获取初始因子分析结果的方法。②未加权最小平方法。该方法使观测的和再生的相关矩阵之差的平方和最小。③广义最小平方法。该方法用变量值的倒数加权，使观测的和再生的相关矩阵之差的平方和最小。④最大似然法。该方法给出参数估计，不要求多元正态分布。如果样本来自多元的正态总体，它们与原始变量的相关矩阵极为相似。⑤主轴因式分解法。该方法使用多元相关的平方作为对公共因子方差的初始估计。⑥Alpha 因式分解法。该方法是主要提取 α 系数大于0 的公因子。⑦映像因式分解法。该方法是根据映像学原理提取公共因子，即把一个变量看作其他变量的多元回归，而不是假设因子的函数。此例我们选择系统默认的主成分因子分析法。

"分析"栏用于设定分析矩阵。"相关性矩阵"是系统的默认选项，即使用变量的相关系数矩阵进行公共因子的分析。"协方差矩阵"是使用变量的协方差矩阵进行公共因子的提取分析。显示栏用于设定与因子提取有关的输出项。"未旋转因子解"是系统默认选项，即输出未经旋转的因子提取结果。"碎石图"是输出碎石图检验结果。典型的碎石图有一个明显的最大拐点，它的左边是与大因子连接的陡峭折线，右边是与小因子相连的缓坡折线。碎石图可以作为提取公共因子数量的依据之一（参见上一节确定公共因子数量的原则和方法部分）。"提取"栏用于控制提取进程和提取结果。"基于特征值"主要是设置公因子特征值的最低门槛。系统默认特征值必须大于 1，用户也可以根据需要在方框中输入某一数值，则凡是特征值大于该数值的因子都将被作为公共因子提取出来。"因子的固定数目"是指定提取公共因子的数目。最下方的"最大收敛迭代次数"是指定因子分析收敛的最大迭代次数，系统默认值为 25。注意，最大收敛迭代次数随变量数而增加，如果变量数比较多，这个值也需要增加。设定完毕后，点击"继续"按钮，返回到因子分析对话框。

第五步，在因子分析旋转对话框中（见图8－5），设定因子旋转方法。系统默认的选项是不进行旋转。此外，系统提供了五种旋转方法：①最大方差法旋转，又称为方差极大法旋转，这是一种常用的正交旋转方法。它使各因子上（列）与该因子有关的负荷平方的方差最大，

图 8－5　因子分析旋转对话框

即拉开列上各变量的负荷差异。②四次幂极大法，属于正交旋转方法。它使各变量（行）上因子负荷平方的方差达到最大，即拉开行上的负荷差异，易产生综合因子，大部分变量在该因子上都有较高负荷。③等量最大法，属于正交旋转方法，是最大方差法与四次幂极大法的结合。它使一个因子上有较高载荷的变量数和需要解释的变量因子数最少。④直接斜交法，属于斜交旋转方法。如果指定此项可以在下面的 Delta 矩形框中键入 δ 值，该值应该在 −1 到 0.8 之间。系统默认值为 0，表示产生最高相关因子；δ 值越接近 −1，旋转的结果与正交旋转越接近。⑤最优斜交法，属于斜交旋转方法，该法允许因子彼此相关，它比直接斜交旋转计算速度更快，因此适合大数据集的因子分析。用户如指定此项可以在下面的"Kappa"矩形框中控制斜交旋转的参数，默认值为 4。本例中我们选择第一种方法，即最大方差法。在"显示"栏，系统默认输出"旋转后的解"，即输出经旋转的因子载荷矩阵。另外，用户可以根据需要选择是否输入载荷散点图。设定完毕后，点击"继续"按钮，返回到因子分析对话框。

第六步，在因子分析得分对话框中（见图 8-6），设定因子得分。勾选"保存为变量"，可以将因子得分作为新变量保存在工作数据集中。程序运行结束后，在数据窗中显示出新变量。每次分析产生多少个因子，就生成多少个新变量，因子序号占倒数第三个字符的位置，倒数第二个字符为"−"。变量窗口中会给出对因子得分的命名和变量标签，表明计算因子得分的方法。在"方法"栏内，系统提供了三种估计因子得分系数的方法，即回归、巴特利特、安德森—鲁宾。本例中，我们选择"回归"。同时，选中复选框"显示因子得分系数矩阵"。最后，单击"继续"按钮，返回到因子分析对话框。

第七步，在因子分析选项对话框中（见图 8-7），设定缺失值的处理方式与系数显示格式。"缺失值"项有三种处理方式供选择：①成列排除个案。这是系统默认选项，即剔除分析变量中有缺失值的观测量。②成对排除个案。此项是成对地剔除带有缺失值的观测量。换句话说，在计算两个变量的相关系数时，只把这两个变量中带有缺失值的观测量剔除。③替换为平均值。如选择此项，系统则采用变量的均值代替该变量的所有缺失值。"系数显示格式"项用于设定因子载荷系数的显示格式。其中，"按大小排序"项，即系统自动将载荷系数按其数值的大小顺序排列，使在同一因子上的变量按载荷系数的大小顺序排列；"禁止显示小系数"项，即在输出分析结果的列表中将不显示那些绝对值小于指定数值的载荷系数，系统默认值为 0.1。本书中，我们取公因子的载荷标准为 0.40，所以，此处我们输入 0.40。设定完毕后，单击"继续"按钮，返回到因子分析对话框。

第八步，在因子分析对话框，单击"确定"按钮，就完成了因子分析的所有操作。

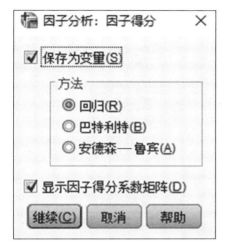

图 8 - 6　因子分析得分对话框

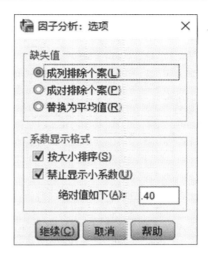

图 8 - 7　因子分析:选项对话框

第三节　因子分析的结果解释

一、描述统计结果

（一）描述统计表（略）

（二）相关系数矩阵

表 8 - 1 报告的是原始变量的相关系数矩阵，受篇幅所限，只能显示部分变量的相关系数。从表 8 - 1 来看，有一部分变量的相关系数在 0.30 ~ 0.70，呈中等程度相关，表明这部分变量之间存在着线性关系，可以从中提取出共同因子。

表 8 - 1　原始变量的相关系数矩阵

	a₁	a₂	a₃	a₄	a₅	a₆	a₇	a₈	a₉	a₁₀	a₁₁	a₁₂	a₁₃	a₁₄
a_1	1.000	0.403	0.479	0.336	0.102	0.203	0.439	0.364	0.258	-0.039	0.270	0.265	0.301	0.163
a_2	0.403	1.000	0.356	0.247	0.192	0.244	0.194	0.322	0.249	0.102	0.231	0.233	0.295	0.100
a_3	0.479	0.356	1.000	0.278	0.163	0.152	0.288	0.267	0.186	-0.016	0.190	0.181	0.223	0.186
a_4	0.336	0.247	0.278	1.000	0.224	0.132	0.207	0.132	0.243	0.161	0.268	0.221	0.160	0.247
a_5	0.102	0.192	0.163	0.224	1.000	0.098	0.118	0.115	0.322	0.253	0.343	0.199	0.284	0.250
a_6	0.203	0.244	0.152	0.132	0.098	1.000	0.278	0.223	0.085	-0.064	0.112	0.195	0.108	0.064
a_7	0.439	0.194	0.288	0.207	0.118	0.278	1.000	0.269	0.177	0.043	0.129	0.113	0.173	0.093
a_8	0.364	0.322	0.267	0.132	0.115	0.223	0.269	1.000	0.490	0.273	0.274	0.347	0.368	0.323

续表

	a₁	a₂	a₃	a₄	a₅	a₆	a₇	a₈	a₉	a₁₀	a₁₁	a₁₂	a₁₃	a₁₄
a₉	0.258	0.249	0.186	0.243	0.322	0.085	0.177	0.490	1.000	0.496	0.463	0.414	0.395	0.485
a₁₀	-0.039	0.102	-0.016	0.161	0.253	-0.064	0.043	0.273	0.496	1.000	0.247	0.295	0.228	0.411
a₁₁	0.270	0.231	0.190	0.268	0.343	0.112	0.129	0.274	0.463	0.247	1.000	0.371	0.363	0.404
a₁₂	0.265	0.233	0.181	0.221	0.199	0.195	0.113	0.347	0.414	0.295	0.371	1.000	0.467	0.327
a₁₃	0.301	0.295	0.223	0.160	0.284	0.108	0.173	0.368	0.395	0.228	0.363	0.467	1.000	0.319
a₁₄	0.163	0.100	0.186	0.247	0.250	0.064	0.093	0.323	0.485	0.411	0.404	0.327	0.319	1.000
a₁₅	0.068	-0.034	0.020	0.081	0.113	0.213	0.172	0.190	0.277	0.254	0.154	0.183	0.238	0.339
a₁₆	0.190	0.258	0.232	0.205	0.313	0.147	0.191	0.360	0.382	0.425	0.294	0.319	0.350	0.309
a₁₇	0.018	0.158	0.020	0.153	0.321	-0.012	0.013	0.314	0.507	0.433	0.361	0.276	0.405	0.323
a₁₈	0.54	0.121	0.090	0.218	0.276	0.181	0.105	0.338	0.370	0.335	0.398	0.359	0.353	0.373
a₁₉	0.284	0.287	0.120	0.285	0.197	0.060	0.268	0.387	0.397	0.272	0.279	0.349	0.398	0.336
a₂₀	0.073	0.186	0.067	0.228	0.246	0.093	0.050	0.182	0.291	0.166	0.263	0.287	0.338	0.206
a₂₁	0.126	0.243	0.130	0.114	0.030	0.075	0.050	0.213	0.159	0.123	0.086	0.160	0.208	0.167
a₂₂	0.225	0.316	0.128	0.186	0.155	0.158	0.202	0.271	0.247	0.255	0.252	0.297	0.299	0.191
a₂₃	0.302	0.265	0.214	0.202	0.194	0.165	0.283	0.375	0.362	0.227	0.206	0.338	0.384	0.357
a₂₄	0.267	0.165	0.260	0.189	0.094	0.197	0.076	0.310	0.235	0.114	0.150	0.268	0.289	0.212
a₂₅	0.316	0.217	0.279	0.348	0.332	0.192	0.299	0.309	0.274	0.140	0.257	0.235	0.231	0.259

二、KMO 和巴特利特球形检验结果

表 8 - 2 报告的是 KMO 和巴特利特球形检验结果。从结果来看，KMO 值为 0.879，根据 Kaiser（1974）给定的标准，位于 0.80 ~ 0.90，比较适合做因子分析。巴特利特球形检验的统计量为 4420.295，自由度为 1128，相伴概率为 0.000，小于 0.01，因此，拒绝零假设，认为相关系数据矩阵不太可能是单位阵，即原始变量之间存在相关性，适合做因子分析。

表 8 - 2　KMO 和巴特利特球形检验

KMO 取样适切性量数		0.879
巴特利特球形度检验	近似卡方	4420.295
	自由度	1128
	显著性	0.000

三、反映像相关矩阵检验结果

表 8 - 3 报告的是反映像相关矩阵，受篇幅所限，只能显示部分矩阵。从表中数据来看，除了对角线上的系数较大外，其他元素都比较小，表明适宜做因子分析。

表 8-3　反映像相关矩阵

	a_1	a_2	a_3	a_4	a_5	a_6	a_7	a_8	a_9	a_{10}	a_{11}	a_{12}	a_{13}	a_{14}	a_{15}	a_{16}	a_{17}
a_1	0.402	-0.094	-0.109	-0.056	0.021	0.022	-0.117	-0.037	-0.018	0.065	-0.061	-0.033	0.040	6.215E-5	-0.018	0.035	0.067
a_2	0.094	0.508	-0.079	-0.014	-0.049	0.088	0.034	-0.047	0.018	0.016	0.011	0.032	0.063	0.063	0.094	0.062	-0.015
a_3	-0.109	-0.079	0.572	-0.074	-0.038	0.046	0.078	-0.040	0.022	0.042	0.010	-0.017	-2.116E-5	0.061	0.055	-0.048	0.034
a_4	-0.056	-0.014	-0.074	0.614	-0.015	-0.017	0.019	0.099	-0.021	-0.035	-0.007	-0.010	0.026	0.012	0.037	-0.001	0.015
a_5	0.021	-0.049	-0.038	-0.015	0.594	-0.029	0.005	0.071	0.021	0.020	-0.078	0.034	0.028	-0.011	0.037	0.081	0.068
a_6	0.022	-0.088	0.046	-0.017	-0.029	0.655	-0.136	-0.026	0.015	0.079	-0.006	-0.089	0.039	0.015	-0.119	-0.020	0.075
a_7	-0.117	0.034	-0.078	0.019	0.005	-0.136	0.547	0.036	-0.009	-0.038	0.004	0.068	-0.010	0.083	-0.048	-0.020	0.011
a_8	-0.037	0.047	-0.040	0.099	0.071	0.026	0.036	0.458	-0.112	0.012	0.032	-0.011	0.035	0.012	0.018	-0.047	0.008
a_9	-0.018	-0.018	0.022	-0.021	-0.021	0.015	-0.009	-0.112	0.397	-0.117	-0.074	-0.029	0.079	-0.071	-0.035	0.011	-0.080
a_{10}	0.065	-0.016	0.042	-0.035	-0.020	0.079	-0.038	-0.012	0.117	0.470	0.022	-0.072	0.034	0.094	-0.027	-0.133	-0.067
a_{11}	0.061	0.011	0.010	-0.007	-0.078	-0.006	0.004	0.032	-0.074	0.022	0.518	-0.047	-0.039	-0.072	0.041	0.003	-0.044
a_{12}	-0.033	0.032	-0.017	-0.010	0.034	-0.089	0.068	-0.011	-0.029	-0.072	-0.047	0.574	-0.129	-0.009	0.005	-0.047	0.028
a_{13}	0.040	0.063	-2.116E-5	0.026	-0.028	0.039	-0.010	-0.035	0.029	0.034	-0.039	-0.129	0.513	-0.023	-0.042	0.025	0.091
a_{14}	6.215E-5	0.063	-0.061	0.012	-0.011	0.015	0.083	-0.012	-0.071	-0.094	-0.072	-0.009	-0.023	0.497	-0.077	0.005	0.013

续表

	a_1	a_2	a_3	a_4	a_5	a_6	a_7	a_8	a_9	a_{10}	a_{11}	a_{12}	a_{13}	a_{14}	a_{15}	a_{16}	a_{17}
a_{15}	-0.018	0.094	0.055	0.037	0.037	-0.119	-0.048	0.018	-0.035	-0.027	0.041	0.005	-0.042	-0.077	0.627	0.001	-0.046
a_{16}	0.035	-0.062	-0.048	-0.001	-0.081	-0.020	-0.020	-0.047	0.011	-0.133	0.003	-0.024	-0.025	0.005	0.001	0.565	0.019
a_{17}	0.067	-0.015	0.034	0.015	-0.068	0.075	0.011	-0.008	-080	-0.067	-0.044	0.028	-0.091	0.013	-0.046	0.019	0.481
a_{18}	0.070	0.040	0.020	-0.093	-0.054	-0.036	-0.025	-0.085	0.028	-0.003	-0.104	-0.030	-0.017	-0.047	-0.069	-0.047	-0.028
a_{19}	0.007	0.067	0.068	-0.044	0.003	0.106	0.088	-0.022	0.003	0.041	-0.036	-0.022	-0.041	-0.014	-0.047	0.003	0.023
a_{20}	0.036	0.004	0.037	-0.072	-0.023	-0.017	0.023	0.027	-0.002	0.008	0.002	-0.011	-0.044	0.009	0.082	0.022	-0.078
a_{21}	0.039	-0.058	0.009	-0.002	-0.018	0.038	-0.001	-0.007	-0.034	0.004	0.053	0.006	-0.045	-0.032	0.048	0.005	0.077
a_{22}	0.001	-0.055	0.051	-0.014	0.008	0.038	-0.054	0.009	0.042	0.092	-0.045	-0.023	0.001	0.065	0.052	0.004	0.036
a_{23}	-0.005	-0.018	-0.012	0.042	-0.019	-0.021	-0.037	-0.025	-0.001	-0.011	0.068	-0.035	-0.016	-0.079	0.026	0.050	-0.013
a_{24}	-0.013	0.036	-0.085	0.018	0.064	-0.100	0.100	-0.022	-0.002	0.007	0.041	-0.019	-0.033	0.021	-0.010	0.019	-0.013
a_{25}	-0.002	0.005	-0.021	-0.077	-0.161	0.026	-0.073	-0.026	-0.009	0.006	0.000	-0.024	-0.001	-0.012	-0.042	-0.014	-0.010
a_{26}	0.053	0.051	0.015	0.035	0.027	-0.030	-0.028	0.025	0.015	0.042	0.027	-0.037	-0.019	-0.032	0.015	-0.081	0.021
a_{27}	-0.035	0.029	-0.035	0.054	-0.024	-0.045	0.008	0.009	-0.075	0.051	0.011	0.015	-0.072	0.003	-0.026	-0.040	0.039
a_{28}	-0.031	-0.009	0.008	0.012	-0.034	-0.041	0.043	-0.045	-0.007	0.047	0.011	-0.042	0.013	$-9.173\mathrm{E}-6$	0.019	0.029	-0.026
a_{29}	-0.048	0.104	0.045	0.013	-0.047	-0.006	0.027	-0.023	-0.001	-0.057	0.011	0.034	-0.036	0.082	0.002	-0.028	-0.004

四、变量共同度（公因子方差）

表 8 - 4 报告的是各变量的共同度。从结果来看，比较理想，最低值为 0.493，最高值为 0.733，大部分都在 0.6 以上，表明提取的公共因子基本反映了原变量 60% 左右的信息。

表 8 - 4　各变量的共同度

	初始	提取		初始	提取		初始	提取
a_1	1.000	0.733	a_{17}	1.000	0.671	a_{33}	1.000	0.611
a_2	1.000	0.678	a_{18}	1.000	0.584	a_{34}	1.000	0.655
a_3	1.000	0.701	a_{19}	1.000	0.643	a_{35}	1.000	0.672
a_4	1.000	0.654	a_{20}	1.000	0.654	a_{36}	1.000	0.620
a_5	1.000	0.642	a_{21}	1.000	0.725	a_{37}	1.000	0.590
a_6	1.000	0.674	a_{22}	1.000	0.624	a_{38}	1.000	0.606
a_7	1.000	0.697	a_{23}	1.000	0.619	a_{39}	1.000	0.568
a_8	1.000	0.670	a_{24}	1.000	0.565	a_{40}	1.000	0.559
a_9	1.000	0.683	a_{25}	1.000	0.526	a_{41}	1.000	0.663
a_{10}	1.000	0.731	a_{26}	1.000	0.632	a_{42}	1.000	0.719
a_{11}	1.000	0.552	a_{27}	1.000	0.580	a_{43}	1.000	0.493
a_{12}	1.000	0.535	a_{28}	1.000	0.542	a_{44}	1.000	0.704
a_{13}	1.000	0.586	a_{29}	1.000	0.636	a_{45}	1.000	0.646
a_{14}	1.000	0.638	a_{30}	1.000	0.606	a_{46}	1.000	0.545
a_{15}	1.000	0.622	a_{31}	1.000	0.719	a_{47}	1.000	0.582
a_{16}	1.000	0.519	a_{32}	1.000	0.590	a_{48}	1.000	0.643

注：提取方法为主成分分析法。

五、方差贡献率

表 8 - 5 输出的结果为总方差的解释，从左至右依次为初始特征值、提取载荷平方和与旋转载荷平方和三大部分。每一部分均包括单个公因子的特征值、方差解释率以及累计方差解释率。一般在研究报告中只需要报告旋转之后的结果。从数据结果来看，特征值大于 1 的公因子一共有 14 个，特征值的范围为 1.547 ~

3.708，单个因子的方差贡献率范围为 3.222% ~ 7.725%，14 个公因子累计的方差贡献为 62.725%。值得注意的是，只有 5 个因子在旋转之前的方差贡献率在 3% 以上。

表 8 – 5　总方差的解释

成分	初始特征值			提取载荷平方和			旋转载荷平方和		
	总计	方差解释率（%）	累计解释率（%）	总计	方差解释率（%）	累计解释率（%）	总计	方差解释率（%）	累计解释率（%）
1	11.754	24.488	24.488	11.754	24.488	24.488	3.708	7.725	7.725
2	2.639	5.498	29.986	2.639	5.498	29.986	2.819	5.872	13.597
3	1.691	3.523	33.509	1.691	3.523	33.509	2.388	4.975	18.572
4	1.666	3.471	36.980	1.666	3.471	36.980	2.328	4.850	23.422
5	1.523	3.173	40.153	1.523	3.173	40.153	2.327	4.847	28.269
6	1.433	2.986	43.138	1.433	2.986	43.138	2.010	4.188	32.457
7	1.352	2.816	45.954	1.352	2.816	45.954	1.997	4.161	36.619
8	1.284	2.675	48.629	1.284	2.675	48.629	1.981	4.128	40.746
9	1.227	2.556	51.185	1.227	2.556	51.185	1.927	4.014	44.760
10	1.163	2.423	53.607	1.163	2.423	53.607	1.864	3.883	48.644
11	1.149	2.393	56.001	1.149	2.393	56.001	1.812	3.774	52.418
12	1.127	2.349	58.349	1.127	2.349	58.349	1.807	3.764	56.182
13	1.096	2.283	60.633	1.096	2.283	60.633	1.594	3.322	59.503
14	1.005	2.093	62.725	1.005	2.093	62.725	1.547	3.222	62.725
15	0.963	2.007	64.733						

六、碎石图检验结果

图 8 – 8 是输出的是公共因子碎石图，横坐标为公共因子的序号，纵坐标为各因子对应的特征值。从图 8 – 8 中可以看出，有 14 个因子的特征值大于 1，但最大的拐点是第 4 个因子处。

七、旋转前后的因子载荷矩阵

表 8 – 6 报告的是旋转之前的因子载荷矩阵。我们看到各题项与公因子之间的关系不是十分清晰，其中公因子 1 包含的题项太多，其他公因子包含的题项很少，有的甚至没有题项。所以，需要进行旋转，使两者之间的关系更加明晰。

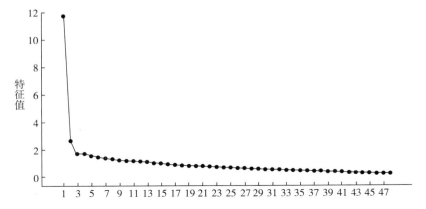

图 8 - 8　碎石图

表 8 - 6　旋转前的因子载荷矩阵

	1	2	3	4	5	6	7	8	9	10	11	12	13	14
a_9	0.646													
a_{40}	0.618													
a_{27}	0.613													
a_8	0.612													
a_{23}	0.611													
a_{19}	0.595													
a_{13}	0.592													
a_{43}	0.559													
a_{12}	0.559													
a_{35}	0.558													
a_{14}	0.548													
a_{16}	0.546													
a_{47}	0.545													
a_{37}	0.545					0.411								
a_{11}	0.536													
a_1	0.535	0.496												
a_{42}	0.530													
a_{34}	0.526													
a_{25}	0.525													
a_{39}	0.521													
a_{22}	0.515													

续表

	1	2	3	4	5	6	7	8	9	10	11	12	13	14
a_{18}	0.514	-0.428												
a_{17}	0.505	-0.482												
a_{45}	0.496						0.431							
a_{32}	0.492													
a_{28}	0.478													
a_4	0.472													
a_{33}	0.470													
a_{24}	0.469													
a_2	0.468													
a_{26}	0.463													
a_{44}	0.461													
a_{20}	0.449													
a_3	0.412													
a_{41}	0.401													
a_{31}														
a_5														
a_7														
a_{38}														
a_{10}		-0.556												
a_{30}	0.486		0.488											
a_{29}			0.459											
a_{15}														
a_{21}				0.551										
a_6					0.415	0.408								
a_{36}	0.408							0.424						
a_{48}													0.416	

表 8-7 报告的是旋转之后的因子载荷矩阵。与旋转前的因子载荷矩阵相比，旋转后各原始变量与公因子之间的关系就变得清晰了。公因子 1 包含 8 个题项，即 a_{10}、a_9、a_{17}、a_{16}、a_{14}、a_8、a_{11}、a_{18}。另外，公因子 1 对 a_5 的载荷虽然为 0.407，但是公因子 9 对 a_5 的载荷也达到了 0.408，两者的差距没有达到 0.2，a_5 这个题项就不归于任何公因子了；公因子 1 与公因子 11 对 a_{14} 载荷分别是 0.506

与 0.422，两者的差距也没有达到 0.2，所以 a_{14} 也不归于任何公因子。公因子 2 包含 3 个题项，即 a_{42}、a_{19}、a_{34}。公因子 3 包括 4 个题项，即 a_{28}、a_{12}、a_{13}、a_{43}。公因子 4 包括 4 个题项，即 a_3、a_1、a_2、a_{24}。公因子 5 包括 3 个题项，即 a_{33}、a_{47}、a_{38}。另外，a_7、a_{44} 与 a_5 一样，不归于任何公因子。公因子 6 包括 3 个题项，即 a_{41}、a_{37}、a_{35}。公因子 7 包括 3 个题项，即 a_{48}、a_{46}、a_{44}。医子 10 包括 3 个题项，即 a_{21}、a_{22}、a_{23}。其他公因子均不能提取，因为只包括 2 个或 1 个题项，低于 3 个题项。最后获得的符合标准的公因子有 7 个，分别是 1、2、3、4、5、6、10，一共包括 28 个题项。

表 8-7　旋转后的因子载荷矩阵

	1	2	3	4	5	6	7	8	9	10	11	12	13	14
a_{10}	0.785													
a_9	0.686													
a_{17}	0.595													
a_{16}	0.550													
a_{14}	0.506										0.422			
a_8	0.452													
a_{11}	0.448													
a_{18}	0.425													
a_{42}		0.700												
a_{19}		0.579												
a_{34}		0.561												
a_{40}														
a_{28}			0.609											
a_{12}			0.524											
a_{13}			0.436											
a_{43}			0.413											
a_3				0.781										
a_1				0.599										
a_2				0.482										
a_{24}				0.408										
a_{33}					0.721									
a_{47}					0.500									
a_{38}					0.402									
a_{32}														
a_{41}						0.736								

续表

	1	2	3	4	5	6	7	8	9	10	11	12	13	14
a_{37}						0.534								
a_{35}						0.430								
a_{39}														
a_{48}							0.744							
a_{44}							0.563							
a_{46}							0.464					0.463		
a_{29}								0.708						
a_{31}								0.702						
a_{30}														
a_{36}									0.697					
a_{20}									0.518					
a_{5}	0.407								0.408					
a_{21}										0.769				
a_{22}										0.583				
a_{23}										0.433				
a_{27}														
a_{15}											0.679			
a_{45}														
a_{4}												0.684		
a_{25}												0.403		
a_{6}													0.738	
a_{7}						0.465							0.485	
a_{26}														0.689

第四节　因子分析在共同方法偏差检验中的运用

一、共同方法偏差及其控制的方法

（一）共同方法偏差的含义

共同方法偏差是指数据来源于同一批被试或评分者，且在相同的环境下施测，以及项目本身特征所造成的预测变量与效标变量之间人为的共变。这种人为的共变对研究结果产生严重的混淆并对结论有潜在的误导，是一种系统误差。共同方法偏差在心理学、行为科学研究中特别是采用问卷法的研究中广泛存在。为了使获得的数据真实有效，一般要在研究设计与测量过程中进行控制，并在研究报告中说明其检验的结果。

（二）共同方法偏差控制与检验的方法

国内学者周浩与龙立荣（2004）认为，共同方法偏差的控制方法分为程序控制和统计控制。程序控制指的是研究者在研究设计与测量过程中所采取的控制措施，包括从不同来源测量预测与效标变量；对测量进行时间上、空间上、心理上、方法上的分离；保护反应者的匿名性；减小被试对测量目的的猜测性；平衡项目的顺序效应以及改进量表项目；等等。这些措施是直接针对共同方法偏差的来源而设计的，所以在实际研究中，研究者应首先考虑采用程序控制。但是，在某些研究情境中，受主客观条件限制，上述的程序控制方法无法实施，或者无法完全消除共同方法偏差，这个时候就应该考虑在数据分析时采用统计的方法来对共同方法偏差进行检验和控制。

概括起来，共同方法偏差检验的方法主要包括 Harman 单因素检验法、偏相关法、潜在误差变量控制法、多质方法模型、误差的独特性相关模型、直接乘积模型等。这些方法中，较为常用、操作简单的方法是 Harman 单因素检验法。该检验法的基本假设是，进行探索性因素分析时，如果只分析出单独一个因子，或者一个公因子解释了大部分变量的变异，临界值一般为 40%，就有理由认为存在严重的共同方法偏差（Livingstone，Nelson & Bar，1997；Eby & Dobbins，1997）。具体的做法是，把所有变量放到一个探索性因素分析中，分析时不要进行旋转，也不要指定抽取几个因子，检验未旋转的因素分析结果，确定解释变量变异必需的最少因子数，然后看结果。如果抽取出的因子数量不止一个，且第一个因子的方差贡献率不超过 40%，通常认为共同方法偏差不严重；如果只分析出一个因子或某个因子方差贡献率特别高，高于 40%，即可判定存在严重的共同方法偏差。

二、共同方法偏差检验在 SPSS 中的实现过程

（一）研究问题

为了了解当前大学生的自我控制能力，有研究者采用大学生自我控制问卷调查了 400 名大学生。该问卷共包括 18 个题项，属于自评问卷，采用 4 点计分方式，从非常不符合到完全符合依次计 1～4 分。试对该调查研究中的共同方法偏差进行检验。

图 8-9　因子分析旋转对话框

该研究采用问卷法，数据来源于同一批被试者，且在相同的环境下施测，可能会存在共同方法偏差，从而对结果造成重大影响。我们采用 Harman 单因素检验法对其进行检验。

（二）操作步骤

第一步，打开大学生自我控制调查数据表（见 Data 8-2）。

第二、第三、第四步，参见第二节。

第五步，因不用进行旋转，所以在因子旋转对话框中（见图 8-9），选择默认的"无"选项即可。然后，点击"继续"按钮，返回到因子分析主对话框。最后，单击"确定"按钮，完成操作。

三、结果说明

表 8-8 报告的是未经旋转的方差解释率。从结果来看，在未经旋转的情况下，共抽取出 3 个特征根大于 1 的因子，且第一个因子只能解释 31.911% 的总变异，低于临界值 40%。因此，可以认为此调查研究中的共同方法偏差不严重，或不存在。

表 8-8　未经旋转的方差解释率

成分	初始特征值			提取载荷平方和		
	总计	方差解释率（%）	累计解释率（%）	总计	方差解释率（%）	累计解释率（%）
1	5.744	31.911	31.911	5.744	31.911	31.911
2	3.367	18.704	50.615	3.367	18.704	50.615
3	1.403	7.794	58.410	1.403	7.794	58.410
4	0.958	5.323	63.732			
5	0.759	4.216	67.948			
⋮						

注：提取方法为主成分分析法。

当然，Harman 单因素检验法仅是一种评估共同方法偏差严重程度的诊断技术，有时不一定灵敏，研究者还有必要和其他方法一起结合使用，以便互相印证，取得更为理想的效果。

本章上机操作题

打开因子分析练习数据表（见 Data 8 - 3），并对该数据进行因子分析。要求报告：

（1）KMO 检验和 Bartlett 球形检验结果；

（2）变量共同度；

（3）公共因子的特征值与贡献率；

（4）旋转后的因子载荷矩阵；

（5）提取的公共因子所对应的题项；

（6）对结果进行总结分析。

推荐阅读参考书目

1. 简小珠，戴步云. SPSS23.0 统计分析在心理学与教育学中的应用 ［M］. 北京：北京师范大学出版社，2017.

2. 余建英，何旭宏. 数据统计分析与 SPSS 应用 ［M］. 北京：人民邮电出版社，2003

3. 张雅明. 元认知发展与教学 ［M］. 合肥：安徽教育出版社，2012.

4. 吴明隆. SPSS 统计应用实务 ［M］. 北京：中国铁道出版社，2000.

5. 张奇. SPSS for Windows 在心理学与教育学中的应用 ［M］. 北京：北京大学出版社，2009.

第九章 信度与效度分析

本章主要介绍信度与效度的基本含义及其在 SPSS 中的实现过程，包括同质性信度、分半信度、重测信度、效标关联效度等。

第一节 信度与效度概述

作为心理与教育研究人员，在实际研究中，经常需要借助测量工具来了解对象的某一特性，比如情绪、性格、气质、学习能力、智力、态度等方面的量表及问卷。但有时候没有现成的量表可以采用，需要研究者自己编制量表进行测量或对已有的量表进行修订。而对于自己编制或修订的量表，就需要对其可靠性和有效性进行分析，也就是进行信度和效度分析。

一、信度概述

（一）信度的含义

信度（Reliability）就是测量结果的一致性、可靠性程度。它是反映测量中随机误差大小的指标，体现了评价结果的前后一致性，也就是评价得分可以使人们信赖的程度有多大。

作为测验的基本特点之一，信度相当重要。虽然一份测验的最终目的是求得较高的效度，但是信度的高低对测验性能的优劣依然影响很大。举一个简单的例子，假设有一名被试者参加了某项智力测验，智商为 120。一个月后，在相同条件下该被试者又测了一次，智商为 90。显然，两次结果相差太远。后经调查，发现该被试者在这两次测试期间没有明显的应试状态和身体情况的变化。那么，该测验结果的不稳定现象只能说明这项智力测验本身是不可靠的，当然也就不能推广使用了。因此，真正可以使用的测验量表和问卷一般都必须具有较高的信度。一般地，性能良好的能力与学习成就测验的信度系数应达到 0.90 以上，性格、兴趣、价值观等人格测验的信度系数应达到 0.80 以上。不过，要编制一份信度高的量表或问卷并非易事，这要求编制者具有一定的理论知识和收集信度证据的技术。

（二）关于信度系数的标准

信度系数（Reliability Coefficient）是描述信度的数量指标，以相关系数来表示，取值范围为 0～1。关于信度系数的标准，心理学家戴维里斯（DeVellis，1991）提出的标准具有一定的参考价值。他认为，信度数值在 0.60～0.65 最好不要；信度数值在 0.65～0.70 是最小可接受数值；信度数值在 0.70～0.80 相当好；信度数值在 0.80～0.90 非常好。也就是说，信度系数不能低于 0.65～0.70 这个范围。像著名的韦克斯勒系列智力量表的信度均较高，其中，言语分量表、操作分量表与全量表的分半信度分别在 0.86～0.97、0.85～0.94、0.90～0.98。

（三）信度的种类

根据测验分数的误差来源、估计信度的方法的不同，可将信度分为同质性信度、分半信度、重（再）测信度、复本信度、评分者信度等。

1. 同质性信度

同质性信度（Homogeneity Reliability）指的是测验内容的一致性或测验内部所有题目的一致性，即项目同质性程度，也称为内在一致性信度（Internal Consistency Reliability）。当测验各个题目的得分有较高的正相关时，不论题目的内容和形式如何，其测验为同质的。相反，即使所有题目看起来好像是测量同一特质，但相关很低或为负相关时，其测验为异质的。

同质性信度系数有很多，包括库得—理查逊信度系数（Coefficient of Kuder - Richardson Reliability）、克隆巴赫 α 系数（Cronbach's α Coefficient）、荷伊特信度（Hoyt Reliability）和综合信度 ρo 系数等，其中学术界普遍使用的是克隆巴赫 α 系数。该系数的计算公式为：

$$\alpha = \left(\frac{n}{n-1}\right)\left(1 - \frac{\sum S_i^2}{S_t^2}\right)$$

其中，n 为题项数量，S_i 为每个项目的方差，S_t 为测验总分的方差。由此看来，克隆巴赫 α 系数的获取还是比较方便的，在编制或修订量表时相对用得较多，在测验既无副本，也不能重复测量时，就常常使用这种信度。

2. 分半信度

分半信度（Split - half Reliability）就是将一个测验分成对等的两半后，所有被试在这两半上所得分数的一致性程度。分半的方法有很多，包括奇偶分半法、难度排序奇偶法、内容匹配法、随机安置法等。因为分半之后，每部分的题项数量都变少了，所以分半信度系数一般低于克隆巴赫 α 系数。

3. 重测信度

重测信度（Test – retest Reliability）是指用同一个测验对同一组被试在不同时间施测两次所得结果的一致性程度，其大小等于同一组被试在两次测验上所得分数的皮尔逊积差相关系数（前提是各变量都是连续变量），又称为再测信度、稳定性信度、施测—再施测信度、跨时间一致性。重测信度使用的前提条件包括：①测验所测的特质必须是稳定的，如果特质不稳定如情绪，就不能使用重测信度。②两次测验之间要有一定的时间间隔，一般为 4 ~ 6 周。时间太短，被试者有练习与记忆效应，会人为增加其稳定性；时间太长则容易受到其他因素的影响，如成熟因素。只有保持适当的时间间隔，才能既不让被试记住上一次测验的内容，又不让其特质发生变化，也可以使其对所学知识产生遗忘，即遗忘与练习的效果基本上相互抵消。③两次测试期间被试者对问题的熟悉情况没有差别。如果两次测试期间，被试会学习与测试相关的内容，则会增加对问题的熟悉度。如果以上三条达不到，就不宜采用重测信度。

4. 复本信度

复本信度（Alternate – form Reliability）是用两个平行测验（同一测验的两个复份）在相距最短时间内测量同一组被试所得结果的一致性程度，又称为等值性信度、跨形式的一致性。复本信度系数的大小等于同一组被试在两个复本测验上所得分数的皮尔逊积差相关系数。

5. 评分者信度

评分者信度（Scorer Reliability）是多个评分者给一组测验结果评分，所得分数之间的一致性程度。如果是两个评分者，则采用积差相关或等级相关的方法。如果是多个评分者，则采用肯德尔和谐系数法来估计。评分者信度主要的评分方法包括皮尔逊积差相关法、斯皮尔曼等级相关法以及肯德尔和谐系数法。一般要求在成对的受过训练的评分者之间平均一致性达到 0.90 分以上，才认为评分是客观的。

一般来说，借助于 SPSS 软件，可以直接求同质性信度、分半信度、重测信度与复本信度。评分者信度如果涉及多个评分者，即采用肯德尔和谐系数法来估计，因计算公式较为复杂，不能用 SPSS 软件直接求，还需要人工辅助。以下我们将主要介绍同质性信度、分半信度、重测信度在 SPSS 中的实现过程，复本信度可以参照重测信度操作。

二、效度概述

（一）效度的含义

效度（Validity）是指测量结果的有效性程度，也就是一个测验对它要测量的行为特质测量到了什么程度。效度系数是指描述某种测量结果有效性程度的数量指标，以相关系数来表示，取值范围和信度系数一样，也为 0 ~ 1。理解效度时要注意，效度是一个相对的概念，这种相对性表现在以下两个方面：①效度是相对于一定的测量目的而言的；②效度只有程度上的差异，而不是"全"或"无"的差异。

（二）效度与信度的关系

效度与信度的关系主要表现在以下两个方面：

其一，高信度是高效度的必要而非充分条件。高信度不一定能保证高效度，但如果测验具有高效度，就可以肯定它具有高信度（见图 9 - 1）。所以说信度高是效度高的必要条件，而不是充分条件。

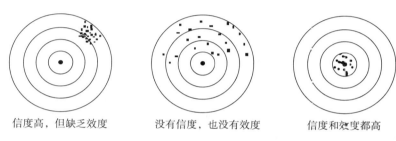

信度高，但缺乏效度　　　　没有信度，也没有效度　　　　信度和效度都高

图 9 - 1　信度与效度关系的比喻

其二，效度受到信度的制约，信度系数的平方根是效度系数的最高限度。信度系数的平方根又称为信度指数，即效度指数的最高限度是信度指数。

（三）效度的种类

根据测验的目的与要求不同，效度一般分为三种，即结构效度、效标效度和内容效度。

1. 结构效度

结构效度（Construct Validity）指测验对某种理论构想或特质所能测量的程度，或用心理学上某种结构或特质来解释测验分数的恰当程度，也称为构想效度。如性格可分为内向和外向；智力的因素理论；等等，它们都是科学想象的产物，是用来对某些可观测的行为加以分类和描述的观念。

结构效度的计算方法包括测验内法、测验间法与因素分析法。测验内法主要是通过研究测验内部构造来分析测验的结构效度，即计算分测验的相关系数。如每个分测验间相关系数低，分测验与测验总分的相关系数较高，则说明有较高的结构效度。测验间法是通过同时考察几个测验间的相互关联，看这些测验是否在测量同一心理结构。通过这种方法计算的结构效度又分为相容效度（Congruent Validity）、会聚效度（Convergent Validity）与区分效度（Discriminant Validity）三种。相容效度就是考察新编测验与某个已知的效度较高的测验间的相关程度，若两者相关较高，则说明新测验有较高的效度。会聚效度的基本思想是，如果两个测验是测量同一特质的，即使使用不同的方法进行测量，它们之间的相关也应该是高的。区分效度的基本思想是，如果两个测验测量的是不同的特质，即使使用相同的方法进行测量，它们之间的相关也应该是低的。最后，因素分析法的基本思想是根据相关性大小对变量分组，使组内变量间相关较高，组间变量相关较低；每组变量代表一个基本结构，即因素。通过对一组测验进行因素分析，找到影响测验的共同因素，每个测验在共同因素上的负荷量即每个测验与共同因素的相关，作为测验的因素效度。

2. 效标效度

效标效度（Criterion Validity）用测验分数与效标测量分数之间的相关系数来表示。它实质上是测验分数对某一行为表现的预测能力的高低，又称为效标关联效度、实证效度或准则关联效度。根据效标收集时间的不同，效标效度又可以分为同时效度（Concurrent Validity）和预测效度（Predictive Validity）。如果效标资料与测验资料同时获得，那么根据这个资料计算的效标效度就是同时效度，又称为协同效度，如在校成绩、教师评定、临床检查等。预测效度是指测验对效标变量预测的有效性，效标资料后于测验资料获得，如实际工作表现等。

效标效度的计算方法主要有相关法、区分法与命中率法。相关法主要是求测验分数与效标变量之间的相关程度，相关系数的平方即为效度。区分法就是以被试在效标上的表现分为高、低两组，再对两组被试在该测验中的成绩差异做 T 检验，看看是否显著。命中率法就是分别按照某个标准，把效标分数与测验分数分为成功与失败两类，并以此计算做出正确决定的比率即决策的命中率，作为测验有效性的指标之一。其中，效标分数与测验分数都成功或失败则为命中，一个成功一个失败则为失误（见表 9－1）。命中率有两个指标，即总命中率和正命中率，两者的公式如下：

$$总命中率 = \frac{命中}{命中 + 失误} = \frac{A + D}{A + B + C + D}$$

$$正命中率 = \frac{成功命中}{测验成功} = \frac{A}{A + B}$$

表 9－1 预测源与效标测验的分类

预测源	效标作为		合计
	成功	失败	
成功	A（命中）	B（失误）	A + B
失败	C（失误）	D（命中）	C + D
合计	A + C	B + D	A + B + C + D

3. 内容效度

内容效度（Content Validity）是指测验项目所涉及的内容对欲测内容范围的代表性程度，或者说所测内容对欲测内容范围取样的代表性。该效度常用于成就测验。要获得较高的内容效度，必须具备两个基本条件：①欲测的内容范围必须定义清楚，界限分明；②测验项目应是所界定的内容范围的代表性取样。

确定内容效度的常用方法有专家判断法、复本法、再测法和经验法。专家判断法主要请相关领域的专家从各个方面对测验做出评定。复本法是获得被试在两个独立取自同一内容范围的测验上的分数，计算出它们的相关，把这个相关作为对内容效度的估计。再测法是指测验两次，两次测验期间对被试者进行训练，如果经过训练后，成绩提高很大，则说明该测验有很好的效度。经验法就是根据经验来判断测验的效度。一般来说，不同的被试团体在测验上的得分和对题目的反应存在较大差异。如被试总分和题目的通过率随着年级而增高，则说明测验对于教学有内容效度。

关于结构效度的测验内法在 SPSS 中的求法我们已在第六章相关分析中做过介绍。由于效标效度便于操作，应用也较为广泛，以下我们将三要介绍效标效度在 SPSS 中的实现过程。

第二节　同质性信度

一、同质性信度分析在 SPSS 中的实现过程

（一）研究问题

某研究者用自编的运动员意志品质评价量表对 312 人进行了调查。量表初稿中有 50 个题项，通过因子分析，删除了第 7、8、14、28、29、35、36、37、38、40、43、48 题，剩下的 38 个题项根据因子分析的结果分为五个维度。其中，自觉性维度包括 a_1、a_2、a_4、a_{10}、a_{13}、a_{39}、a_{41}、a_{45} 这 8 个题项；果断性维度包括 a_{25}、a_{30}、a_{32}、a_{34}、a_{42}、a_{44}、a_{47}、a_{49}、a_{50} 这 9 个题项；自制力维度包括 a_3、a_6、a_{15}、a_{17}、a_{18}、a_{21} 这 6 个题项；坚韧性维度包括 a_5、a_9、a_1、a_{12}、a_{16}、a_{20}、a_{23}、a_{24}、a_{26}、a_{31}、a_{46} 11 个题项；主动性维度包括 a_{19}、a_{22}、a_{27}、a_{33} 4 个题项。每个题项都是描述运动员意志品质的陈述句，如"只要是有意义的事，我就去做""在训练中，我认真做重复的动作"等。采用李克特五级量表评分，要求被试根据自

己的实际情况给予评分等级，"1"表示完全不符合自己情况；"2"表示比较不符合自己情况；"3"表示说不清楚；"4"表示比较符合自己情况；"5"表示完全符合自己情况[①]。请对该量表的同质性信度进行分析。

我们可以把五个维度看成是五个分量表，各分量表的得分为各自所包含题项的总分。这样，我们既可以对分量表的同质性信度进行分析，也可以分析总量表的同质性信度。

（二）操作步骤

第一步，打开运动员意志品质调查数据表（见 Data 9 - 1），按"分析→刻度→可靠性分析"的顺序打开可靠性分析的对话框（见图 9 - 2）。

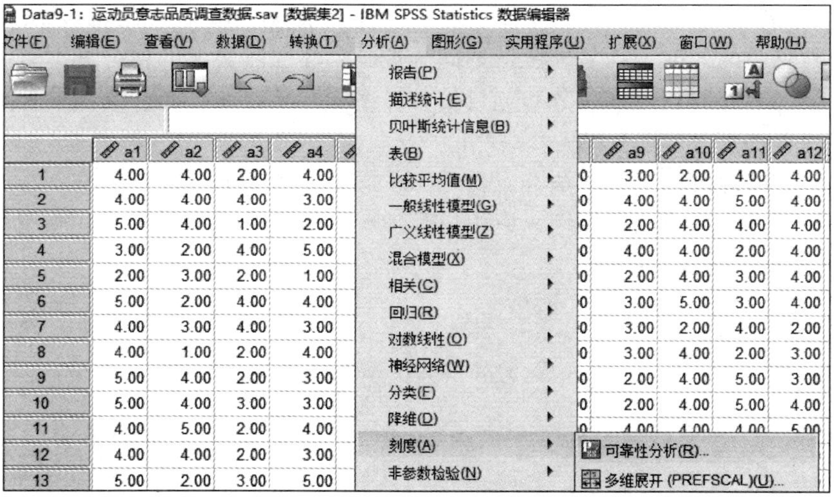

图 9 - 2　同质性信度分析的路径

第二步，在可靠性分析的对话框中（见图 9 - 3（a）），首先，把相关变量添加到项目框中。本例中，我们以自觉性分量表为例，把该分量表所包含的 a1、a2、a4、a10、a13、a39、a41、a45 八个变量添加过去。其次，在"模型"下拉框中选择信度分析类型。SPSS 一共提供了五种分析模型：①Alpha，计算信度系数克隆巴赫 α 系数，也就是内部一致性的 α 系数；②折半（Split Half），计算分半信度；③格特曼（Guttman），真实可靠性的 Guttman 低界；④平行（Parallel），并行模型假定下的极大似然可靠性估计；⑤严格平行（Strict Parallel），严格并行

---

① 卢文岱. SPSS for Windows 统计分析. 第 2 版 [M]. 北京：电子工业出版社，2002：404 - 406.

模型假定下的极大似然可靠性估计。最后，单击"确定"按钮，就可以得到自觉性分量表的同质性信度，即克隆巴赫 α 系数。总量表的同质性信度既可以用所有的 38 个题项来求，也可以用量表的五个维度来求，以下我们继续介绍后面一种方法。

第三步，算出各维度得分（即所包含题项之和），并作为新变量保存下来（参看第二章第二节根据已有变量建立新变量部分）；把各维度变量请进项目框中（见图 9 - 3（b））；点击"统计"按钮。

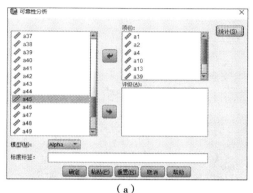 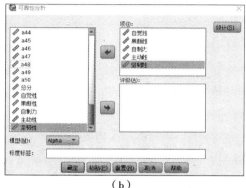

（a）　　　　　　　　（b）

图 9 - 3　可靠性分析对话框

第四步，在统计对话框中（见图 9 - 4），做进一步的设置。

在左上的"描述"框中，"项目"主要输出各个项目的平均值、标准差与样本数；"标度"主要输出量表统计结果，包括各题项平均值、方差、协方差、相关系数的平均数、方差、最小值与最大值及其两者比值、全距等描述统计结果；"删除项后的标度"主要显示项目与量表得分的关系，即某个项目从量表删除后，量表的平均得分、方差、每个项目得分与剩余项目得分间的相关系数、多重相关系数（一个变量与其他多个变量之间线性相关程度的指标），以及内部一致性 α 值。

在右上的"项之间"框中，"相关性"是输出各项目间的相关系数矩阵；"协方差"是输出各项目间的协方差矩阵。在中间的"摘要"框中，有四个选项，即平均值、方差、协方差、相关性，主要用于计算描述栏中指定对象的相关值。

"ANOVA 表"框中有四个选项，默认"无"就是不做方差分析；"F 检验"即做重复度量的方差分析；"傅莱德曼卡方"（Friedman Chi - square）即计算傅

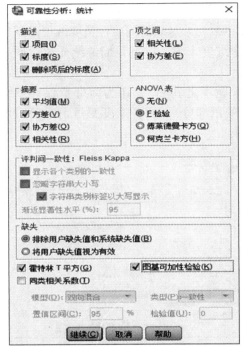

图 9-4　统计对话框

莱德曼和肯德尔和谐系数（适用于等级资料）；"柯克兰卡方"（Cochran Chi-square）即计算柯克兰卡方值（适用于所有项目均为二分变量的情况）。

下面的"霍特林 T 平方"（Hotelling's Test of Additivity）选项，可要求做项目间平均得分的相等性检验；"图基可加性检验"（Tukey's Test of Additivity）选项，可要求做可加性的图基检验。

设置完毕后，点击"继续"按钮，返回到可靠性对话框。最后，单击"确定"按钮，就完成了操作。

二、同质性信度分析的结果解释

（一）个案处理摘要

表 9-2 报告的是个案处理摘要。一共 312 个个案，都是有效的，没有个案被排除。

表 9-2　个案处理摘要

		个案数	百分比（%）
个案	有效	312	100.0
	排除	0	0.0
	总计	312	100.0

注：排除即基于过程中所有变量的成列删除。

（二）可靠性统计结果

表 9-3 报告的就是总量表的同质性信度，即克隆巴赫 α 系数，初始为 0.595，基于标准化后达到了 0.624。这表明，该量表的信度一般，还有待于进一步的开发完善。

表9-3 同质性信度系数

克隆巴赫 α 系数	基于标准化项的克隆巴赫 α 系数	项数
0.595	0.624	5

（三）项目描述性统计结果

表9-4报告的是维度即项目的描述性统计结果，包括五个维度的平均值、标准差与个案数。

表9-4 项目描述性统计

维度	平均值	标准差	个案数
自觉性	25.8654	3.57301	312
果断性	26.9423	4.08706	312
自制力	21.2628	2.87826	312
主动性	13.6923	2.07764	312
坚韧性	38.4006	4.42113	312

（四）项目间相关性与协方差矩阵

表9-5与表9-6分别报告的是项目间相关性矩阵与协方差矩阵。

表9-5 项目间相关性矩阵

维度	自觉性	果断性	自制力	主动性	坚韧性
自觉性	1.000	0.191	0.315	0.158	0.350
果断性	0.191	1.000	0.109	0.172	0.126
自制力	0.315	0.109	1.000	0.342	0.433
主动性	0.158	0.172	0.342	1.000	0.293
坚韧性	0.350	0.126	0.433	0.293	1.000

表9-6 项目间协方差矩阵

维度	自觉性	果断性	自制力	主动性	坚韧性
自觉性	12.766	2.790	3.244	1.171	5.530
果断性	2.790	16.704	1.285	1.461	2.284
自制力	3.244	1.285	8.284	2.046	5.515
主动性	1.171	1.461	2.046	4.317	2.693
坚韧性	5.530	2.284	5.515	2.693	19.546

（五）量表统计结果

表9－7主要报告的是量表统计结果，包括各维度（项目）平均值、方差、协方差、相关系数的平均数、最小值与最大值及其两者比值、方差、全距、项目数等描述统计结果。

表9－7　摘要项目统计

	平均值	最小值	最大值	全距	最大值/最小值	方差	项目数
项目平均值	25.233	13.692	38.401	24.708	2.805	81.415	5
项目方差	12.324	4.317	19.546	15.230	4.528	37.995	5
项目间协方差	2.802	1.171	5.530	4.359	4.724	2.380	5
项目间相关系数	0.249	0.109	0.433	0.324	3.967	0.012	5

（六）项目与量表得分关系的结果

表9－8报告的是各个维度与量表得分关系的结果，即删除某个维度之后量表的得分情况，反映出各个维度的重要性程度。从结果来看，最为重要的是自制力维度，它和其他所有维度的线性相关系数即多重相关系数最高，为0.264；当这个维度删除后，总量表的克隆巴赫α系数降到0.499。最不重要的是果断性维度，它和其他所有维度的线性相关系数最小，为0.058；当这个维度删除后，总量表的克隆巴赫α系数升到最高值，为0.631。

表9－8　项目总计统计

	删除此项目后的量表平均值	删除此项目后的量表方差	修正后的项目与量表总分相关性	多重相关系数	删除此项目后的克隆巴赫α系数
自觉性	100.2981	79.419	0.400	0.174	0.513
果断性	99.2212	85.311	0.207	0.058	0.631
自制力	104.9006	85.189	0.455	0.264	0.499
主动性	112.4712	98.597	0.357	0.158	0.558
坚韧性	87.7628	66.066	0.446	0.259	0.484

（七）霍特林 T 方检验结果

表9－9报告的是霍特林 T 方检验结果。从结果来看，该量表项目间平均得分的相等性较好，即项目具有内在的相关性。

表 9-9   霍特林 T 方检验

霍特林 T 方	F	自由度 1	自由度 2	显著性
12181.448	3015.986	4	308	0.000

（八）重复度量效果的方差分析结果

表 9-10 报告的是重复度量效果的方差分析结果。从结果来看，F = 2667.730，p < 0.01，表明该量表的重复度量效果良好，即五次测度之间有差异，表明几个分量表有区分度。

表 9-10   重复度量效果的方差分析

		平方和	自由度	均方	F	显著性
人员间		7318.133	311	23.531		
人员内	项间	101605.395	4	25401.349	2667.730	0.000
	残差	11845.005	1244	9.522		
	总计	113450.400	1248	90.906		
总计		120768.533	1559	77.465		

注：总平均值 = 25.2327。

第三节   分半信度

在 SPSS 中求分半信度也有两种方法，一种是运用量表的维度求，另一种是运用量表的所有题项求。以下，我们就以第一种方法为例。

一、分半信度分析的 SPSS 操作步骤

第一步，打开运动员意志品质调查数据表（见 Data 9-1），按"分析→刻度→可靠性分析"的顺序打开可靠性分析的对话框（见图 9-5）。

第二步，在可靠性分析的对话框中（见图 9-6），先把相关变量添加到"项"的框中。本例中，我们把运动员意志品质的五个维度即自觉性、果断性、自制力、主动性与坚韧性添加到"项"的框中。然后，在下方的"模型"中，选择"折半"。最后，单击"确定"按钮，就可以得到分半信度分析的结果。

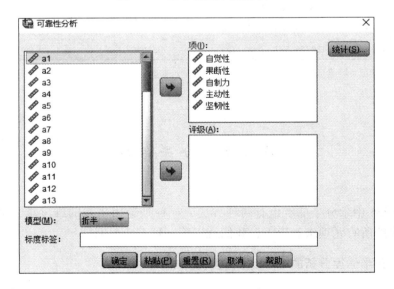

图 9 – 5　分半信度分析的路径

图 9 – 6　可靠性分析的对话框

二、分半信度分析的结果解释

（一）个案处理摘要（略）

（二）可靠性统计结果

表 9 – 11 报告的是分半信度分析结果。结果输出中包含两种分半信度系数，

即斯皮尔曼—布朗系数与格特曼折半系数。其中，斯皮尔曼—布朗系数有两个，一个是两半项目等长时的系数，为 0.630；另一个是两半项目不等长时的系数，为 0.637。本例中，一共有五个项目，一半是三个项目，另一半是两个项目，两半不等长，所以我们取 0.637。格特曼折半系数为 0.612。另外，结果输出中还报告了两半项目的克隆巴赫 α 系数，分别为 0.419 与 0.368；两半项目的相关系数为 0.460。

表 9 – 11 分半信度分析结果

系数类别			系数值
克隆巴赫 α	第一部分	值	0.419
		项数	3
	第二部分	值	0.368
		项数	2
	总项数		5
	形态之间的相关性		0.460
斯皮尔曼—布朗系数	等长		0.630
	不等长		0.637
	格特曼折半系数		0.612

注：第一部分的项目为：自觉性、果断性、自制力；第二部分的项目为：主动性、坚韧性。

第四节 重测信度

一、重测信度分析在 SPSS 中的实现过程

（一）研究问题

有研究者编制了人格量表，该量表包括接近性、决策性、自制性、情绪性、冒险性、成就欲六个维度，也可以看作是六个分量表。为了考查该量表的重测信度，研究者随机抽取了 30 名被试者间隔 3 周先后做了两次测量，数据如图 9 – 7 所示。其中，接近性 1、决策性 1、自制性 1、情绪性 1、冒险性 1、成就欲 1、总分 1 分别为第一次测量的结果，接近性 2、决策性 2、自制性 2、情绪性 2、冒险性 2、成就欲 2、总分 2 分别为第二次测量的结果。试对该量表的重测信度进行分析。

本章第一节已做过介绍，重测信度的大小等于同一组被试在两次测验上所得分数的皮尔逊积差相关系数。所以，我们只需要求得总量表与各分量表前后两次测量数据的相关系数，就能得到其重测信度。

	接近性1	决策性1	自制性1	调适性1	成就欲1	接近性1	决策性2	自制性2	调适性2	成就欲2	总分1	总分2
1	55.00	46.00	51.00	42.00	45.00	51.00	54.00	48.00	49.00	44.00	46.00	51.00	290.00	292.00
2	45.00	51.00	47.00	45.00	44.00	47.00	39.00	54.00	47.00	44.00	46.00	51.00	279.00	275.00
3	52.00	52.00	54.00	50.00	53.00	49.00	53.00	54.00	50.00	51.00	52.00	49.00	310.00	309.00
4	51.00	49.00	48.00	47.00	44.00	49.00	49.00	50.00	41.00	55.00	44.00	49.00	295.00	295.00
5	51.00	53.00	58.00	55.00	44.00	49.00	49.00	50.00	41.00	55.00	44.00	49.00	310.00	286.00
6	47.00	52.00	54.00	41.00	47.00	47.00	40.00	50.00	40.00	44.00	44.00	49.00	261.00	273.00
7	53.00	52.00	54.00	54.00	46.00	51.00	52.00	50.00	55.00	54.00	45.00	51.00	310.00	310.00
8	50.00	51.00	50.00	48.00	47.00	44.00	50.00	56.00	57.00	46.00	49.00	44.00	290.00	296.00
9	56.00	54.00	55.00	52.00	42.00	51.00	55.00	56.00	56.00	40.00	45.00	47.00	310.00	303.00
10	45.00	52.00	51.00	47.00	53.00	49.00	55.00	56.00	55.00	55.00	47.00	55.00	298.00	306.00
11	58.00	51.00	56.00	52.00	39.00	50.00	57.00	55.00	57.00	55.00	40.00	56.00	306.00	319.00
12	52.00	47.00	51.00	43.00	40.00	49.00	52.00	47.00	51.00	50.00	47.00	49.00	282.00	286.00
13	48.00	52.00	54.00	48.00	37.00	53.00	44.00	51.00	54.00	47.00	28.00	51.00	292.00	280.00
14	48.00	48.00	48.00	46.00	42.00	47.00	46.00	50.00	50.00	60.00	42.00	42.00	277.00	273.00
15	43.00	46.00	43.00	45.00	49.00	45.00	45.00	45.00	47.00	40.00	44.00	42.00	271.00	270.00
16	44.00	47.00	50.00	47.00	51.00	49.00	40.00	46.00	50.00	43.00	47.00	51.00	288.00	276.00
17	34.00	55.00	53.00	47.00	37.00	51.00	30.00	55.00	57.00	48.00	35.00	51.00	277.00	276.00
18	51.00	46.00	46.00	45.00	43.00	44.00	52.00	43.00	47.00	42.00	50.00	50.00	272.00	271.00
19	46.00	49.00	47.00	50.00	51.00	51.00	44.00	49.00	47.00	52.00	55.00	51.00	294.00	298.00
20	53.00	44.00	56.00	44.00	50.00	48.00	55.00	51.00	50.00	44.00	48.00	48.00	294.00	306.00
21	51.00	51.00	51.00	42.00	45.00	48.00	55.00	50.00	50.00	42.00	50.00	48.00	288.00	295.00
22	47.00	44.00	45.00	43.00	42.00	46.00	45.00	41.00	40.00	44.00	47.00	44.00	263.00	265.00
23	51.00	40.00	49.00	40.00	40.00	47.00	50.00	44.00	45.00	40.00	40.00	44.00	268.00	267.00
24	54.00	50.00	59.00	43.00	39.00	50.00	56.00	57.00	60.00	46.00	37.00	49.00	295.00	305.00
25	49.00	46.00	47.00	43.00	36.00	41.00	50.00	50.00	43.00	30.00	42.00	49.00	257.00	268.00
26	39.00	46.00	53.00	46.00	46.00	50.00	44.00	55.00	51.00	48.00	47.00	49.00	276.00	291.00
27	56.00	52.00	57.00	48.00	46.00	49.00	55.00	57.00	51.00	48.00	47.00	49.00	309.00	307.00
28	52.00	52.00	52.00	43.00	48.00	57.00	56.00	52.00	50.00	48.00	47.00	49.00	301.00	307.00
29	42.00	47.00	51.00	43.00	36.00	48.00	48.00	56.00	55.00	40.00	35.00	46.00	264.00	256.00
30	43.00	57.00	54.00	47.00	46.00	45.00	41.00	54.00	54.00	48.00	46.00	47.00	295.00	290.00

图 9 – 7　人格量表测量数据

（二）操作步骤

第一步，打开人格量表测量数据表（见 Data 9 – 2），按"分析→相关→双变量"的顺序打开双变量相关性的对话框（见图 9 – 8）。

图 9 – 8　重测信度分析的路径

第二步，在双变量相关性的对话框中（见图 9 – 9），先把相关变量添加到"变量"框中，然后选择相关系数类型，在"皮尔逊"前面的空白框中打"√"，默认"双尾"检测与"标记显著性相关性"。最后点击"确定"按钮，操作结束。

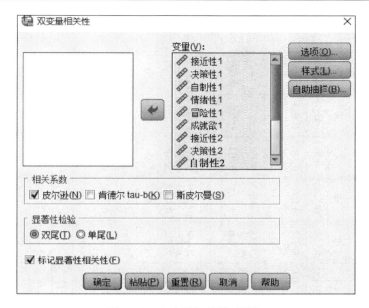

图 9 - 9　双变量相关性对话框

二、重测信度分析的结果解释

表 9 - 12 以矩阵的格式报告了各变量两两相关的皮尔逊相关系数、双尾检测的显著性水平以及个案数。该表数据比较多，有我们需要的，也有我们不需要的。我们可以把需要的重测信度系数挑选出来，单独制作表格报告。

表 9 - 13 就是我们整理后重测信度系数的结果。从结果来看，总量表的重测信度为 0.869，按照心理学家戴维里斯提出的标准，属于非常好的范围。各个分量表的重测信度高低不一，冒险性、接近性、成就欲的分量表为非常好，系数分别为 0.924、0.852、0.804；决策性的分量表为相当好，系数为 0.764；情绪性分量表属于最小可接受的范围，系数为 0.671；自制性分量表属于最好不要的范围，系数为 0.625。值得注意的是，这些相关系数一定要显著，显著性水平至少要达到 0.05，否则即使再高也是没有意义的。

第五节　效标效度

我们知道，在心理与教育测量中，测验效度一般分为内容效度、结构效度与效标效度。下面，我们以效标效度为例，介绍在 SPSS 中求效度的具体操作。

表 9 – 12　皮尔逊相关系数结果

		接近性1	决策性1	自制性1	情绪性1	冒险性1	成就欲1	接近性2	决策性2	自制性2	情绪性2	冒险性2	成就欲2	总分1	总分2
接近性1	皮尔逊相关性	1	-0.037	0.338	0.153	0.112	0.150	0.852**	0.308	0.028	0.023	0.136	0.305	0.552**	0.572**
	Sig.(双尾)		0.846	0.068	0.418	0.555	0.428	0.000	0.097	0.884	0.904	0.473	0.102	0.002	0.001
	个案数	30	30	30	30	30	30	30	30	30	30	30	30	30	30
决策性1	皮尔逊相关性	-0.037	1	0.439*	0.466**	0.106	0.417*	-0.114	0.764**	0.289	0.348	-0.003	0.372*	0.613**	0.450*
	Sig.(双尾)	0.846		0.015	0.009	0.579	0.022	0.549	0.000	0.122	0.059	0.988	0.043	0.000	0.013
	个案数	30	30	30	30	30	30	30	30	30	30	30	30	30	30
自制性1	皮尔逊相关性	0.338	0.439*	1	0.419*	-0.103	0.641**	0.411*	0.446*	0.625**	0.408*	0.191	0.553**	0.740**	0.653**
	sig.(双尾)	0.068	0.015		0.021	0.587	0.000	0.024	0.014	0.000	0.025	0.311	0.002	0.000	0.000
	个案数	30	30	30	30	30	30	30	30	30	30	30	30	30	30
情绪性1	皮尔逊相关性	0.153	0.466**	0.419*	1	0.135	0.333	0.073	0.342	0.064	0.671**	0.095	0.402*	0.659**	0.464**
	Sig.(双尾)	0.418	0.009	0.021		0.478	0.072	0.700	0.064	0.738	0.000	0.616	0.028	0.000	0.010
	个案数	30	30	30	30	30	30	30	30	30	30	30	30	30	30
冒险性1	皮尔逊相关性	0.112	0.106	-0.103	0.135	1	0.030	0.118	0.042	-0.280	0.280	0.924**	-0.054	0.392*	0.383*
	Sig.(双尾)	0.555	0.579	0.587	0.478		0.873	0.536	0.826	0.134	0.133	0.000	0.775	0.032	0.037
	个案数	30	30	30	30	30	30	30	30	30	30	30	30	30	30
成就欲1	皮尔逊相关性	0.150	0.417*	0.641**	0.333	0.030	1	0.163	0.372*	0.408*	0.440*	-0.096	0.804**	0.655**	0.560**
	Sig.(双尾)	0.428	0.022	0.000	0.072	0.873		0.389	0.043	0.025	0.015	0.614	0.000	0.000	0.001
	个案数	30	30	30	30	30	30	30	30	30	30	30	30	30	30
接近性2	皮尔逊相关性	0.852**	0.114	0.411*	0.073	0.118	0.163	1	0.197	0.232	0.045	0.157	0.217	0.486**	0.654**
	Sig.(双尾)	0.000	0.549	0.024	0.700	0.536	0.389		0.297	0.218	0.813	0.408	0.250	0.006	0.000
	个案数	30	30	30	30	30	30	30	30	30	30	30	30	30	30

续表

		接近性1	决策性1	自制性1	情绪性1	冒险性1	成就欲1	接近性2	决策性2	自制性2	情绪性2	冒险性2	成就欲2	总分1	总分2
决策性2	皮尔逊相关性	0.308	0.764**	0.446*	0.342	0.042	0.372*	0.197	1	0.276	0.221	-0.033	0.320	0.616**	0.589**
	Sig.（双尾）	0.097	0.000	0.014	0.064	0.826	0.043	0.297		0.140	0.240	0.864	0.084	0.000	0.001
	个案数	30	30	30	30	30	30	30	30	30	30	30	30	30	30
自制性2	皮尔逊相关性	0.028	0.289	0.625**	0.064	-0.280	0.408*	0.232	0.276	1	0.107	0.360	0.389*	0.285	0.458*
	Sig.（双尾）	0.884	0.122	0.000	0.738	0.134	0.025	0.218	0.140		0.574	0.051	0.033	0.126	0.011
	个案数	30	30	30	30	30	30	30	30	30	30	30	30	30	30
情绪性2	皮尔逊相关性	0.023	0.348	0.408*	0.671**	0.280	0.440*	0.045	0.221	0.107	1	0.204	0.437*	0.566**	0.569**
	Sig.（双尾）	0.904	0.059	0.025	0.000	0.133	0.015	0.813	0.240	0.574		0.280	0.028	0.001	0.001
	个案数	30	30	30	30	30	30	30	30	30	30	30	30	30	30
冒险性2	皮尔逊相关性	0.136	-0.003	-0.191	0.095	0.924**	-0.096	0.157	-0.033	-0.360	0.204	1	-0.093	0.286	0.349
	sig.（双尾）	0.473	0.988	0.311	0.616	0.000	0.614	0.408	0.864	0.051	0.280		0.626	0.126	0.058
	个案数	30	30	30	30	30	30	30	30	30	30	30	30	30	30
成就欲2	皮尔逊相关性	0.305	0.372*	0.553**	0.402*	-0.054	0.804**	0.217	0.320	0.389*	0.437*	-0.093	1	0.621**	0.600**
	Sig.（双尾）	0.102	0.043	0.002	0.028	0.775	0.000	0.250	0.084	0.033	0.016	0.626		0.000	0.000
	个案数	30	30	30	30	30	30	30	30	30	30	30	30	30	30
总分1	皮尔逊相关性	0.552**	0.613**	0.740**	0.659**	0.392*	0.655**	0.486**	0.616**	0.285	0.566**	0.286	0.621**	1	0.869**
	Sig.（双尾）	0.002	0.000	0.000	0.000	0.032	0.000	0.006	0.000	0.126	0.001	0.126	0.000		0.000

注：*p<0.05，**p<0.01。

表 9 – 13　重测信度系数

接近性	决策性	自制性	情绪性	冒险性	成就欲	总量表
0.852	0.764	0.625	0.671	0.924	0.804	0.869

一、研究问题

有研究者想考察大学英语期末试卷的效度，收集了某班 50 名大学生的英语期末考试成绩，满分为 100 分，60 分以上（含）为及格，60 分以下为不及格。同时，该研究者还找到了该班英语四级的考试成绩，满分为 710 分，425 分以上（含）为通过，425 分以下为不通过（见图 9 – 10）①。请对该试卷的效标效度进行估计。

	期末考试	期末及格情况	英语四级	四级通过情况	变量
1	50	不及格	413	不通过	
2	80	及格	430	通过	
3	71	及格	448	通过	
4	82	及格	434	通过	
5	88	及格	443	通过	
6	86	及格	439	通过	
7	85	及格	438	通过	
8	87	及格	441	通过	
9	83	及格	434	通过	
10	79	及格	428	通过	
11	56	不及格	388	不通过	
12	65	及格	406	不通过	
13	53	不及格	419	不通过	
14	84	及格	436	通过	
15	58	不及格	434	通过	
16	54	不及格	404	不通过	
17	58	不及格	427	通过	
18	79	及格	428	通过	
19	76	及格	423	不通过	
20	82	及格	434	通过	
21	52	不及格	427	通过	
22	89	及格	445	通过	
23	82	及格	434	通过	
24	83	及格	438	通过	
25	81	及格	438	通过	

图 9 – 10　大学生英语期末考试与四级考试成绩（部分）

---

① 简小珠，戴步云. SPSS23.0 统计分析在心理学与教育学中的应用［M］. 北京：北京师范大学出版社，2017：225 – 229.

本例中，英语四级成绩为效标，我们可以用柜关系数法、又分法与命中率法三种方法来估计大学英语期末试卷的效标效度。

二、相关系数法求效标效度的 SPSS 操作

首先，打开某班英语期末和英语四级成绩（见 Data 9－3）。相关系数法求效标效度的路径和重测信度的路径一样，即"分析→相关→双变量"打开双变量相关性对话框（见图9－8）。然后，把"期末考试"与"英语四级"两个变量添加到变量框中，然后选择相关系数类型，在"皮尔逊"前面空白框中打"√"，默认"双尾"检测与"标记显著性相关性"（见图9－11）。最后点击"确定"按钮，操作结束。

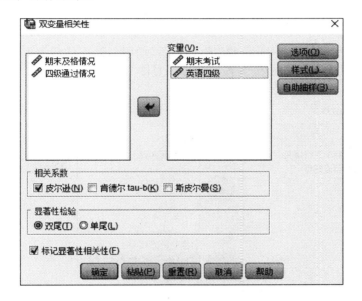

图9－11 相关系数法求效标效度

输出结果表明，大学生英语期末考试成绩与四级成绩的皮尔逊相关系数为0.616（见表9－14），效度为0.379，即为相关系数的平方。

表9－14 大学生英语期末考试成绩与四级成绩的相关系数

		期末考试	英语四级
期末考试	皮尔逊相关性		0.616**
	Sig.（双尾）		0.000
	个案数	50	50

续表

		期末考试	英语四级
英语四级	皮尔逊相关性	0.616**	1
	Sig.（双尾）	0.000	
	个案数	50	50

注：**表示在0.01级别（双尾）相关性显著。

三、区分法求效标效度的 SPSS 操作

以区分法求效标效度，就是先根据效标成绩分组（通过组与不通过组），使用两独立样本 T 检验，检验两组的期末考试成绩均值差异。

操作步骤参见第四章第四节两独立样本 T 检验。注意：在两独立样本 T 检验对话框中，分组变量选择四级通过情况；定义组时，值为 0 的为不通过组，值为 1 的为通过组。期末考试成绩为检验变量（见图 9-12）。

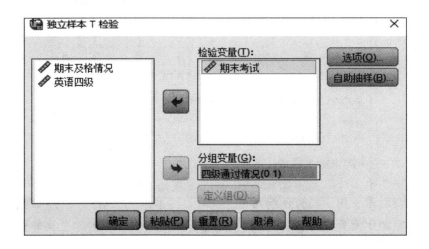

图 9-12　区分法求效标效度

表 9-15 报告的是大学生英语期末考试成绩两个组的描述统计结果，包括不通过组与通过组的个案数、平均值、标准差与均值标准误。表 9-16 报告的是两个组的英语期末考试成绩差异的独立样本 T 检验结果。从结果来看，两个组的方差齐性（$F = 0.020$，$p > 0.05$），选择第一行的结果。$t = -6.222$，$df = 48$，$p < 0.01$，拒绝原假设，接受备择假设，即两个组别的期末考试成绩有极显著差异。也就是说，该期末考试试卷的效标效度是显著的，具有区分性，能把学生英语成绩区分出来。

表9-15　大学生英语期末考试成绩的描述统计

	四级通过情况	个案数	平均值	标准差	均值标准误
期末考试	不通过	19	59.26	9.237	2.119
	通过	31	78.26	11.156	2.004

表9-16　英语四级两个组的期末考试成绩差异检验

		莱文方差等同性检验		平均值等同性T检验					差值95%置信区间	
		F	显著性	t	自由度	Sig.（双尾）	平均值差值	标准误差差值	下限	上限
期末考试	假定等方差	0.020	0.888	-6.222	48	0.000	-18.995	3.053	-25.133	-12.857
	不假定等方差			-6.513	43.644	0.000	-18.995	2.916	-24.874	-13.116

四、命中率法求效标效度的 SPSS 操作

使用命中率法求效标效度，需要分别统计英语期末考试及格与不及格的人数，以及英语四级考试通过与不通过的人数，我们可以使用描述统计中的交叉表法。

第一步，打开某班英语期末和英语四级成绩数据表，按照"分析→描述统计→交叉表"的路径打开交叉表对话框（见图9-13）。

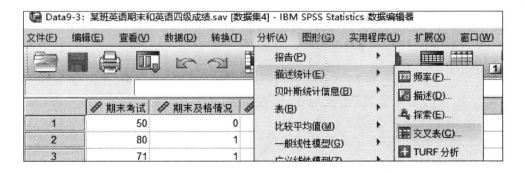

图9-13　交叉表分析的路径

第二步，在交叉表对话框中（见图9-14），选择行变量和列变量。一般来说，测验分数情况放到"行"变量框中，效标得分情况放到"列"变量框中。本例中，我们把"期末及格情况"放到"行"变量框中，把"四级通过情况"放到"列"变量框中。最后，单击"确定"按钮，就可以得到交叉表结果。

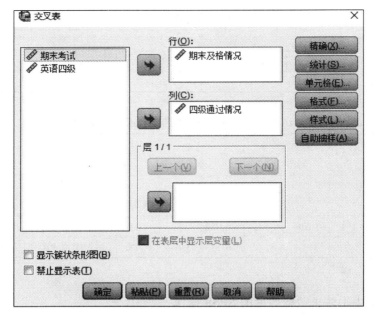

图 9 – 14　交叉表对话框

表 9 – 17 报告的是大学生英语期末考试及格与不及格、英语四级通过与不通过情况的交叉结果，我们把这些数据带入命中率公式，就能计算出总命中率与正命中率。其中，总命中率为（26 + 11）/50 = 74.00%，正命中率为 26/（8 + 26）= 76.47%。两种命中率均在 70% ~ 80%，表明此试卷效标效度一般。

表 9 – 17　大学生英语期末考试与四级情况交叉表

		四级通过情况		总计
		不通过	通过	
期末及格情况	不及格	11	5	16
	及格	8	26	34
总计		19	31	50

本章上机操作题

1. 打开 Data 8 – 3，利用第八章因子分析的结果，把各个维度看成分量表。试分别求出总量表与分量表的同质性信度系数、分半信度系数，其中总量表的信度系数须采用两种求法。

2. 有研究者采用某量表间隔 4 周对 62 名大学生先后做了两次测量，收集了大学生前测后测数据（见 Data 9-4）。试对该量表的重测信度进行估计。

3. 有研究者编制了 S 量表，包括 76 个题项，采用李克特五点计分。为了考察该量表的效标效度，研究者选取了包括 21 个题项的 B 量表为效标效度。随机抽取了 568 名大学生进行测量，获得了大学生心理测验数据（见 Data 9-5）。试对该量表的效标效度进行估计。

推荐阅读参考书目

1. 简小珠，戴步云. SPSS23.0 统计分析在心理学与教育学中的应用［M］. 北京：北京师范大学出版社，2017.

2. 卢文岱，朱红兵. SPSS 统计分析. 第 5 版［M］. 北京：电子工业出版社，2015.

3. 余建英，何旭宏. 数据统计分析与 SPSS 应用［M］. 北京：人民邮电出版，2003.

第十章　非参数检验

本章主要介绍非参数检验的基本原理及其在 SPSS 中的实现过程，包括总体分布的卡方检验、二项分布检验、单样本 K－S 检验、两独立样本非参数检验、多独立样本非参数检验、两配对样本非参数检验、多配对样本非参数检验等。

第一节　非参数检验概述

一、非参数检验的含义

前面我们介绍的许多统计分析方法对总体都有特殊的要求，如 T 检验要求总体符合正态分布，F 检验要求误差呈正态分布且各组方差整齐；等等。这些方法常用来估计或检验总体参数，称为参数检验（Parametric Test）。参数检验就是总体的分布形式已知，需要对总体的未知参数进行的假设检验。

在实际研究过程中，许多调查或实验所获得的科研数据，其总体分布未知或无法确定。因为有的数据不是来自所假定分布的总体，或者数据根本不是来自一个总体，还有可能数据因为某种原因被严重污染，这样在假定分布的情况下进行推断的做法就有可能产生错误的结论。此时，人们希望有对一个总体分布形状不必做限制的检验方法。这种不是针对总体参数而是针对总体的某些一般性假设（如总体分布）的统计分析方法称为非参数检验（Non－parametric Test）。非参数检验就是对总体分布形式所知甚少，需要对未知分布函数的形式及其他特征进行的假设检验。

二、非参数检验的类别

根据样本数目以及样本之间的关系，非参数检验可以分为单样本非参数检验、两独立样本非参数检验、多独立样本非参数检验、两配对样本非参数检验、多配对样本非参数检验几种。其中，单样本非参数检验又分为总体分布的卡方检验、二项分布检验、单样本 K－S 检验等。

（一）单样本非参数检验

1. 总体分布的卡方检验

总体分布的卡方检验的基本思想是，根据样本数据的实际频数推断总体分布与期望分布或理论分布之间是否有显著差异，实际上是一种配合度检验。

卡方检验的零假设 H_0：样本来自的总体的分布形态和期望分布或某一理论分布没有显著差异；备择假设 H_1：两者有显著差异。如果相伴概率小于或等于用户所设定的显著性水平 α（一般为 0.05），则应拒绝零假设 H_0，接受备择假设，即认为样本来自的总体的分布形态与期望分布或理论分布存在显著差异；如果相伴概率值大于显著性水平，则不能拒绝零假设 H_0，即认为样本来自的总体的分布形态与期望分布或理论分布不存在显著差异。可见，总体分布的卡方检验是一种吻合性检验，比较适用于一个因素的多项分类数据分析。

2. 二项分布检验

在心理与教育研究中，有很多变量的取值只有两种，如性别变量的男性与女性、学生成绩的及格与不及格、四六级考试的通过与不通过等。从这种二分类总体中抽取的所有可能的结果，要么属于对立分类中的这一类，要么属于另一类，其频数分布就称为二项分布。

二项分布检验就是对样本资料进行二项分布的分析，即根据收集到的样本数据来推断总体分布是否服从某个指定的二项分布。其零假设 H_0：样本来自的总体的分布形态与所指定的某个二项分布不存在显著的差异；备择假设 H_1：两者有显著差异。如果相伴概率小于或等于显著性水平 α，则应拒绝零假设 H_0，认为样本来自的总体的分布形态与指定的二项分布存在显著差异；如果相伴概率大于显著性水平 α，则不能拒绝零假设 H_1，认为样本来自的总体的分布形态与指定的二项分布不存显著差异。

3. 单样本 K－S 检验

单样本 K－S 检验是以两位苏联数学家柯尔莫戈洛夫（Kolmogorov）和斯米诺夫（Smirnov）命名的，也是一种拟合优度的非参数检验方法。它就是利用样本数据推断总体是否服从某一理论分布的方法，适用于探索连续型随机变量的分布形态。单样本 K－S 检验可以将一个变量的实际频数分布与某种理论分布如正态分布（Normal）、均匀分布（Uniform）、泊松分布（Poisson）、指数（Exponential）分布等进行比较。

单样本 K－S 检验的零假设 H_0：样本来自的总体的分布形态与指定的理论分

布无显著差异，检验的统计量为 Z 值，并给出对应的相伴概率值。如果相伴概率小于或等于显著性水平 α，应拒绝零假设 H_0，认为样本来自的总体的分布形态与指定的分布有显著差异；如果相伴概率值大于显著性水平 α，则不能拒绝零假设 H_0，则认为样本来自的总体的分布形态与指定的分布之间无显著差异。

（二）两独立样本非参数检验

1. 两独立样本非参数检验的含义与使用条件

两独立样本的非参数检验是在对总体分布形态不是很了解的情况下，通过分析样本数据，推断样本来自的两个独立总体的分布形态是否存在显著差异。两个样本是否独立，主要是看在一个总体中抽取样本对从另外一个总体中抽取样本有无影响。如果没有影响，则可以认为两个总体是独立的。两独立样本的非参数检验的零假设 H_0：样本来自的两个独立总体的分布形态不存在显著差异；备择假设 H_1：两者存在显著差异。如果相伴概率小于或等于显著性水平 α，则应拒绝零假设 H_0，接受备择假设 H_1，即认为样本来自的两个独立总体的分布形态存在显著差异；如果相伴概率大于显著性水平，则不能拒绝零假设 H_1，即认为样本来自的总体的分布形态与指定的二项分布之间不存在显著差异。

2. 两独立样本非参数检验的方法类型

两独立样本非参数检验的方法一般分为以下四种。

（1）曼—惠特尼 U 检验。两独立样本的曼—惠特尼 U（Mann – Whitney U）检验主要通过对平均秩的研究来实现推断。秩简而言之就是名次。如果数据按照升序进行排序，这时每一个具体数据都会有一个在整个数据中的位置或名次，这就是该数据的秩。数据有多少个，秩便有多少个。曼—惠特尼 U 检验的零假设 H_0 为样本来自的两独立总体的均值没有显著差异。

（2）K – S 检验。K – S 检验又称为柯尔莫戈洛夫—斯米诺夫 Z（Kolmogorov – Smirnov Z）检验。实现方法是：首先，将两组样本数据混合并按升序排列，分别计算两组样本秩的累计频率和每个点上的累计频率；其次，将两个累计频率相减，得到差值序列数据；最后，根据这些差值序列数据计算 K – S Z 统计量，并依据正态分布表给出对应的相伴概率值。其零假设 H_0 为两个样本来自的总体的分布形态无显著差异。

（3）莫斯极端反应检验。莫斯极端反应（Moses Extreme Reactions）检验是用来检验样本来自的两独立总体的分布形态是否存在显著差异。莫斯极端反应检验的基本思想是将一个样本作为控制样本，另外一个样本作为实验样本；以控制样本作对照，检验实验样本是否存在极端反应。具体方法是：首先，将两组样本混合并按升序排列；其次，找出控制样本最低秩和最高秩之间所包含的观察值个数，即跨度（Span），为控制极端值对分析结果的影响，也可以先去掉样本两个最极端的观察值，之后再求跨度，这个跨度称为截头跨度；最后，计算跨度和截头跨度，并依据分布表给出对应的相伴概率值。其零假设 H_0 为样本来自的两独立总体的分布形态没有显著差异。

（4）瓦尔德—沃尔福威茨游程检验。两独立样本的瓦尔德—沃尔福威茨游程（Wald-Woifwitz Runs）检验是用来检验样本来自的两独立总体的分布形态是否存在显著差异。计算游程的方法与观察值的秩有关，即将两组样本合并按照升序排列。在数据排序时，两组样本的每个观察值对应的样本组标志值序列也随之重新排列，然后根据标志值序列求游程。最后，根据游程数得到 Z 统计量，并依据正态分布表给出对应的相伴概率值。其零假设 H_0 为样本来自的两独立总体的分布形态没有显著差异。

（三）多独立样本非参数检验

1. 多独立样本非参数检验的含义与使用条件

多独立样本非参数检验是推断样本来自的多个独立总体的分布形态或中位数是否存在显著差异。多个样本之间是否独立，需要看在一个总体中抽取样本对从其他总体中抽取样本是否有影响。如果没有影响，则认为这些总体之间是独立的。

2. 多独立样本非参数检验的方法类型

多独立样本非参数检验的方法一般分为以下三种：

（1）克鲁斯卡尔—沃利斯检验。多独立样本的克鲁斯卡尔—沃利斯（Kruskal-Waillis）检验，简称 K-W 检验，是一种推广的平均秩检验，其零假设 H_0 为：样本来自的多个独立总体的分布形态无显著差异。基本方法是：首先，将多组样本数据混合按升序排列，并求出每个观察值的秩；其次，对多组样本的秩分别求平均值。如果各组样本的平均秩大致相等，则可以认为多个独立总体的分布形态没有显著差异；如果各样本的平均秩相差很大，则不能认为多个独立总体的分布形态无显著差异。

（2）中位数检验。多独立样本的中位数检验就是通过对多组数据的分析推断多个独立总体的分布形态是否存在显著差异，其零假设 H_0 为样本来自的多个独立总体的中位数无显著差异。如果多组独立样本的中位数没有显著差异，或者说，多组独立样本有共同的中位数，那么这个中位数就处于各组样本的中间位置。具体方法是：首先，将多组样本数据混合并按照升序排列，求出混合样本数据的中位数，并假设它是一个共同的中位数；其次，计算每组样本中大于或小于这个共同中位数的样本数。如果每组中大于这个中位数的样本数大致等于每组中小于这个中位数的样本数，则可以认为这多个独立总体的中位数没有显著差异。

（3）约克海尔—塔帕斯特拉检验。多独立样本的约克海尔—塔帕斯特拉

（Jonkheere – Terpstra）检验用于分析样本来自的多个独立总体的分布是否存在显著差异。其零假设 H_0 为样本来自的多个独立总体的分布形态无显著差异。它的基本方法和两独立样本的曼—惠特尼 U 检验比较类似，也是计算一组样本的观察值小于其他组样本观察值的个数。具体方法是：首先，计算观察的 J – T 统计量。以 3 组样本为例，观察的 J – T 统计量是按照（1，2，3）顺序计算的：1 组样本观察值小于 2 组样本观察值的个数 +1 组样本观察值小于 3 组样本观察值的个数 +2 组样本观察值小于 3 组样本观察值的个数。其次，分别按照（1，3，2）、（2，1，3）、（2，3，1）、（3，1，2）、（3，2，1）的顺序计算所有的 J – T 统计量，并求出这些 J – T 统计量的均值、标准化均值和标准差。最后，按照 J – T 检验临界值表给出 J – T 统计量对应的相伴概率值。其零假设 H_0 为多个样本来自的总体的分布形态无显著差异。

（四）两配对样本非参数检验

1. 两配对样本非参数检验的含义与使用条件

两配对样本非参数检验是在对总体分布不是很清楚的情况下，对样本来自的两配对总体分别进行检验，也称为两相关样本非参数检验。该检验方法一般用于对同一研究对象（或两配对对象）分别给予两种不同处理的效果比较，以便推断两种效果有无差别；还可以用于同一研究对象（或两配对对象）处理前后的效果比较，如前测与后测，以便推断某种处理效果是否有效。两配对样本非参数检验的前提要求是：两个样本应是配对的，必须保证两个样本的观察数目相同，且观察值顺序不能随意改变。

2. 两配对样本非参数检验方法的类型

（1）符号检验。两配对样本的符号（Sign）检验是利用正、负符号的个数多少进行检验。具体方法是：首先，将第二组样本的各个观察值减去第一组样本对应的观察值，如果得到的差值是一个正数，则记为正号，差值为负数，则记为负号。其次，计算正号的个数和负号的个数。通过比较正号的个数和负号的个数，判断两组样本的分布。最后，对差值正负符合序列做单样本二项分布检验，计算出实际的概率值。其零假设 H_0 为样本来自的两配对样本总体的分布形态无显著差异。

（2）威尔科克森检验。两配对样本的符号检验只考虑总体数据变化的性质，没有考虑两组样本变化的程度。两配对样本的威尔科克森（Wicoxon）检验考虑了这方面的因素。它首先按照符号检验的方法，同时保存差值的绝对值数据。其次，将绝对差值数据按升序排序，求出相应的秩，并分别计算正号秩总和 W^+、负号秩总和 W^- 以及正号平均秩和负号平均秩。如果正号平均秩和负号平均秩大致相当，则可以认为两配对样本数据的正负变化程度基本相当，分布差距较小。

最后计算 Z 统计量并给出相伴概率。其零假设 H_0 为样本来自的两配对样本总体的分布形态无显著差异。

（3）麦克尼马尔检验。两配对样本的麦克尼马尔检验（McNemar）是以研究对象自身为对照，检验其两组样本变化是否显著。它的基本方法是采用二项分布检验，即通过对两组样本前后变化的频率，计算二项分布的概率值。其零假设 H_0 为样本来自的两配对总体的分布形态无显著差异。由于该检验要求被检验的两组样本的观察值是二分数据，所以在实际分析中有一定的局限性。

（4）边际齐性检验。又称为边际分布齐性检验，是使用似然边际估计检验。其零假设 H_0 为样本来自的两配对总体的分布形态无显著差异。

（五）多配对样本非参数检验

1. 多配对样本非参数检验的含义与使用条件

多配对样本就是对多个匹配样本的总体分布是否存在显著性差异进行统计分析的方法。该检验方法一般用于对同一研究对象（或多配对对象）分别给予多次处理的效果比较，以便推断多次处理效果有无差别。它的前提要求是多个样本应是配对的，必须保证多个样本的观察数目相同，且观察值顺序不能随意改变。

2. 多配对样本非参数检验方法的类型

（1）傅莱德曼检验。傅莱德曼（Friendman）检验是利用秩实现多个配对总体分布检验的一种方法。它要求数据是定距的。其零假设为样本来自的多个配对总体的分布形态无显著差异。具体方法是：先以样本为单位，将各个样本数据按照升序排列，求得各个样本数据在各自行中的秩，然后计算各样本的秩总和和平均秩。如果多个配对样本的分布存在显著的差异，那么数值普遍偏大的组，秩和必然偏大，数值普遍偏小的组，秩和也必然偏小，各组的秩之间就会存在显著差异。如果各样本的平均秩大致相当，那么可以认为各组的总体分布没有显著差异。傅莱德曼检验的统计量为卡方值，根据其相伴概率判断是拒绝还是接受零假设。

（2）肯德尔协同系数检验。肯德尔（Kendall）协同系数检验和傅莱德曼检验有相似之处，但分析的角度不同。肯德尔协同系数检验主要用在分析评判者的判别标准是否一致公平方面。它将每个评判对象的分数都看作是来自多个配对总体的样本。一个评判对象对不同被判定对象的分数构成一个样本，其零假设为：样本来自的多个配对总体的分布形态无显著差异，即评判者的评判标准一致。根据肯德尔协同系数的统计量 W 及其相伴概率判断是拒绝还是接受零假设。

（3）柯克兰 Q 检验。柯克兰（Cochran）Q 检验也是对多个互相匹配样本总体的分布形态是否存在显著性差异进行检验的一种方法。该检验方法要求变量是二分数据，其零假设为样本来自的多配对总体的分布形态无显著差异。根据统计量 Q 及其相伴概率判断是拒绝还是接受零假设。

第二节　单样本非参数检验

一、总体分布的卡方检验在 SPSS 中的实现过程

（一）研究问题

有研究者为了探讨人们忧郁程度与日期之间的关系，收集了一周内人们患忧郁的数据（见表 10 – 1）。请检验一周内各日人们患忧郁数是否符合 1：1：2：2：1：1：1 的比例[1]。

表 10 – 1　一周内患忧郁的数据

日期	患者人数
星期一	31
星期二	38
星期三	70
星期四	80
星期五	29
星期六	24
星期日	31

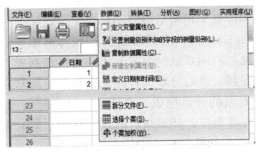

图 10 – 1　加权的路径

该研究问题的目的就是根据样本数据的实际频数来推断总体分布与期望分布或理论分布，即 1：1：2：2：1：1：1 之间有无显著性差异，我们可以用单样本非参数检验中的卡方检验进行判断。

（二）SPSS 中操作步骤

第一步，打开一周内患忧郁症人数数据表（见 Data 10 – 1），进行个

---

① 余建英，何旭宏. 数据统计分析与 SPSS 应用 [M]. 北京：人民邮电出版社，2003：312 – 313.

案加权。因为期望分布或理论分布不是均匀的，所以需要加权。加权的路径：按"数据→个案加权"的顺序打开加权对话框（见图10-1）。

第二步，在个案加权对话框中（见图10-2），选择需要加权的变量。系统默认是"不对个案加权"，我们选择"个案加权依据"，同时把"忧郁症人数"变量添加到"频率变量"下方的空白框中，单击"确定"按钮，就完成了变量的加权。

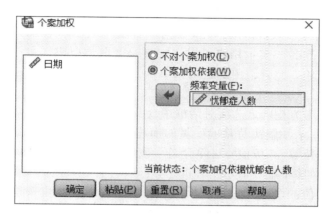

图10-2　加权对话框

第三步，按"分析→非参数检验→旧对话框→卡方"的顺序打开卡方检验对话框（见图10-3）。

图10-3　卡方检验的路径

第四步，在卡方检验对话框中（见图 10 – 4），选择检验的变量。本例中，我们需要对一周内每天患忧郁症的人数分布进行分析，所以把"日期"变量添加到"检验变量列表"框中。然后，设定期望值。本例中，因为期望分布不均匀，即各个组的期望频率不相同，所以不能选择"所有类别相等"选项，只能输入期望分布的频率数。输入时，在"值"后面的空白框输入数字后单击"添加"按钮即可。本例中，用户需要按先后顺序输入 1、1、2、2、1、1、1。下面的"更改"与"除去"按钮用户可根据情况使用。在左下角，用户还可以设置待检验的样本取值范围，"从数据中获取"表示所有观察数据都参与检验；"使用指定范围"表示用户可以自定义一个取值范围，只有在这个范围内的数据才参与检验。此外，用户还可以单击右上的"选项"按钮指定输出附加的分析结果。

第五步，在卡方检验之选项对话框中（见图 10 – 5），用户可以设置附加输出结果。"描述"表示输出待检验变量的描述统计量；"四分位数"表示输出待检验变量的四分位数。"按检验排除个案"表示去除所有含缺失值的个案后再进行分析；"成列排除个案"表示当分析计算涉及含有缺失值的变量时，则去掉在该变量上含缺失值的个案再进行分析。本例中，我们选择"按检验排除个案"。单击"继续"按钮，返回到卡方检验对话框。最后，单击"确定"按钮，完成操作。

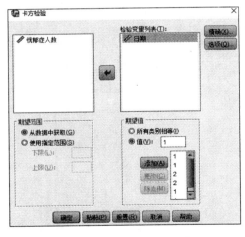

图 10 – 4　卡方检验对话框

图 10 – 5　卡方检验之选项对话框

（三）结果解释

1. 检验变量统计表

表 10 – 2 输出的是日期变量统计表，该表报告了从周一到周日每天患忧郁症

的实测个案数、期望个案数与残差（Residual）。期望个案数是按照给定的理论分布比例计算出来的，残差是实测个案数与期望个案数之间的差。

表 10 – 2 日期变量统计表

	实测个案数	期望个案数	残差
1	31	33.7	−2.7
2	38	33.7	4.3
3	70	67.3	2.7
4	80	67.3	12.7
5	29	33.7	−4.7
6	24	33.7	−9.7
7	31	33.7	−2.7
总计	303		

2. 卡方检验的结果

表 10 – 3 输出了卡方检验的统计量、自由度与相伴概率值。本例中，卡方值为 6.891，自由度为 6，相伴概率值为 0.331，大于显著性水平 0.05，因此不能拒绝零假设，可以认为样本来自的总体的分布与期望分布之间差异不显著，即忧郁症人数在一周内的分布基本符合 1 : 1 : 2 : 2 : 1 : 1 : 1。

表 10 – 3 卡方检验结果

	日期
卡方	6.891
自由度	6
相伴概率	0.331

注：0 个单元格（0.0%）的期望频率低于 5。期望的最低单元格频率为 33.7。

二、二项分布检验在 SPSS 中的实现过程

（一）研究问题

某门课程考试一共出了 20 道正误判断题，表 10 – 4 是某学生在该题的得分情况，其中"1"表示判断正确得 1 分，"0"表示判断错误得 0 分。试运用相关统计分析的方法验证该学生是否真正掌握了这 20 道题所涉及的专业知识，而不是仅凭猜测。

表 10 - 4　某学生正误判断题得分情况

题号	成绩	题号	成绩
1	1	11	1
2	0	12	1
3	0	13	0
4	1	14	1
5	1	15	1
6	1	16	1
7	0	17	1
8	1	18	0
9	1	19	1
10	0	20	0

　　正误判断题的答案只有两种，正确与错误，其概率均为 0.50。如果该学生的回答与这个概率之间无显著差异，就表明该学生做这 20 道题是凭所掌握的专业知识，而不是仅凭猜测；如果有显著差异，那表明该学生可能是随机猜测，而不是凭所掌握的专业知识。所以，此题我们可以用二项分布检验。

　　（二）SPSS 中操作步骤

　　第一步，打开学生正误判断题得分数据表（见 Data 10 - 2），按"分析→非参数检验→旧对话框→二项"的顺序打开二项分布检验对话框（见图 10 - 6）。

图 10 - 6　二项分布检验的路径

第二步，在二项分布检验对话框中（见图 10 - 7），选择检验变量，并设置检验比例。本例中，我们把"得分"变量添加到"检验变量列表"中。"检验比例"默认是 0.50，用户也可以根据题意输入其他的值。另外．在左下的"定义二分法"框中，用户可以设置待检验的样本取值范围。其中，"从数据中获取"表示所有观察数据都参与检验，而且这些数据本身都是二分数据的情况；"分割点"表示，如果待检验的变量不是二分数据，则在这里输入一个分割点，小于该分割点值的观察值为一类，大于该值为另外一类，也就是人为把该变量分为两类。最后，单击"确定"按钮，完成二项分布检验操作步骤。

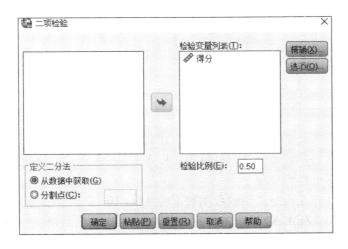

图 10 - 7　二项分布检验对话框

（三）结果解释

　　表 10 - 5 报告的是二项分布检验的结果。从左到右分别报告了检验的两个组的个案数、实测比例、检验比例与相伴概率值。本例中，两个组的个案数分别为 13 与 7，实测比例分别为 0.65 与 0.35，检验比例为 0.50，相伴概率值为 0.263，大于显著性水平 0.05，不能拒绝零假设，即该学生做这 20 道题是凭所掌握的专业知识，而不是仅凭随机猜测。

表 10 - 5　二项分布检验结果

		类别	个案数	实测比例	检验比例	显著性（双尾）
得分	组 1	1	13	0.65	0.50	0.263
	组 2	0	7	0.35		
总计			20	1.00		

三、单样本 K - S 检验在 SPSS 中的实现过程

（一）研究问题

有研究者收集了某地 144 名周岁儿童身高数据，包括其身高区间与频数（见表 10 - 6）。请检验该地区儿童身高频数是否呈正态分布①。

表 10 - 6   儿童身高数据

身高区间（cm）	频数	身高区间（cm）	频数
64 –	2	73 –	24
68 –	4	74 –	22
69 –	7	76 –	16
70 –	16	78 –	2
71 –	20	79 –	6
72 –	25	83 –	1

该研究的目的就是通过样本数据来推断其总体分布与指定的理论分布即正态分布之间有无显著性差异，我们可以用单样本 K - S 方法进行检验。

（二）SPSS 中操作步骤

第一步，打开儿童身高频数数据表（见 Data 10 - 3）。按"分析→非参数检验→旧对话框→单样本 K - S"的顺序打开单样本柯尔莫戈洛夫—斯米诺夫检验对话框（见图 10 - 8）。

图 10 - 8   单样本 K - S 检验的路径

---

①   余建英，何旭宏. 数据统计分析与 SPSS 应用［M］. 北京：人民邮电出版社，2003：322 - 323.

第二步，在单样本柯尔莫戈洛夫—斯米诺夫检验对话框中（见图 10-9），选择待检验的变量与理论分布类型。本例中，我们把"频数"变量添加到"检验变量列表"中。在左下方的"检验分布"框中，系统一共提供了"正态""均匀""泊松"与"指数"四种理论分布，根据题意选择"正态"。单击"确定"按钮，完成操作。

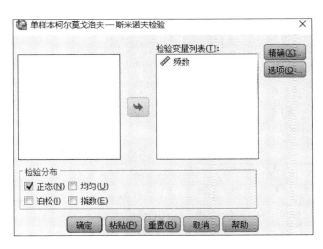

图 10-9　柯尔莫戈洛夫—斯米诺夫检验对话框

（三）结果解释

表 10-7 报告的是单样本 K-S 检验的结果。结果表明，样本数据的平均值为 12.08，标准差为 9.317；检验的统计量为 0.207，相伴概率值为 0.163，大于显著性水平 0.05，因此不能拒绝零假设，即认为这 144 名儿童的身高服从正态分布。

表 10-7　单样本 K-S 检验的结果

		频数
个案数		12
正态参数[a,b]	平均值	12.08
	标准差	9.317
最极端差值	绝对	0.207
	正	0.207
	负	-0.163
检验统计		0.207
显著性（双尾）		0.163[c]

注：a 表示检验分布为正态分布；b 表示根据数据计算；c 表示里利氏显著性修正。

第三节　两独立样本非参数检验

一、两独立样本非参数检验在 SPSS 中的实现过程

（一）研究问题

研究者为了考察两种安眠药的治疗效果，抽取了 20 名失眠患者，并随机分为两组，每组分别服用一种药，然后记录其服药后睡眠的延长时间。收集的数据如表 10 - 8 所示。试问，哪种安眠药治疗效果更好？

表 10 - 8　两种安眠药的睡眠延长时间

种类	睡眠延长时间（小时）									
甲	1.9	1.8	1.1	0.1	0.1	4.4	5.5	1.6	4.6	3.4
乙	0.7	-1.6	-0.2	-1.2	-0.1	3.4	3.7	0.8	0.0	2.0

本研究问题中，从甲乙两个总体中抽取样本互不影响，两个总体是相互独立的；同时，我们对患者服用安眠药后的睡眠延长时间分布也不是很了解，研究的目的是推断样本来自的两个独立总体的分布是否存在显著差异。所以，本研究问题适合用两独立样本非参数检验的方法。

（二）操作步骤

第一步，打开两种安眠药延长时间数据（参见 Data 10 - 4）。按"分析→非参数检验→旧对话框→2 个独立样本"的顺序打开两独立样本检验对话框（见图 10 - 10）。

第二步，在两独立样本检验对话框中（见图 10 - 11），选择检验变量，定义分组变量，并选择检验方法。本例中，我们把"延长时数"变量添加到"检验变量列表"框中；组别变量添加到"分组变量"框中，参照两独立样本 T 检验的方法定义组（参见第四章第四节），即值为 1 的为第一组，值为 2 的为第二组。左下方"检验类型"中提供了四种检验方法，即曼—惠特尼、柯尔莫戈洛夫—斯米诺夫（K - S 检验）、莫斯极端反应与瓦尔德—沃尔福威茨（游程检验），我们都可以选择。最后，单击"确定"按钮，完成操作。

图 10 - 10　两独立样本非参数检验的路径

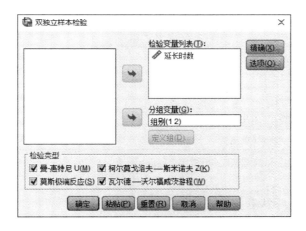

图 10 - 11　两独立样本对话框

二、两独立样本非参数检验的结果解释

（一）曼—惠特尼检验结果

表 10 - 9 报告的是秩的描述统计结果，从左到右分别是两个组的个案数、平均秩和秩的总和。从结果来看，安眠药甲的平均秩和秩的总和分别为 13. 15、

131.50，安眠药乙的平均秩和秩的总和分别为 7.85、78.50，

表 10 - 9　秩的描述统计

组别		个案数	平均秩	秩的总和
延长时数	甲	10	13.15	131.50
	乙	10	7.85	78.50
	总计	20		

　　表 10 - 10 报告的是曼—惠特尼检验的统计量，U = 23.50，W = 78.50，Z = -2.005，相伴概率提供了两个，一个是渐进显著性（双尾检测），为 0.045，另一个是精确显著性（单尾检测），为 0.043。一般来说，当样本大于 30 时，选择渐进显著性（双尾检测）；当样本小于 30 时，选择精确显著性（单尾检测）。本例中，样本为 20，所以选择 0.043，小于显著性水平 0.05，应该拒绝零假设，即认为两种安眠药的治疗效果存在显著差异。从两种安眠药的平均秩来看，甲高于乙，所以，甲种安眠药的治疗效果要好于乙种安眠药。

表 10 - 10　曼—惠特尼检验的统计量

	延长时数
曼—惠特尼 U	23.500
威尔科克森 W	78.500
Z	-2.005
渐近显著性（双尾）	0.045
精确显著性 [2*（单尾）]	0.043

注：分组变量为组别；精确显著性未针对绑定值进行修正。

（二）K-S 检验结果

　　表 10 - 11 报告的 K - S 检验的频数，甲乙两组的个案数均为 10。表 10 - 12 报告的是 K - S 检验的统计量。从结果来看，计算得到的最大绝对值差为 0.500，最大正差为 0，最大负差为 -0.500；得到的 K - S Z 值为 1.118，相伴概率为 0.164，大于显著性水平 0.05，不能拒绝零假设，即认为两个独立样本的总体的分布没有显著的差异。注意：两独立样本 K - S 检验适合于大样本容量的情况，而本研究问题的样本比较少，因此这里所得到的结果是否合适，还需要参照其他检验方法。

表 10 – 11　K – S 检验频数

组别		个案数
延长时数	甲	10
	乙	10
	总计	20

表 10 – 12　K – S 检验的统计量

		延长时数
最极端差值	绝对	0.500
	正	0.000
	负	−0.500
柯尔莫戈洛夫—斯米诺夫 Z		1.118
渐近显著性（双尾）		0.164

注：分组变量为组别。

（三）莫斯极端反应检验结果

表 10 – 13 报告的莫斯极端反应检验的频数，甲乙两组的个案数均为 10，其中，甲组为控制样本，乙组为实验样本。表 10 – 14 报告的是莫斯极端反应检验的统计量。从结果来看，跨度为 15，相伴概率为 0.070；截头跨度为 14，相伴概率为 0.500。两个相伴概率均大于显著性水平 0.05，不能拒绝零假设，认为两种安眠药服药后延长时数的总体分布没有显著差异。

表 10 – 13　莫斯极端反应检验的频数

组别		个案数
延长时数	甲（控制）	10
	乙（实验）	10
	总计	20

表 10 – 14　莫斯极端反应检验的统计量

		延长时数
实测控制组范围	跨度	15
	Sig.（单尾）	0.070
剪除后控制组跨度	截头跨度	14
	Sig.（单尾）	0.500
在两端剪除了离群值		1

注：分组变量为组别。

（四）游程检验结果

游程检验的频数结果与 K – S 检验的一样。表 10 – 15 报告的是游程检验的结果。从结果来看，最小可能值与最大可能值一样，游程数均为 8，Z 统计量均为 – 1. 149，相伴概率均为 0. 128，大于显著性水平 0. 05，因此不能拒绝零假设，即认为两种安眠药延长时数的总体分布没有显著差异。

表 10 – 15　游程检验的统计量

		游程数	Z	精确显著性（单尾）
延长时数	最小可能值	8	– 1. 149	0. 128
	最大可能值	8	– 1. 149	0. 128

注：分组变量为组别；游程数存在 1 个组内绑定值，涉及 2 个个案。

从上面四种两独立样本非参数检验方法的结果看，曼—惠特尼检验结果表明两种安眠药的治疗效果之间存在显著差异，而其他三种检验方法表明，两种安眠药睡眠延长时数的总体分布并没有显著的差异。

第四节　多独立样本非参数检验

一、多独立样本非参数检验

（一）研究问题

有研究者随机抽取 3 个班级的学生，得到了 21 名学生的成绩（见表 10 – 16），但不知道学生成绩的总体分布情况。请问 3 个班级学生的总体成绩是否存在显著差异？[①]

表 10 – 16　3 个班学生的成绩

班级	成绩	班级	成绩	班级	成绩
1	60	2	80	3	85
1	70	2	85	3	92

---

① 余建英，何旭宏. 数据统计分析与 SPSS 应用［M］. 北京：人民邮电出版社，2003：332 – 334.

班级	成绩	班级	成绩	班级	成绩
1	71	2	81	3	97
1	80	2	83	3	96
1	75	2	90	3	88
1	65	2	96	3	89
1	90	2	70	3	80

该研究问题中，由于对各个班级都是随机抽取样本，抽样没有相互影响，可以认为这三个班级的学生成绩是相互独立的。另外，每个班级的样本比较少，只有 7 个，远低于统计学上的大样本 30，不太适合做参数检验；且对总体分布情况未知，所以采用多独立样本非参数检验的方法。

（二）操作步骤

第一步，打开 3 个班学生成绩表（见 Data 10 - 5），按"分析→非参数检验→旧对话框→K 个独立样本"的顺序打开多独立样本检验对话框（见图 10 - 12）。

图 10 - 12　多独立样本非参数检验的路径

第二步，在多独立样本检验对话框中（见图 10 - 13），选择检验变量、检验类型，并设置分组变量。本例中，我们"把学生成绩"变量添加到"检验变量列表"框中。系统提供了三种检验方法，即克鲁斯卡尔—沃利斯、中位数、约克海尔—塔帕斯特拉，都可以选。然后，把"班级"变量添加到"分组变量"下方的空白框中，点击"定义范围"按钮，做进一步的设置。

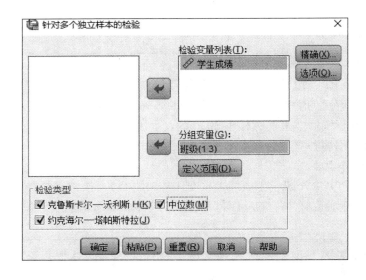

图 10 - 13　多独立样本对话框

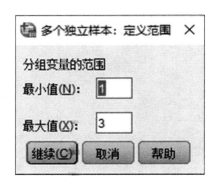

图 10 - 14　定义范围对话框

第三步，在定义范围对话框中（见图 10 - 14），设置分组变量的范围。本例中，我们在"最小值"空白框中输入"1"，在"最大值"空白框中输入"3"。然后，单击"继续"按钮，返回到多独立样本对话框。最后，单击"确定"按钮，完成多独立样本非参数检验的操作。

二、多独立样本非参数检验的结果解释

（一）克鲁斯卡尔—沃利斯（K - W）检验结果

表 10 - 17 报告的是秩的描述统计结果，三个班级的平均秩分别为 6.00、11.57、15.43。表 10 - 18 报告的是克鲁斯卡尔—沃利斯检验的结果。从结果来

看，统计量为8.123，自由度为2，相伴概率为0.016，小于显著性水平0.05，因此拒绝零假设，即认为三个班级的学生成绩存在显著差异。

表 10 - 17　秩的描述统计

班级		个案数	平均秩
学生成绩	1	7	6.00
	2	7	11.57
	3	7	15.43
	总计	21	

表 10 - 18　K - W 检验的统计量

	学生成绩
克鲁斯卡尔—沃利斯 H（K）	8.213
自由度	2
渐近显著性	C.016

注：分组变量为班级。

（二）中位数检验结果

表 10 - 19 报告的是中位数的频数。从结果来看，第一组样本即 1 班大于共同中位数的样本有 1 个，小于共同中位数的样本有 6 个；第二组样本即 2 班大于共同中位数的样本有 3 个，小于共同中位数的样本有 4 个；第三组样本即 3 班大于共同中位数的样本有 6 个，小于共同中位数的样本有 1 个。表 10 - 20 报告的是中位数检验的统计量。从结果来看，三组样本共同的中位数为 83.00，卡方统计量为 7.255，相伴概率为 0.027，小于显著性水平 0.05，因此拒绝零假设，即认为三个班级学生成绩的中位数存在显著差异。

表 10 - 19　中位数的频数

		班级		
		1	2	3
学生成绩	>中位数	1	3	6
	≤中位数	6	4	1

表 10 - 20　中位数检验的统计量

	学生成绩
个案数	21
中位数	83.00
卡方	7.255
自由度	2
渐近显著性	0.027

注：分组变量为班级；6 个单元格（100.0%）的期望频率低于 5，期望的最低单元格频率为 3.3。

（三）约克海尔—塔帕斯特拉检验结果

表 10 - 21 报告的是约克海尔—塔帕斯特拉检验结果。从结果来看，实测 J - T 统计量为 119.500，J - T 统计量均值为 73.500，标准差为 15.477，标准化 J - T 统计量为 2.972，相伴概率为 0.003，小于显著性水平 0.05，拒绝零假设，接受备择假设，即认为三个班学生成绩的分布存在显著差异。

表 10 - 21　约克海尔——塔帕斯特拉检验的统计量

	学生成绩
班级中的级别数	3
个案数	21
实测 J - T 统计量	119.500
J - T 统计量均值	73.500
J - T 统计量标准差	15.477
标准化 J - T 统计量	2.972
渐近显著性（双尾）	0.003

注：分组变量为班级。

第五节　两配对样本非参数检验

一、两配对样本非参数检验

（一）研究问题

为了探讨某种实验处理的效果，有研究者抽取了 20 名中学生，分别对这些学生进行了前测与后测（见表 10 - 22），但不知道学生成绩的总体分布情况。请问该实验处理是否有效果？

表 10 – 22 学生前测后测成绩

序号	前测	后测	序号	前测	后测
1	95	96	11	86	88
2	92	94	12	85	86
3	92	94	13	84	87
4	93	93	14	82	87
5	91	93	15	85	87
6	88	93	16	84	87
7	90	91	17	84	86
8	86	86	18	75	86
9	88	89	19	84	85
10	83	88	20	81	85

该研究实际是比较同一研究对象实验处理前后的效果。由于样本较少，且对总体分布情况未知，所以采用两配对样本非参数检验的方法。

（二）操作步骤

第一步，打开学生前测后测成绩数据表（见 Data 10 – 6），按"分析→非参数检验→旧对话框→2 个相关样本"的顺序打开两配对样本检验对话框（见图 10 – 15）。

图 10 – 15 两配对样本非参数检验的路径

第二步，在两配对样本检验对话框中（见图 10-16），选择配对变量与检验方法类型。本例中，我们把"前测成绩"和"后测成绩"添加到"检验对"框中；检验"类型"选择"符号""威尔科克森"与"边际齐性"检验类型。本研究问题中，两个变量并非二分数据，所以我们不选麦克尼马尔检验方法。最后，单击"确定"按钮，完成操作。

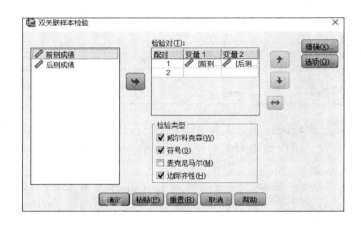

图 10-16　两配对样本非参数检验对话框

二、两配对样本非参数检验的结果解释

（一）符号检验结果

表 10-23 报告的是符号检验的描述统计结果。从结果来看，负差值为 0，正差值为 18，绑定值为 2，这表明，20 个学生中，0 人的成绩有下降，18 人的成绩有提高，2 人的成绩保持不变。表 10-24 报告的相伴概率为 0.000，小于显著性水平 0.05，拒绝零假设，接受备择假设，即认为前后测成绩存在显著差异，该实验处理是有效的。

表 10-23　符号检验的描述结果

		个案数
后测成绩 & 前测成绩	负差值[a]	0
	正差值[b]	18
	绑定值[c]	2
	总计	20

注：a 表示后测成绩 < 前测成绩；b 表示后测成绩 > 前测成绩；c 表示后测成绩 = 前测成绩。

表 10 - 24　符号检验的相伴概率

	后测成绩 & 前测成绩
精确显著性（双尾）	0.000

注：使用了二项分布。

（二）威尔科克森检验结果

表 10 - 25 报告的是威尔科克森检验的描述统计结果，包括个案数、平均秩与秩的总和。负秩、正秩、绑定值与符号检验相同；负秩的平均秩与总和均为 0，正秩的平均秩为 9.50，秩的总和为 171.00。表 10 - 26 可以看出，Z 统计量为 -3.744，相伴概率为 0.000，小于显著性水平 0.05，拒绝零假设，接受备择假设，即认为前后测成绩存在显著差异，该实验处理是有效的。

表 10 - 25　威尔科克森检验的描述统计

		个案数	平均秩	秩的总和
后测成绩 & 前测成绩	负秩	0^a	0.00	0.00
	正秩	18^b	9.50	171.00
	绑定值	2^c		
	总计	20		

注：a 表示后测成绩 < 前测成绩；b 表示后测成绩 > 前测成绩；c 表示后测成绩 = 前测成绩。

表 10 - 26　威尔科克森检验的统计量

	后测成绩 & 前测成绩
Z	-3.744
渐近显著性（双尾）	0.000

注：Z 流计量基于负秩所得。

（三）边际齐性检验结果

表 10 - 27 报告的是边际齐性检验结果。从结果来看，实测 MH 统计量为 1549.500，MH 统计的平均值为 1575.750，标准差为 8.020，标准化 MH 统计量为 -3.273，相伴概率为 0.001，小于显著性水平 0.05，拒绝零假设，接受备择假设，即认为前后测成绩存在显著差异，该实验处理是有效的。

表 10 - 27　边际齐性检验的统计量

相异值	18
非对角个案	18
实测 MH 统计	1549. 500
MH 统计的平均值	1575. 750
MH 统计的标准差	8. 020
标准 MH 统计	− 3. 273
渐近显著性（双尾）	0. 001

第六节　多配对样本非参数检验

一、多配对样本非参数检验在 SPSS 中的实现过程

（一）研究问题

有研究者测量了 10 名学生五天的体温，测量数据如表 10 - 28 所示。请问学生这五天的体温是否有显著差异。

表 10 - 28　学生体温

	星期一	星期二	星期三	星期四	星期五
1	36. 10	36. 10	36. 30	36. 30	36. 00
2	36. 00	36. 00	36. 20	36. 20	36. 00
3	36. 50	36. 50	36. 50	36. 80	36. 70
4	36. 80	36. 70	36. 70	37. 00	37. 00
5	37. 00	36. 50	36. 70	36. 40	36. 80
6	37. 20	36. 00	37. 00	36. 50	36. 00
7	36. 50	36. 50	36. 00	36. 40	36. 50
8	37. 00	37. 00	36. 80	37. 00	37. 20
9	37. 00	36. 40	36. 70	36. 00	36. 80
10	36. 70	36. 50	36. 70	36. 00	36. 70

该研究问题是对同一研究对象分别给予了多次处理，需要比较多次处理效果有无显著性差异。由于样本较少，且对总体分布情况未知，所以采用多配对样本非参数检验的方法。

（二）操作步骤

第一步，打开学生体温数据表（见 Data 10 - 7），按"分析→非参数检验→旧对话框→K 个相关样本"的顺序打开多配对样本检验对话框（见图 10 - 17）。

图 10 - 17　多配对样本非参数检验的路径

第二步，在多配对样本检验对话框中（见图 10 - 18），选择检验变量与检验方法。本例中，把星期一、星期二、星期三、星期四、星期五五个变量添加到"检验变量"框中；"检验类型"选择"傅莱德曼"。因本例研究问题不是分析评判者的判别标准，数据类型也不是二分变量，所以不选肯德尔协同系数和柯克兰Q 检验方法。最后，单击"确定"按钮，完成操作。

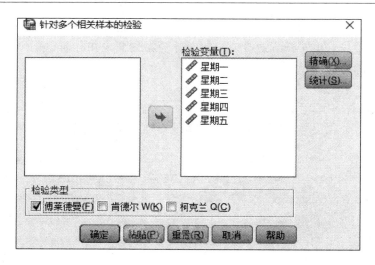

图 10 - 18   多配对样本非参数检验对话框

二、多配对样本非参数检验的结果解释

表 10 - 29 报告了各个变量的平均秩，分别为 3.55、2.25、2.85、2.95、3.40。表 10 - 30 报告了傅莱德曼检验的卡方统计量为 4.828，相伴概率为 0.305，大于显著性水平 0.05，因此不能拒绝零假设，即认为周一到周五学生体温没有显著差异。

表 10 - 29   秩的描述统计

	平均秩
星期一	3.55
星期二	2.25
星期三	2.85
星期四	2.95
星期五	3.40

表 10 - 30   傅莱德曼检验的统计量

	统计量
个案数	10
卡方	4.828
自由度	4
渐近显著性	0.305

本章上机操作题

1. 有人随机将麻将色子抛掷 300 次，第 1 ~ 第 6 面随机出现的次数分别为 43、49、56、45、66、41（见 Data 10 – 8）。请检验该色子的六个面是否均匀，即各个面出现的概率是否真正相等？

2. 某地某一时期出生 35 名婴儿，其中女性 19 名，男性 16 名（见 Data 10 – 9）。问这个地方出生婴儿的性别比例与通常的男女性别比例（总体概率为 0.5）是否相同？

3. 某中学为了丰富学生业余生活组织了一场汉字打字速度比赛。现有 29 名中学生打字比赛的成绩（见 Data 10 – 10），其中男生 13 名，女生 16 名。试比较中学生汉字打字速度的差异。

4. 研究者为了探讨父母职业对中学生创造性的影响，从教师、工人和农民家庭中各选 5 名中学生进行创造性能力测验，收集到父母职业与学生创造性数据（见 Data 10 – 11）。试检验父母职业对中学生创造性是否有显著影响。

5. 研究者为了探讨培训对大学生学习迁移能力的影响，随机选取 17 名大学生参与培训。培训前给大学生做了一次测试，培训结束后又做了一次测试。两次测试成绩见 Data 10 – 12：学习迁移能力培训前后成绩数据。试检验此次培训对大学生学习迁移能力是否有显著影响。

6. 研究者为了探讨小学生的图形再认能力，随机选取 15 名小学生对 A、B、C 三种图形进行再认测验，收集到小学生图形再认成绩数据（见 Data 10 – 13）。试检验小学生对这三类图形的再认成绩是否有显著差异。

推荐阅读参考书目

1. 武松 . SPSS 实战与统计思维［M］. 北京：清华大学出版社，2019.

2. 张奇 . SPSS for Windows 在心理学与教育学中的应用［M］. 北京：北京大学出版社，2009.

3. 余建英，何旭宏 . 数据统计分析与 SPSS 应用［M］. 北京：人民邮电出版社，2003.

参考文献

［1］ Baron, R. M., Kenny, D. A. The moderator – mediator variable distinction in social psychological research: Conceptual, strategic, and statistical considerations ［J］. Journal of Personality and Social Psychology, 1986, 51 (46): 1173 – 1182.

［2］ Eby, I. T., Dobbins, G. H. Collectivistic orientation in team: An individual and group – level analysis ［J］. Journal of Organizational Behavior, 1997, 18 (5): 275 – 295.

［3］ Hayes, A. F. Beyond baron and kenny: Statistical mediation analysis in the new millennium ［J］. Communication Monographs, 2009, 76 (4): 408 – 420.

［4］ Livingstone, I. P., Nelson, D. L., Bar, S. H. Person – environment fit and creativity an examination of supply – value and demand – ability version of fit ［J］. Journal of Management, 1997, 23 (2): 119 – 146.

［5］ MacKinnon, D. P., Lockwood, C. M., Williams, J. Confidence limits for the indirect effect: Distribution of the product and resampling methods ［J］. Multivariate Behavioral Research, 2004, 39 (1): 99 – 128.

［6］ Sobel, M. E. Asymptotic confidence intervals for indirect effects in structural equation models ［M］//SLeinhardt (Ed.). Sociological methodology ［M］. Washington, DC: American Sociological Association, 1982.

［7］ 邓铸, 朱晓红. 心理统计学与 SPSS 应用 ［M］. 上海: 华东师范大学出版社, 2009.

［8］ 杜晓新. 心理与教育研究中实验设计与 SPSS 数据处理 ［M］. 北京: 北京大学出版社, 2013.

［9］ 方杰, 张敏强. 中介效应的点估计和区间估计: 乘积分步法、非参数 Bootstrap 和 MCMC 法 ［J］. 心理学报, 2012, 44 (10): 1408 – 1420.

［10］ 胡竹菁. 心理统计学 ［M］. 北京: 高等教育出版社, 2011.

［11］ 简小珠, 戴步云. SPSS23.0 统计分析在心理学与教育学中的应用

［M］. 北京：北京师范大学出版社，2017.

［12］金瑜. 心理测量. 第2版［M］. 上海：华东师范大学出版社，2005.

［13］林崇德. 发展心理学［M］. 北京：人民教育出版社，1995.

［14］卢文岱，朱红兵. SPSS 统计分析. 第5版［M］. 北京：电子工业出版社，2015.

［15］舒华. 心理与教育研究中的多因素实验设计. 第2版［M］. 北京：北京师范大学出版社，2015.

［16］温忠麟，叶宝娟. 中介效应分析：方法和模型发展［J］. 心理科学进展，2014，22（5）：731－745.

［17］温忠麟，张雷，侯杰泰，刘红云. 中介效应检验程序及其应用［J］. 心理学报，2004，36（5）：614－620.

［18］温忠麟. 心理与教育统计. 第2版［M］. 广州：广东高等教育出版社，2016.

［19］吴明隆. SPSS 统计应用实务［M］. 北京：中国铁道出版社，2000.

［20］武松. SPSS 实战与统计思维［M］. 北京：清华大学出版社，2019.

［21］杨维忠，陈胜可，刘荣. SPSS 统计分析从入门到精通. 第4版［M］. 北京：清华大学出版社，2019.

［22］余建英，何旭宏. 数据统计分析与 SPSS 应用［M］. 北京：人民邮电出版社，2003.

［23］张厚粲，徐建平. 现代心理与教育统计学［M］. 北京：北京师范大学出版社，2009.

［24］张奇. SPSS for Windows 在心理学与教育学中的应用［M］. 北京：北京大学出版社，2009.

［25］张雅明. 元认知发展与教学［M］. 合肥：安徽教育出版社，2012.

［26］周浩，龙立荣. 共同方法偏差的统计检验与控制方法［J］. 心理科学进展，2004，22（6）：942－950.